U0494386

数字乡村：思辨设计与文化表征

Digital Village：Speculative Design and Cultural Representation

张　琪　刘满中　著

图书在版编目(CIP)数据

数字乡村:思辨设计与文化表征 / 张琪著.——郑州:河南美术出版社,2023.10
　　ISBN 978 - 7 - 5401 - 6332 - 7

　　Ⅰ.①数… Ⅱ.①张… Ⅲ.①数字技术-应用-农村-社会主义建设-研究-中国 Ⅳ.①F320.3 - 39

　　中国国家版本馆 CIP 数据核字(2023)第 185546 号

数字乡村:思辨设计与文化表征

SHUZI XIANGCUN:SIBIAN SHEJI YU WENHUA BIAOZHENG

张　琪　著

出 版 人:王广照
责任编辑:张　浩
责任校对:王淑娟
选题策划:廖丽娟
封面设计:精艺飞凡

出版发行:河南美术出版社
地　　址:郑州市郑东新区祥盛街 27 号
邮政编码:450016
电　　话:(027)87391256
印　　刷:武汉华豫天一印务有限责任公司
开　　本:889 mm×1240 mm　1/16
印　　张:13
字　　数:240 千字
版　　次:2024 年 7 月第 1 版
印　　次:2024 年 7 月第 1 次印刷
书　　号:ISBN 978 - 7 - 5401 - 6332 - 7
定　　价:90.00 元

序 | Sequence

从 1994 年中国全线接入互联网到 2023 年 29 年的时间里,中国经历了万维网、互联网、移动互联网的浪潮,随之而来的是社会的方方面面进行着网络化、信息化的深刻变革与发展,数字化与智能化成为这场变革的主要目标。这股浪潮不仅在城市的各个角落散开,也让乡村成为能量与创意的聚集之地。2019 年 5 月,中共中央办公厅、国务院办公厅印发了《数字乡村发展战略纲要》[1],明确提出"数字乡村是伴随网络化、信息化和数字化在农业农村经济社会发展中的应用,以及农民现代信息技能的提高而内生的农业农村现代化发展和转型进程"。随即,以乡村数字化内生发展动力为依托,农村数字经济产业发展为保障,数字文化建设与治理为目的的乡建浪潮在利好政策的指引下,自上而下地发展出一批可复制可推广的应用场景和案例,《数字乡村标准体系建设指南》也成为指引乡村高质量发展的白皮书,相关部门不断更新与完善其建设内容与路径,丰富与建构数字乡村标准化发展。

诚然,我们在如火如荼的光纤运动和基站建设中,看到在某些区域的信息孤岛现象依然存在,农民的数字技术接触率偏低,对于开发试点的数字乡村建设依赖于形式与主题的搬复,无法形成持续有效的产业发展动力和管理运作机制,重复及同质化的样板工程无法契合数字网络的真实表征。这不是一个设计学学科单一可以解决的问题,但或许是一种视角,从思辨设计的维度去重新审视当下正在发生的改变、变化甚至是变迁。土地上的迁徙已经改变了城乡人口结构和经济模式,信息化和网络化的生活方式已然更新了每天我们接收的资讯与文化表征。当数字与文化发生碰撞,并且是发生在乡村这片神州大地上,这或许是对某片土地上的文化的一种遥远呼唤,一种回溯和找寻,也是立足于当下的文化表达新的媒介与方式,甚至是未来的期许。我们聆听了太多的定义、范式以及既有的标准与模式,然而不是所有的设计都会发生单一向度的改变,设计师与城乡规划师不应该为所有人去定义未来,而应该与社会学家、政治学家、经济学家等专业人士合作,去生产一种人们真正想要的未来。能够在双重时空（当下与未来）中肩负起设计所能勾勒的、基于现实与需求的图纸。因此本书中并非仅仅专注于政策或经济层面，并非以宏大叙事口吻作乡村建设报告，而是从现有的设计实践中，从每一个鲜活的设计案例中去观瞻由设计而引发的一连串社会效应，也不仅仅关乎文化。数字乡村或许就是强大的数字村的一种发展模式，我们所有人无一例外地生活在数字村中，历经冠状病毒大流行后的城乡数字化发展，将会赋予新的使命与诉求：在线学习揭示下的数字鸿沟、乡村医疗系统与社区保障、数字安全与信息伦理、数字经济与绿色农业，种种议题都是围绕"数字"这一万物互联的载体以不同形式呈现，也以阶段性建设为步调展开。我们既要有"铁公基"保驾护航，也要有"稳人心"走向联结与共情。在改革开放的 40 年中，数字空间也不断走向融合。值得警惕的是，当前的数字化是信息化向"物"的业务为主要对象的延伸，重在社会生产体系的变革，而"我与非我"则在这场数字化跃迁的个性中逐渐失去了人本化的特质。我们感觉被日益成熟的信息包围，却很难分辨到底什么是数字化。

我们的设计历经构想，剔除掉不切实际的想象，还剩下什么？什么是设计？是城乡规划建设中的图纸还是政策的谋划？我们发现，随着行业的规划化运营以及相关法律与政策的出台，设计愈来愈趋向一种不会出错的真实愿景，我们经历的世界日新月异，而设计在时代巨轮中吹响的依旧是属于本时代的意识形态话语与价值理念。我们还会看到《数字乡村建设指南 2.0》，基于美好愿景下的当下最优解，政策与设计在彼此更新与尝试的双轨中有条不紊地运行，各自成全又彼此验证。

该书籍的出版资金主要来源于湖北省公共文化研究中心，也是我个人研究课题的成果之一。感谢研究中心的慷慨与资助，这是一个不断产生新思想和新议题的研究平台，也感谢课题组成员对本书内容的校正与批评。没有他们，无法成文至此。

张　琪

2023 年 2 月

* 基金项目：2021 年度湖北省普通高等学校人文社会科学重点研究基地公共文化研究中心项目资助重点项目(编号：2021GKY02Z)。

* 创新团队项目：2022 年度湖北省高等学校优秀中青年科技创新团队计划项目(编号：T2022039)。

目 录 | Catalog

第一章
数字乡村的思辨背景
Chapter 1

第一节　时代图景

数字乡村(digital village),正在以一种新的变革模式实现着农业农村的现代化建设。实现其数字化并没有单一的路径和方法,然而这丝毫不影响我们对其投入的关注与倡议。2022年初出台的《中共中央、国务院关于做好2022年全面推进乡村振兴重点工作的意见》,就"大力推进数字乡村建设"作出专门部署,以顺应当前互联网发展以及文化消费升级的大环境,从而进一步发挥"互联网＋"的优势,来带动更多优质、品类丰富的乡村文化产品上线上云,实现无屏障的信息与技术交流,文化与生态的融合,为乡村文化振兴注入持久动能。

国际上对数字乡村的战略部署也早已运筹帷幄。联合国粮食及农业组织(FAO)发起了数字村庄倡议(DVI),以促进数字创新,以支持具有包容性、对性别敏感的农村发展和可持续农业食品转型,从而实现2030年议程目标。2022年6月29日,由中国国际扶贫中心和联合国粮农组织驻华代表处联合举办的数字乡村研讨会在广西南宁举办。该会议旨在通过分享中国数字乡村建设的成功案例,促进东盟国家数字乡村建设,帮助减少贫困、助力乡村发展,同时在研讨中总结经验、创新想法,推动数字化在中国乡村振兴中贡献更大力量。

年丰时稔是全人类的美好期望,联合国粮食及农业组织预测,到2050年,世界人口将达到近100亿,与此同时,全球粮食需求会增长70%。数字乡村的催生则是解决迫在眉睫的农业用地问题,减少环境的负面影响来保障农业产量的正常供给。因此,发展绿色农业需要在数字技术和数字意识两方面形成合力。

在数字技术应用方面,美国纽瓦克垂直农场(AeroFarms)通过对农作物使用LED灯以及航空电子设备,利用大数据技术进行监测并采取智能决策,相比传统农场节水95%、减肥50%,实现农药零投入。并且每年能为纽约提供1000吨新鲜农产品。爱尔兰 MagGrow 公司开发的农药喷洒机器人能成功解决农药漂移问题,减少农药施用量可达 65%~75%。瑞士 EcoRobotix 公司开发的田间除草机器人可以对杂草进行准确识别,通过机械手臂对杂草精准喷洒除草剂,能减少 20 倍农药施用量。德国大型农业机械通过配备"3S"技术在农业生产中实现精准操控和智能决策,通过矢量施肥与喷药,显著提高药、肥利用率,促进农业生产绿色发展。在垂直农场前所未有的全球发展中,我国也在积极探索这一先进的种植方式。位于上海市中心的 OF green 都市农场为主张绿色健康生活方式的坚果果干品牌"果园老农"与国内最专业的美食平台"悦食中国"联合升级了一个未来生活模式的有机都市农场,在技术层面向国际靠拢的同时塑造了中国新消费的经营环境,一种理想生活的新型实验。

在绿色意识培养方面,比利时政府大力发展生态农场,在无行政手段施压的情况下,促使农民树立尊重环境、注重产品质量和实现可持续发展意识;政府则积极创造条件,大力推动生态农业,发展生态农场。比利时绝大多数生态农场主通过农业自治实现了可观的经济收入,有人开办了农场商店,有人做了社区厨房,还有人创业开了一个陶艺工作室。这些都是通过创新来获得额外营收的路径。一个较大农场中既种植甜菜也养殖奶牛,农场主可利用甜菜加工转化为饲料,将奶牛排泄物制成农家肥,节省大笔化学农药费用,达到保护环境和降低种养成本的目的。凡是贴有"生态农业"标签的产品价格均明显高于普通农产品,并且不受国际市场价格影响,可自产自销,独立性强。例如,位于比利时图尔奈市的"灰十字山羊奶酪牧场"通过实行有机种植,使得整个农场生态形成可持续发展的优势,农场主采用混合饲养方式来降低畜牧压力,并且采用混合种植方式。值得一提的是,他们普遍重视食农教育,定期组织农场体验式训练营,向年轻人普及农业知识,并且召集草场管理的专家、生物多样性专家、气候变化专家共同研讨农业相关议题,通过搜集研究成果来应用与实现对农场管理的制度创新。

一、数字乡村的内涵

数字乡村的概念是在网络化、信息化发展的背景下,农业农村经济社会发展转型的数字化变革中产生的。也是乡村振兴整体战略布局的有效推进,更是数字中国建设的重要内容。关于该概念的溯源,我们可以在 2008 年的 IBM 公司首席执行官彭明盛提出的"智慧地球"这一新概念中找到灵感。从宏观的地球村被赋予了智慧的内涵,村庄不可能不被论及。智慧村庄目前仍是学术界的新兴课题。智慧村庄是智慧发展理念从城市向农村拓展的产物,智慧村庄与智慧城市既有联系也有区别。信息技术和数字技术与经济、生态、社会和文化领域的深度融合是两者的共同要素。然而,与城市相比,农村基础设施薄弱,资源约束更为实质,农民受教育程度普遍较低,

农村老龄化和人口流失十分严重[1][2]。在此背景下,智慧村庄的建设重点不同于智慧城市,智慧村庄的建设难度将增加。因此,智慧村庄并不是简单地将智慧城市建设涉及的技术应用到乡村建设中。由于每个村庄所处环境和所面临问题的差异[3],很难对智慧村庄有一个统一的定义。引用最广泛的定义是由欧盟委员会发起的欧盟智能村庄倡议提出的:智慧村庄将村庄自身的优势与数字、电信技术、创新和更好地利用知识相结合,通过网络服务使居民和企业受益[4]。在国内的相关政策与报告解读中,我们常见的是"数字村庄"这一概念,在对应的语汇背景中,也是指代农村内生发展中所伴随的网络化、信息化和数字化这样的前提下,农村的相关产业发展对技术的应用以及农民现代信息技术提高的要求[5]。可见,中国提出的数字乡村与欧盟提出的智慧乡村在本质上是相同的,只是中国的实践和研究出于政策导向,往往选择"数字乡村"一词。

我国在数字乡村战略部署中有渐进式的政策引领与目标制定。最早可见由中共中央、国务院印发的《乡村振兴战略规划(2018—2022年)》,该规划明确了近五年实施数字乡村的基本格局,以及如何为数字农业奠定民生基础。2019年出台的《数字乡村发展战略纲要》也明确了当前数字乡村建设的应用背景以及乡村振兴的基本诉求。在2020年的中央一号文件中,也明确提出要开展国家数字乡村试点,也就是在全国范围有步骤地铺开数字乡村建设,这既是新的尝试,也为后面的政策推进和优化改革方案提供了参照。

当然,从生产力的推进与时代变革发展的视野来看,数字乡村则是在充分利用第四次工业革命的技术成果下形成的全新发展格局,尤其如大数据、人工智能、物联网、第五代移动通信网络(5G)、智慧气候等现代信息技术在很大程度上已经影响到农村的生产和生活模式,和城市一样,农村农业在数字化的发展下,在解决相关产业问题时已经将这些成熟的技术应用于农业生产的产前、产中及产后环节等,乡村的文化振兴也将数字技术应用于乡村社会的治理等方面。从目前已经应用了数字乡村的试点单位建设的成效来看,数字乡村的有效推进能收到一举两得的效果,不仅能提升农业综合生产能力,也可以提升乡村生活质量,促进农业农村高质量可持续发展。

数字乡村与传统乡村相比具有显著的差异性特征,在高技术物质资本和高人力资本的投入下,数字乡村受到需求和供给不足的双重制约,主要表现为地域性、公共性和长期性。前面已提到,数字乡村的建设背景是在全面掌握第四次工业革命的新技术、新理念和新业态的前提下开展的,由中央政府做好顶层设计,地方政府根据本地实际制订分阶段行动计划。具体实施中,需要针对供给层面上对公共数字基础设施建设加大投入,也就是数字基建;在技术研发和推广层面上需满足产业发展需求,鼓励实力强劲的互联网企业、涉农企业以及高科技企业的积极联合;并且加强对各类

新型农业经营主体的培训和宣传,从内生动力上提升经营主体的数字化应用能力,从而达到服务农业生产生活的目的,因地制宜地建设数字乡村。

因此,数字乡村主要将第四次工业革命的技术成果应用于农业生产和乡村生活两大领域。第四次工业革命技术成果在农业生产中的应用,使传统农业向数字农业转变;在农村生活中的应用,使传统乡村生活向数字乡村治理转变。数字农业主要体现在农业生产的数字化转型、农村数字经济的发展、农村管理的网络化和乡村旅游的数字化,而数字乡村治理则包括网络扶贫、乡村网络文化的繁荣、智慧绿色乡村的建设和农村信息服务。数字乡村建设就是要充分、深入利用第四次工业革命的技术成果,需要政府、企业、农户等利益相关方的积极参与,从而形成系统完整的网络体系和机制。

二、国家"数字乡村"试点要求

国家网信办等七部门联合印发《关于开展国家数字乡村试点工作的通知》:各省级相关部门要深入贯彻落实《数字乡村发展战略纲要》,切实加强试点工作的组织领导,强化统筹协调和上下联动,把准试点方向,完善政策支持,抓好督促落实,务求取得实效。《通知》明确工作目标,到2021年底,试点地区数字农村建设取得显著成效,城乡数字鸿沟明显缩小,农村数字经济快速发展,农业生产智能化、网络化运行水平大幅提升,基于互联网的农村创业创新蓬勃发展,农村数字治理体系基本完善。农村公共服务体系基本建立,农村网络文化蓬勃发展。通过试点村的一批可复制、可推广的实践经验,为全面推进数字村发展奠定了良好基础。

2020年10月,中央网信办、农业农村部、国家发展改革委、工业和信息化部、科技部、市场监管总局、国务院扶贫办联合印发《关于公布国家数字乡村试点地区名单的通知》,确定了首批国家数字乡村试点地区名单(见表1-1)。《通知》要求各试点地区要落实试点工作主体责任,健全领导工作机制和跨部门推进机制,统筹用好相关政策和资源,围绕《关于开展国家数字乡村试点工作的通知》提出的7个方面试点内容,坚持目标导向、问题导向、结果导向,结合实际,因地制宜,有力有序推进试点工作,避免重复建设。

为落实中共中央办公厅、国务院办公厅《数字乡村发展战略纲要》,倡导动员社会力量支持国家数字乡村试点地区示范项目建设,2022年6月,中国互联网发展基金会启动数字乡村聚力行动示范村建设公益项目,充分发挥信息化对乡村振兴的驱动赋能作用。使用中国互联网发展基金会数字化发展专项基金(筹)2000万元资助建设10个数字乡村示范村,每个项目将得到不超过200万元的资助,项目资金由相关企业定向捐赠。

数字乡村试点建设项目目前已完成了验收评估工作,为下一阶段全面高质量推进数字乡村建设提供了参考借鉴。以点及面,为加快弥合数字鸿沟,提升农业数字化生产力,构建乡村数字治理新体系,促进农业高质高效、乡村宜居宜业、农民富裕富足做出长足发展与尝试。

省份	县(市、区)	省份	县(市、区)
北京市	房山区、平谷区	湖北省	宜昌市秭归县、武汉市江夏区、鄂州市华容区、襄阳市宜城市
天津市	西青区、津南区		
河北省	廊坊市永清县、沧州市肃宁县、邢台市南和区、辛集市	湖南省	湘西自治州花垣县、邵阳市大祥区、永州市双牌县、湘潭市韶山市
山西省	临汾市隰县、临汾市洪洞县、大同市云州区、晋城市高平市	广东省	韶关市南雄市、阳江市阳西县、茂名市高州市
		广西壮族自治区	南宁市横县、桂林市恭城瑶族自治县、贺州市富川瑶族自治县、百色市平果市
内蒙古自治区	呼和浩特市托克托县、鄂尔多斯市鄂托克前旗、兴安盟扎赉特旗		
		海南省	琼海市、澄迈县、昌江黎族自治县、三亚市海棠区
辽宁省	沈阳市辽中区、朝阳市凌源市、本溪市桓仁满族自治县、营口市老边区		
		重庆市	垫江县、大足区、渝北区、荣昌区、巴南区
吉林省	四平市梨树县、吉林市龙潭区、延边州和龙市、辽源市东辽县	四川省	内江市隆昌市、成都市大邑县、宜宾市兴文县、泸州市纳溪区
黑龙江省	佳木斯市桦南县、绥化市望奎县、齐齐哈尔市依安县、牡丹江市西安区	贵州省	贵阳市息烽县、毕节市黔西县、毕节市金沙县、遵义市余庆县
上海市	浦东新区、奉贤区	云南省	昆明市石林彝族自治县、楚雄彝族自治州楚雄市、红河哈尼族彝族自治州开远市
江苏省	徐州市丰县、苏州市张家港市、南京市浦口区、连云港市东海县		
		西藏自治区	林芝市米林县、拉萨市曲水县、山南市乃东区、日喀则市白朗县
浙江省	湖州市德清县、嘉兴市平湖市、宁波市慈溪市、杭州市临安区	陕西省	渭南市大荔县、杨凌示范区杨陵区、商洛市柞水县、汉中市佛坪县
安徽省	合肥市长丰县、宿州市砀山县、黄山市歙县、六安市金寨县	甘肃省	酒泉市玉门市、张掖市高台县、兰州市皋兰县
福建省	宁德市寿宁县、南平市武夷山市、三明市大田县、龙岩市上杭县	青海省	海南藏族自治州贵南县、海东市互助土族自治县、果洛藏族自治州玛多县、西宁市湟源县
江西省	赣州市安远县、南昌市进贤县、吉安市井冈山市、上饶市玉山县	宁夏回族自治区	吴忠市盐池县、石嘴山市平罗县、吴忠市利通区、银川市西夏区
山东省	淄博市高青县、泰安市肥城市、滨州市惠民县、烟台市海阳市	新疆维吾尔自治区	巴音郭楞蒙古自治州库尔勒市、阿勒泰地区吉木乃县
河南省	三门峡市灵宝市、鹤壁市淇滨区、南阳市西峡县、漯河市临颍县	新疆生产建设兵团	第一师阿拉尔市十一团、第八师石河子市一五〇团、第十师北屯市一八八团、第三师图木舒克市四十一团

表1-1　国家数字乡村建设试点名单(2020年10月)

三、应用服务体系

结合数字村庄建设内容和农村可持续发展目标,应用服务体系可分为产业发展、生态宜居、文化繁荣、服务提升和高效治理五个方面。

产业发展是将大数据、物联网、人工智能等技术与农业生产经营活动相结合,通过智能决策、智能预警,提高农业生产效率和产品质量,最终提高农业有效供给农产品和服务。建设内容主要包括智慧农业、农村电子商务、智慧旅游、数字普惠金融、农业社会化服务等。

生态宜居是利用数字技术改善生态环境,为改善农村人居环境提供依据。建设内容主要涉及水源监测、空气质量监测、厕所革命、生态能源、绿地智能管控等。

文化繁荣就是利用数字技术将外来文化引入乡村,同时加快乡村文化的传承、创新和传播。建设内容主要包括数字博物馆、农村文化宣传、农村网络文化引导、数字图书馆和乡村全景等。

服务提升就是运用数字技术,助力农村服务数字化转型,提升现有服务水平,创新服务模式。建设内容主要包括互联网教育、互联网医疗、智慧养老、消费品下乡和便民服务等。

高效治理是运用数字化手段处理农村生产生活各环节事务,提升农村治理的科学性。建设内容主要涉及村务管理、智慧党建、平安村庄、村民自治和应急管理等方面。

2020 年	数字乡村建设取得初步进展	全国行政村 4G 覆盖率超过 98%,农村互联网普及率明显上升。农村数字经济快速发展,"互联网＋政务服务"加快向乡村延伸,网络扶贫行动向纵深发展
2025 年	数字乡村建设取得重要进展	乡村 4G 深化普及,5G 创新应用,城乡"数字鸿沟"明显缩小,初步建成一批新农民新技术创业创新中心,培育形成一批农村电商产品品牌,乡村数字治理体系日趋完善
2035 年	数字乡村建设取得长足进展	城乡"数字鸿沟"大幅缩小,农民数字化素养显著提升,基本实现农业农村现代化、城乡基本公共服务均等化、乡村治理体系和治理能力现代化
2050 年	全面建成数字乡村	助力乡村全面振兴,全面实现农业强、农村美、农民富

表 1-2　国家"数字乡村"发展战略纲要

通过行之有效的政策推进,数字乡村在各个试点单位的建设均实现了较为明显的突破,主要体现在生产流通的智能化和经营管理的网络化这两个方面。

在生产流通的智能化方面,呈现多元化的应用场景。如人工智能技术实现定向

育种,大大提升育种效率;将大数据、物联网等技术综合应用于种植业,实现对作物生长的智能化检测与干预;利用植入芯片和可穿戴设备等设施,在畜牧业中实现动态配方饲料、精准个体饲喂、远程疫病诊疗、产品质量追溯等一系列智能化生产过程;运用无人机、农机辅助驾驶和农业机器人等技术,实现农业机械领域的智能化升级;甚至可以提前预警防控气象灾害,也可以操纵智慧化人工来"呼风唤雨";生产的前提是对农产品进行的需求分析,通过大数据指引来对产品的生产和销售实现定制化服务;在"云"上体验农产品、休闲农业和乡村旅游;用数字化技术事前预测政策效果,事后监测政策执行和评估等。

在经营管理的网络化方面,能在不同程度降低成本。如互联网可以高效对接不同区域的经营主体和不同类型的消费者,实现产品不出门,服务已周到的供求水平;在吸引乡村的返乡人才的措施上则可以利用网络开放平台,方便就业人员搜索招聘信息,明确就业路径;乡村的经营信息通过互联网可实现高效传播;数字化能够促进农业和其他乡村产品生产的标准化,从而降低生产成本;乡村商品交易、金融保险服务、教育、医疗健康等消费与生活服务也可以通过网络平台实现,甚至可以进一步生成关于农业生产、农村生态、城乡商品市场的"算法",有助于经营主体把握市场规律;区块链技术可以实现对农产品质量安全、信贷风险控制等信息的低成本精准化追溯。而且,经营网络化让复杂的农业产业链条、乡村治理链条等各个环节主体更容易核实信息,有助于农村信用体系建设。

四、标准体系结构

在前文的应用服务体系中,主要是从生产和管理两个层面进行剖析,强调了数字化在农业生产和乡村生活的全域式覆盖,并凸显了其科学、有效的功能。对于如何去建构数字乡村,用图谱的方式呈现其关键部分的各个环节,我们可以参照《数字乡村标准体系建设指南》的要求,其将数字乡村标准体系结构进行具体化罗列,包括 A 基础与通用、B 数字基础设施、C 农业农村数据、D 农业信息化、E 乡村数字化、F 建设与管理、G 安全与保障等七个部分,如表 1-3 所示。

其中,整个结构的最下沿 A 是基础与通用标准,主要围绕术语、参考架构、评价模型等方面形成基础性的运作框架,为上面的乡村数字基础设施、农业农村数据和应用夯实基础。

B 是数字基础设施标准,主要围绕农村网络基础设施、农业农村天空地一体化监测网络、农村公共基础设施数字化改造升级等方面,是实现数字化建设水平的第一步,为全面提升农业农村信息化水平提供基础设施保障。

C 是农业农村数据标准,主要围绕数据资源、数据治理、数据服务等方面,为数字

乡村不同类型的应用场景提供数据资源和数据服务支持。

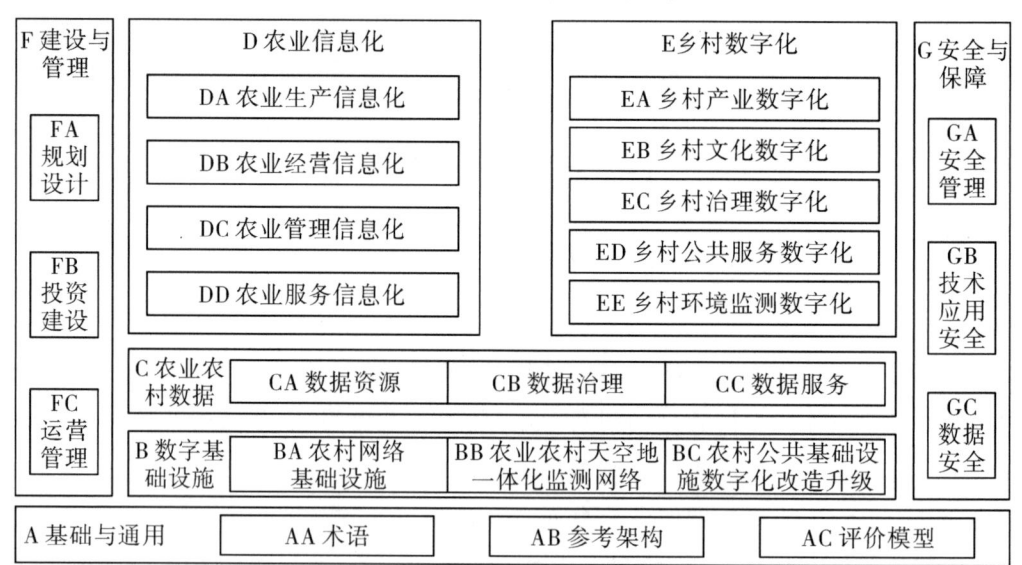

表 1-3   数字乡村标准体系结构

D 和 E 分别指代农业信息化标准和乡村数字化标准,从结构图中可以看到,这是顶层设计最为关键的一体两面,是标准体系应用的"主战场"和"绩效点"。主要用于指导农业生产、经营、管理、服务等方面信息化建设,同时实现乡村产业、文化、治理、公共服务、环境监测等方面数字化转型,促进资源优化配置和城乡融合发展。

F 和 G 作为整体工作的保障性和稳定性的结构分列在两侧,分别用于建设与管理标准和安全与保障标准。F 具体内容包括规划设计、投资建设、运营管理等标准,用于指导数字乡村相关信息系统和平台全周期工作,体现建设、运营、管理并重的新理念。G 具体内容包括安全管理、技术应用安全、数据安全等标准,用于保障数字乡村相关信息系统、业务数据和农村居民个人信息的安全。

第二节　技术、艺术与设计

一、设计与技术

从巴比伦到波士顿,城市一直是经济增长和文化活动的中心。城市将世界各地的人们聚集在一起,探索新的想法,并以新的方式进行交易。通常情况下,这些城市是由技术变革塑造的——无论是新资源的发现(在古巴比伦产生了早期的贸易路线和港口),还是对新动力源的捕获(在波士顿诞生了工业革命的工厂)——城市的历史就是一部技术创新的历史。

随着我们的世界变得越来越数字化,城市正在重塑自己。但下一代的城市不会用木材、砖块或钢铁建造,而是用代码建造。

人类社会的发展见证了第一次工业革命的机械化制造以及第二次工业革命电气化赋能的变革,由此催生的设计的核心内容是技术与艺术、精英与大众、功能与形式的关系重组。设计话语体系则由技术、艺术、功能、形式、装饰、风格等概念及其思想汇聚而成。第三次工业革命使人类社会加速进入到自动化时代,计算机、因特网等逐渐应用于人们的日常生活。设计则被赋予了更丰富的内涵,从传统的侧重于产品外观造型和符号学意义层面的实践转向更为复杂的数字媒介和重视服务体验的设计活动,使得设计从美学的单一向度驶向发现问题——解决问题的现实路径。伴随着第四次工业革命的智能化时代的来临,非物质的数字信息已经成为重要的设计对象,我们被一块块移动的屏幕所吸引,并任由信息爆炸式倾泻,凭个人喜好来挑选与载入(表1-4)。设计的关注之物,其主要的表现形式就是界面[6]。然而,"界面"这个包罗万象的概念似乎超脱了其物质层面的象征,转由更复杂的数字比特和物质原子两者中形成角力,最后在时代静默中回归事物本身——微观原子或宏观材料层次。实际上,现象学意义上的日常活动以及由此形成的日常体验是人们感知世界的重要方式,数字化无孔不入般在任何混合空间中提供了一个视觉+文化的窗口。

二战之后,随着世界设计中心由欧洲转移到美国,现代主义转型为国际主义之时,人们发现,只有能够解决问题的设计才能实现利润的回报,不论是功能的问题、情感的问题,还是意义的问题。然而,面对新兴技术层出不穷的现状以及不断复杂的人类社会,不少人开始反思设计的价值以及设计师的角色定位,尤其是面对以下四个重大新兴技术逐步成熟与日益广泛的商业化应用时,设计能解决哪些问题本身也成为

— 9 —

另一个棘手的问题：比如"连接所有"的物联网及其形成的智慧地球,工业、医疗与救援领域的智能机器人,3D打印技术与可定制的即时低成本制造业等[7]。设计面临的挑战与以往最大的差别在于,上述新兴技术并不是单独发生的,而是井喷式的同时爆发,它们将会造成何种程度的社会更新,目前还未有定论。如果设计师只是被动滞后地去感知与学习,再去循规蹈矩地寻找既定参数,设计解决方案,显然已经无法应对层出不穷的技术更新及其市场转化了。从目前的设计表现与技术图纸的更新与迭代的效果来看,设计师只有积极地参与到技术更新的过程当中,与新兴技术一起成长,主动识别辨析人类自我与社会需求作为主要服务对象下,如何与新兴技术之间的裂痕共同存活,明辨出哪些现实需要被动摇,哪些技术更新值得警惕,哪些未来样貌有可能去接近。

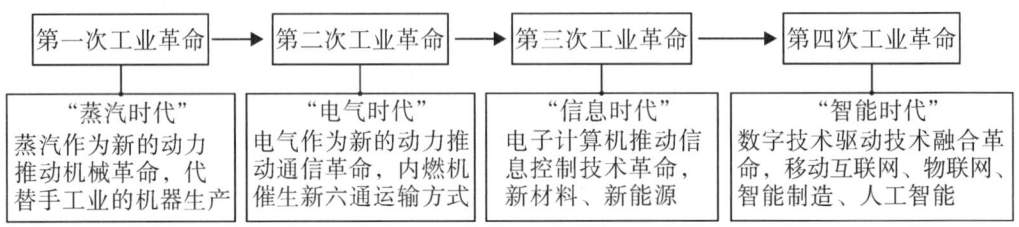

表1-4 四次工业革命所带来的技术变革

思辨设计则是在技术美学和功能置换的时代前提下将未来以虚构的方式呈现到世人面前,从而颠覆人们对于现实维度的认识阈限。人们通过媒体、报刊和源源不断的信息渠道,逐渐被"技术无所不能"的未来神话所掌控,甚至主动参与到技术升级与应用的场景中。思辨设计提出了科技神话的质疑,从设计就必须解决问题的可用效度中跳脱出来,借助想象力,让机会在技术失控到某种"不合意"(unpreferable)的现实之前,提前将其转化为"想要的"可能性。思辨设计灵活地采纳装置艺术、观念艺术、行为艺术等媒介的呈现手法,其批评力显得颇为生动,不再受限于技术的现实维度,借助青涩、矛盾、粗糙的道具(prop),粗略地描摹出不同于现实的平行世界美学,也迫使观众放下陈见与所谓常识,主动且大胆地调用想象力去勾勒出一幅未敢涉足的理想之境。这种非现实美学,集中体现出与现实世界的矛盾与对立,也正好凸显了思辨设计作为理想、作为观念的力量所在。

数字技术应用在乡村空间中有其完整的技术支撑。常见的应用类型包括数字孪生、场景渲染、虚拟人生成,以及BIM、GIS、云计算、物联网等系统的数字化与集成化。操作层面已经可以实现大规模、多品类、多形态的三维模型应用,包括激光点云、倾斜摄影、软件建模、BIM模型等。在设计方案的策划与概念阶段,准确的地理信息、影像资料、GIS数据等生成能协助设计者建构清晰、可视化的农村场景,并为用地开发的有效决策与建筑、规划的合理性规范形成支撑。虚拟人的生成和互动在经济和文化层面带来了乡村生动的现实图景,通过直播带货、导游推广以及服务的多维度渗透,

实现需求与产业的链接。高空中的无人机侦探们帮助我们实现了场景的全域式考察，以及地理层面的扫描与更新。餐桌上的有机食物在区块链技术的溯源中能够快速找到其生产地的绿色认证，也能成为食品产业在市场规范化运营的激励机制。

图 1-1　北京林业大学"光之螺旋"灯光装置

数字技术在景观的互动性方面应用较为成功的案例是北京林业大学"林之心"导览系统，这里将校园文化和数字技术形成有效合力，激发了一种常规校园景观中没有的人性化体验。作为人与自然链接的有效方式，学生们可以操作手机或系统界面，运用 AI 技术、互联网、物联网等多种科技手段，再现与还原园区的特色植物。该项目由北京甲板智慧科技有限公司策划实施，设计团队搜集了学校中有特色的古树，通过仪器实时监测树干干湿度的情况。植物通过这种可视化的界面展现了自身动态发展的生长规律，也成为教师和学生观察生物的全新视角。另外，"光之螺旋"也是园区内最受欢迎的灯光装置（图 1-1），集观赏性和互动性于一体，背后依旧是大数据的科学性加持。在一块绿色草坪铺设的广场中汇集了八根金属灯柱，看似只是普通的艺术装置，实则传递着历史与当下的使命：八根灯柱分别与北京林业大学校园中历史最悠久、并需重点保护的八棵古树连接在一起，通过安装古树名木监测装置，以灯光形式实时反映树木健康状态。灯柱的颜色分别代表古树不同的健康状态，如果显示红色，就说明这棵树目前并不健康，管理人员可以第一时间进行养护。甚至可以监测其水分含量，水分越充足，灯光会越趋向于冷色（紫蓝），反之则是红色，表示缺水。以往我们很难通过肉眼去判断树的水分，通过这种方式，可以很直观地向教职工及学生传递出该树的实际情况，以及教会他们如何去感知自然脉动的变化。除基本照明之外，

"光之螺旋"还提供了一种特殊的交互玩法,装置四周一整圈的硬质铺地就是为了人们可以组团式观赏并参与到景观互动中,当十位同学手拉手站在其面前,经过摄像头的肢体识别系统,就能触发灯柱的特殊灯光效果,这不失为一种凝聚力体验的尝试,同学们往往会在此地进行毕业合影留念。

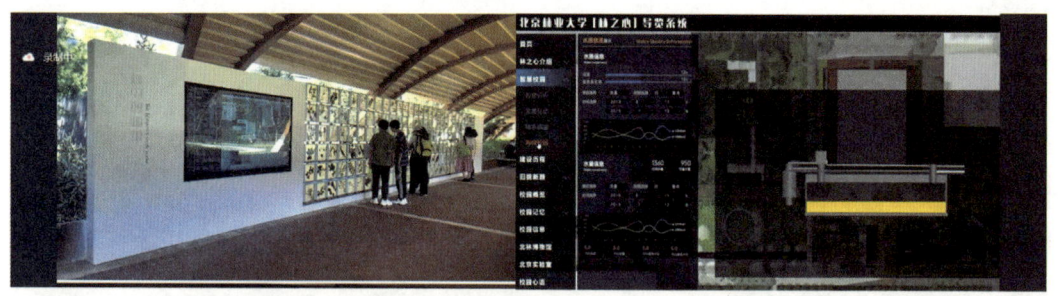

(a)"林之心"植物展示墙　　　　　(b)"林之心"导览系统界面

图 1-2　北京林业大学"林之心"导览系统整体设计

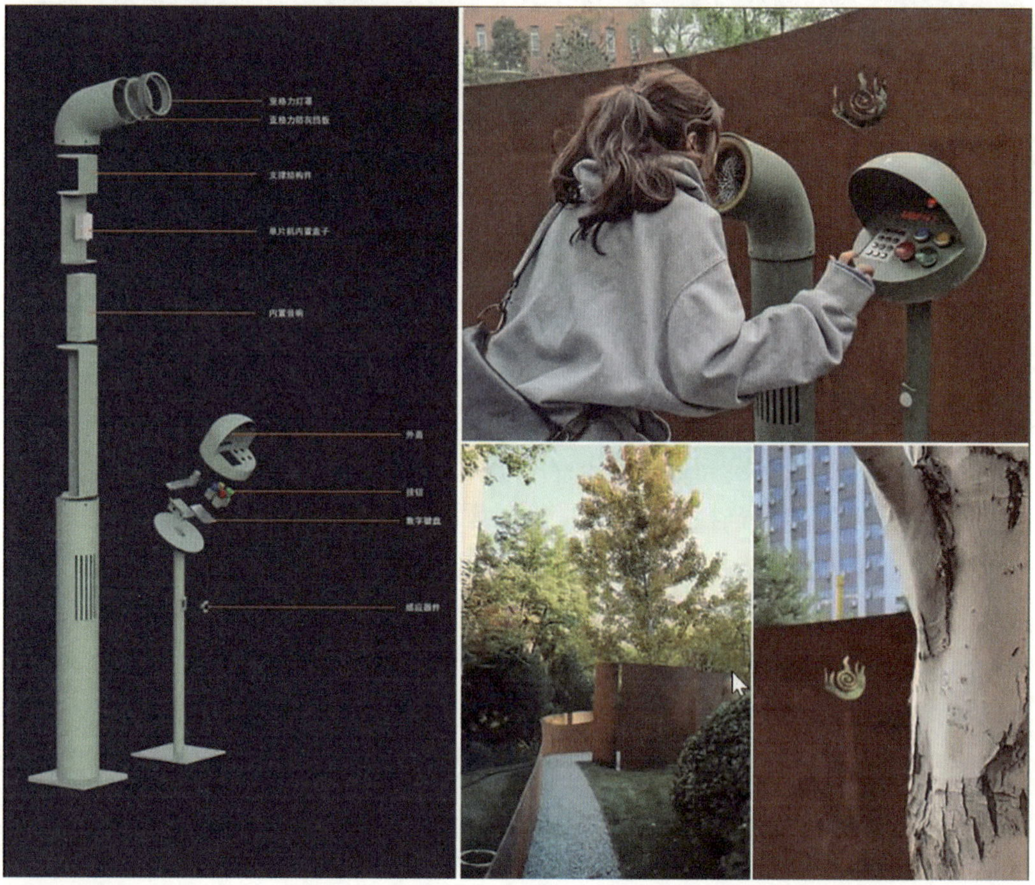

图 1-3　北京林业大学"林中谜语"景观装置

设计也可以在技术中融入文化交互体验,北京林业大学的景观装置"林中谜语"则是机器将文化、记忆元素以公众可参与、可互动的方式呈现,在历史、时空层面上丰富人的感知。设计将场地中原有的锅炉房进行工业遗址改造,延伸出一个管状形态,希望游客能够在这里通过储存记忆——激活回忆——操作结束的方式进行一种内在的对话。操作流程极其简单,首先输入学号,然后根据需要按下不同的按钮,黄色是开始键,这时可以录制内心的话语,绿色是保存录音,日后返校时还可重新听到,为四年后毕业的自己即未来的自己留存一段记忆,形成跟自己的未来交流的一种体验。当人们按住机器上的红色按钮,语音储存则被删除,象征着记忆的消失(图 1-3)。由此可见,简单的语音记录可以在环境里跟人进行有趣的互动,同时也是个人文化的投射。

　　我国在数字景区的尝试也是在科技巨头公司的参与下,较早地开启了探索与实践。世界上第一个 AI 智慧公园是海淀公园。由华为、百度两家公司牵头构想形成合力打造的智慧公园。海淀公园始建于 2003 年,位于北京西北四环万泉河立交桥的西北角,面积约 34 公顷,有着丰富的历史文化内涵,是历史上北京三山五园之一——畅春园的遗址,也是百度与海淀区共建的全球首个 AI 公园。这是一次穿越古今的科技畅想,也是一次新与旧的智慧对话。海淀公园有着引人入胜的自然景观,如淀园花谷、仙人承露等景点,也有着智慧型的运动休闲景观,如百度阿波龙无人车、智能步道、小度智能语音亭等 AI 景点。

图 1-4　海淀公园的无人驾驶巴士

作为一座集自然气息、人文底蕴和时尚感于一体的园林,海淀公园在2004年被确定为北京市首批应急避难场所之一。2018年11月1日,海淀公园宣布正式完成人工智能(AI)改造,成为全球首个AI科技主题公园(图1-4)。这是一个令人振奋的开创性革新,服务于大众的主题公园能够在科技的运用下真正做到以人为本。

由此,我们可以看到科技不断设计融合,在满足人们美好生活需求的同时,不断重塑着人居环境,并潜移默化中改变着人们的生活方式。我们最容易在城市中看到科技与智慧的部署,智慧成为人们心之所向的完美栖居方式:智慧城市中的智慧公园、智慧园林、智慧地产、智慧街道等场景被源源不断地开发并落地,人们所到之处都能体验到便捷性与人性化的细微设计。这些离不开我国相关团队完整的软件及硬件研发生产能力。以AI、AR、可视化、物联、大数据等技术为基础,结合智能健身、智能科普、AR共享车等智能、互动、共享产品,遍及各处的景观设施都在快速地落地及推广。

二、数字与艺术

数字艺术(Digital Art)是一门将数字技术作为创作或演示过程的重要组成部分的艺术作品或实践。自20世纪70年代以来,不同类型的数字艺术作品层出不穷,也是从更广的维度上来描述包括计算机艺术和多媒体艺术的创作过程,绝非静态的传统模式。数字艺术与新媒体艺术也被视为一母同胞下的艺术表现门类,在材料和技术的应用上有着极为相似的表现路径。

当代的艺术家们早已涉足新型材料与媒介,不仅如此,他们在计算机方面的应用能力提升和对电子界面的艺术操作下,使数字化创作在很大程度上由传统的艺术识别发展到了更为广泛的实践维度。事实上,诸如"虚拟现实""增强现实""视听艺术""生成艺术"或"互动艺术"等具体子类别完成了网络艺术,数码摄影或机器人艺术的技术都是数字艺术的衍生。交互性和生成性是人类主体所追求的中心环节,是数字化创作过程的两个基本原则。

人们感知到的周围环境和互联网等数字技术与光线、声音等都为非物质性素材。数字艺术运用包括数字技术在内的这些非物质性素材,能够在不改变城市或乡村街道物理形态和性质的前提下,维持街道的现有功能的基础上,将街道转变成艺术。这样,街道本身就成为了艺术。具体实践方式有几下几种类型:

(一)实践类型

案例一:自然—水艺术

数字艺术实践最早的应用领域则是在国际化舞台中将自然要素进行抽象化提炼,并引发一定的人文观赏性。éléphant paname艺术和舞蹈中心在2015年的开幕活动中举办了一场由 10 个国际知名创意团队和个人作品汇聚的展览。其中,最引人注目的是由巴黎建筑事务所 DGT 设计的"水中光(light in water)"项目。如图 1-5 所示,该装置犹如量身定制般与场地环境完美契合,这次展示选址在巴黎最古老的混凝土穹顶下,因此将做成圆形以适应房间的形状。通过圆环瀑布般的水帘和串联的灯光的渲染,实现了一种天地一线牵的令人沉浸式震撼的体验。技术上,由 16 组开槽的管道沿顶棚设置成环形,管体上密布小孔,总计 3 吨的水以每秒 60 滴的速度持续下落并不断循环。DGT 团队研究了 LED"照明时间控制"技术以达到一致,可以实现单点光在水滴上的可视化和具体化。这件装置是对生命本质的注解,也是对光和水在人类中扮演的重要角色的注解。光和水在内侧和外围创造出一种奇妙的动态感。

图 1-5 "水中光"装置场内空间

中国传统文化中的"上善若水"以及"智者乐水",仿佛在这个装置中呈现了一种宇宙观瞻的体悟。

案例二:自然—光艺术

数字化新型光装置——waterlicht。

光同水一样,是技术和自然结合的最佳产物。建筑大师贝聿铭就说过,让光线来做设计。光的艺术将自然光线幻化,形成人们对美好时光期盼的写照。荷兰艺术家 daan rossegaarde 一直致力于研究创新和互动技术的设计,他的沉浸式照明装置"waterlicht"在阿姆斯特丹 8 英亩的博物馆广场上空谱写了一曲光的迷幻舞曲(图 1-6)。

该展览持续三天，"waterlicht"照明装置如昙花一现般的光芒使博物馆广场上的人们仿佛置身于水下世界，访客可以在短暂的沉浸式体验中忘却周遭一切真实的景象，进入到一种已经被忘却的自然灵感和即时享受，并感受到这份人工唤醒下的自然力量的脆弱。该艺术装置由如丝绸般起伏的灯光投影线条构成，灯光投影使用了最新的LED技术、软件以及镜头。

图1-6　在博物馆广场上空的"waterlicht"展示效果

"waterlicht"从内涵上就阐明了水和光的自然体系，以生动的手法再现了失去水务设施后的荷兰的城市景观——用绵延起伏的光线寓意滔滔洪水，形成暗示。有着"水之国"之称的荷兰国土有一半以上低于或水平于海平线，因此荷兰人长久以来都在与海洋作斗争，筑造堤坝，围海造田，"在水务设施和时代的保护下，整个国家的景观都在不断发生变化，然而随着时光流逝，我们似乎早已将国家四周的水忘得一干二净。"艺术家 Daan Roosegaarde 说道。

阿姆斯特丹国立博物馆于近期采集了17世纪扬·阿瑟林（jan asselijn）的一幅绘画作品，和我们想象的艺术记录下的岁月静好截然不同，这副作品描绘了1651年发生在阿姆斯特丹的大洪水，这场灾难将人们从历史的悲剧中拉回到对于现实的批判性思考上，而这恰是激发艺术家在博物馆广场展示"waterlicht"装置的主要诱因。正如德国戏剧家贝托尔特·布莱希特（Bertolt Brecht）说过，艺术不是反映现实的镜子，而是确凿现实的铁锤。绘画和照明装置这两个作品均反映了荷兰与水之间的深远历

史,同时反映了人、自然和科技三者之间的相互作用。

阿姆斯特丹国立博物馆综合部主任 Wim Pijbes 认为,扬·阿瑟林的这幅画作直观地表达了荷兰的现状——始终生活在海平面以下。生态与气候的危机让人们更容易思考内心对未来生活的期望,因此,设计师将古老的绘画与现代的装置结合起来,形成自然气象般的艺术画作,使得来访者无论在哪个视角都能全身心沉浸其中(图 1-7)。

图 1-7　天空中蓝色的光波浪是海平面的象征

案例三:自然—电艺术: Saudação ao Sol

电的艺术与光一样,都在运用技术的手法来呈现对自然、艺术与技术的交织。克罗地亚建筑师尼古拉设计的 LED 装置名为 Saudação ao Sol,意为"迎着太阳",是一件了不起的数字技术公共艺术品(图 1-8)。这不仅仅是对一种永恒形态的追求,更是借助了能源的力量服务于当地游客。圆形地板下安装了由三百多层玻璃板包围的太阳能电池板,白天通过吸收太阳能存储能量,夜晚则释放出能量,形成美轮美奂的光影休,人们在其间自由驻足,跳舞,随着灯光的冷暖交替呼应着脚下的节拍,这不仅仅是一个壮观的灯光秀,更是人与科技互动的优秀案例。

该太阳能电池板的设计利用也是呼应当前国际上对清洁能源的倡导,提供了一种艺术表现力与能量可再生性的完美契合。有数据表明,迎着太阳的电池板存储了足够的电力来供应海滨的照明,从而可以节省三分之一的电力。

图 1-8　Saudação ao Sol 地面灯光流光溢彩

图 1-9　人们聚集在装置中心的效果

如图1-9所示,圆形的地面汇聚着动感变化的光斑,形成一个巨大的围合式剧场,吸引着外地的游客来到克罗地亚扎达尔这个风景秀丽的海滨小镇。Saudação ao Sol 不仅是一个自动化的灯光秀,它还是一个能与游客互动的体验装置。无独有偶,这件作品是为了呼应尼古拉的另一件同样位于海边,被称为"海风琴"的作品而设计的,值得一提的是,他的这一作品获得2006年欧洲公共空间奖。这两件作品在克罗地亚堪称双璧。

我们会不由自主地联想到,Saudação ao So 的22米直径的圆盘表面上,其光彩效果通过太阳能面板和丰富多彩的几何图案,能够表现出海浪的节奏感和如海风琴般的音律。作为本乡本土的杰作,克罗地亚被塑造成生机勃勃的海滨城市。

案例四:自然—生命主题 Hylozoic Ground

前面对于水、光、电的案例都反映了自然界的物质形态,引发人们对于环境、生态与文化的语境联想。生命主题的作品则是在自然界中重新将人的缘起与发展形成探索式的架构,并集结了更为丰富的物质形态。在第十二届国际建筑展上,菲利普·比斯利的代表作品 Hylozoic Ground 建构出了一座由网状纤维动态分布的"人造森林",该装置主要用羽毛般的叶脉加上电容传感配合具有形状记忆合金的驱动器,在光影架设的表皮材质中倾吐着生命呼吸的能量,吸引观览者在波光粼粼的森林中穿行、游历。最有意思的环节,则是观览者游历其中时,羽毛般的叶脉会与之产生呼吸状的蠕动互动。这种视觉与形态的变幻使得观者在零距离的触碰中感受着生命的脆弱与伟大的辩证力量。

图1-10　Hylozoic Ground 有机形态

在技术层面上,该装置使用了分散式传感器的网络推动,使得几十个微处理器为羽毛叶脉的反射微动提供如呼吸般的动能。如此庞大的建设体量通过38个控制面

板来总体控制四周区域的互动效果，而总线控制器则使用传感器来控制整个森林"整体性"行为互动。整座数字森林在暗黑的神秘场域中实现了观览者进行生命探险，动态模拟下的呼吸频率随着观览者的真实心跳传递着多种复杂的情绪，不安、惊讶或是有趣。该设计也呼应了生物艺术家恩斯特·海克尔（Ernst Haeckel）于1899年的代表作《宇宙之谜》，探索了生物进化论的清晰脉络，无论是宇宙、地球还是物种，终结是生命的伦理与法律的信仰。

"Hylozoic Ground"呈现了出一种赛博朋克般的技术想象，即是自然生态的物质化抽象，同时也呈现出机器数位的森林感官（图1-10）。通过其盘根错节的互动电子控制装置，与光、电糅合，让人沉浸其中，引发无限的想象与思考。观者可以在触碰中仔细观察装置的每个局部的设计，细致复杂，无边无际，又是大象无形，难以捕获。整个控制系统分散各处，在总控制端中集中管理控制，让人叹为观止。这种庞大复杂、费工费时的作品背后渗透着设计者固执坚持的创作态度，是在该主题中自然流露的一种精神力量。菲利普不断践行其技术与空间的艺术表达，从威尼斯建筑双年展到现在，创新式地发展着他的作品形式与技术。在他的其他作品中，都能看到很多"过滤层"的结构。这些结构深入空间，如薄膜般延展，成功地建构了人与环境的全新关系。

（二）数字藏品应用

在计算机的计算能力和电子界面的发展推动下，数字化创作已经在很大程度上拓展了其创作语言和表现对象，不单单只是艺术层面的即兴创作或是宏大叙事。事实上，诸如"虚拟现实""增强现实""视听艺术""生成艺术"或"互动艺术"等具体子类别都是网络艺术的具体化表现，当前热门的数码摄影或机器人艺术等技术都是数字艺术的衍生。数字藏品则是网络数字化出版物的新型业态，具有数字版权的保护和交易属性。

数字藏品是指使用区块链技术，对应特定的作品、艺术品生成的数字凭证，具有唯一性和不可替代性。常见的类型有数字画作、图片、音乐、视频、3D模型等，通过保护其数字版权的基础，来实现真实可信的数字化发行、购买、收藏和使用。每个数字藏品对应着区块链上的唯一序列，不可篡改、不可分割，也不能互相替代。

数字藏品作为数字产业的新型事物在各大领域，如IP开发、游戏资产、影视体育中被广泛应用，目前处于加速发展的初期阶段。据中国科学网《2021年中国数字藏品市场分析总结》统计，2021年国内数字藏品发行平台多达38家，各发售平台发售物品数量约456万个，总发行量市值约1.5亿[8]。2022年，数字藏品优势更是以实现对点交易、降低交易成本和保障产品稀缺性而备受关注（图1-11）。随着乡村振兴政策的有效推进，数字藏品作为文化衍生产物正在积极应用于乡村的各大平台，通过资本

第一章　数字乡村的思辨背景

与宣传的路径逐步拓展到各地乡村。最具代表性的是长三角地区,形成了苏南、浙北、上海多地的数字乡村的布局。

中国青年消费者认为数字藏品的优势:

2022年中国数字藏品青年消费者及潜在消费者认为数字藏品的优势Top5

Top5 advantages of digital collections for Chinese youngconsumers and potential consumers in 2022

实现对点交易,降低交易成本 ★★★★★★★★★★★ 47.8%

保障了藏品的稀缺性 ★★★★★★★★★★ 44.5%

促进消费资源的配置和提供产业结构 ★★★★★★★★ 36.1%

艺术家个人IP被激活 ★★★★★★★★ 34.1%

满足居民的精神需求 ★★★★★★★ 32.6%

图 1-11　中国数字藏品的优势(来源:艾媒数据中心 data.iimedia.cn)

　　数字乡村是"十四五"规划和 2035 年远景目标任务。旅游景区凭借自身独特的自然风光和浓厚的文化底蕴,可以衍生出独一无二的数字藏品,通过设计、艺术与文化的跨界联合,乡村风貌在设计师笔下摇身一变,成为可观可玩的艺术品,被新闻和媒体快速传播。数字藏品为乡村的文化赋能开辟了新的展示路径。每个文旅数字藏品都有专属的序列号,兼具艺术性和数字化,颇具纪念和收藏价值。

　　数字藏品的开发也更适用于当前年轻人所关注的文创模式,以一种新的形态将传统文化展示出来。圆明园于 2022 年推出了两款数字藏品,分别是"创世徽章"和"并蒂圆明"徽章(图 1-12),问世之初就受到年轻人的热烈追捧,该设计融合了多个圆明园代表性的文化元素,并以新颖的创意方式进行呈现。"创世徽章"将圆明园文化中的爱国主义精神与东方美学的典范相结合,塑造了平行时空中依然瑰丽的皇家园林。其设计灵感来自宫廷令牌,"创世徽章"正面为星河照耀的圆明园大水法,圆明之上,以新月合叶翻盖为冠冕,月牙翻开为壮美群山,合为凤凰翎羽。背面的清宫插屏画中是荷花与圆明园四十景之万方安和构成的夏日怡景,象征波光浩渺、天人合一的中式皇家园林。塑造了瑰丽的皇家园林气派,正式开启"圆明园元宇宙"。

— 21 —

（a）创世徽章

（b）并蒂圆明徽章

图 1-12　创世徽章和并蒂圆明徽章

　　2022年初,文化和旅游部等六部门联合印发《关于推动文化产业赋能乡村振兴的意见》。"生态乡村"系列数字藏品,也是我国优秀的休闲旅游在线服务商充分发挥数字、科技等自身优势,积极地拓宽乡村旅游和乡村振兴发展路径的积极尝试。而作为"生态乡村"系列亮相的首个数字藏品,林渡暖村是我国首批电子商务示范企业——同程旅行重点打造的首个农文旅融合的乡村振兴样板(图 1-13)。该项目依托乡村资源的地缘优势,规划并开发了特色民宿、农耕体验、田园养生、研学科普等休闲农业新业态,运营一年以来,为周边村庄带来了百万级客流,成为"网红地"的同时,也催热了当地农业产业价值多元化的发展,为当地乡村产业振兴提供了新的动能。

（a）林渡暖村稻田

（b）林渡暖村小火车

图 1-13　林渡暖村的特色景观

　　同程旅行发布的"生态乡村"林渡暖村主题数字藏品,以数字化形式重塑并再现了乡村的美好图景,使乡村振兴文化产业的开拓具有了数字化特色和前瞻性示范效果。本次主题数字藏品将限量发售 1000 份,其中,藏品编号尾号为"1"的用户,可额外获得林渡暖村网红小火车的线下双程体验机会。作为积极探索与拉近与 Z 世代年轻人沟通距离的尝试,同程数字藏品平台自 2022 年 4 月上线以来,半年累计发售 60 款藏品,发布藏品数量突破了一万件,吸引了数十万人次的用户参与。通过"数字藏

品＋乡村振兴"系列的数字藏品,创新性地用数字艺术助力乡村旅游和产业的发展,在释放乡村文化的数字经济价值的同时,也把乡村的美好传递给更多人。

同时,国内相关的乡村振兴领域的数藏公共服务平台也在积极投入建设,例如"印迹乡村元宇宙"在京上线,依托印迹乡村创意设计大赛开发运营,服务于乡村振兴领域,是集平台搭建、藏品铸造、领取转赠、数字营销等多种功能于一体专业数藏公共服务平台。

平台主要提供三个方面的服务:一是为乡村提供数字资产、数字 IP 开发、确权服务,推动数字经济领域乡村资源变资产;二是为乡村数字资产、数字 IP 的授权使用、转让变现、投资运营提供技术支撑,推动乡村数字资产经营;三是创新乡村农文旅数字资产的应用场景,推动乡村产业数字化转型。

平台将重点开拓乡村振兴数字文化消费新场景,通过在线在场相结合的模式,赋予数字文创更多权益价值和社交属性,让用户拥有数字文化新体验。

当前,数字经济方兴未艾,由此带来了数字 IP、数字产权等知识产权新课题。区块链技术的"去中心化""唯一性""防篡改"等技术特性,为乡村创意设计和乡村数字化中的知识产权确权、转让、授权使用等经济活动提供了强有力的支撑。乡村领域存在着大量的人文资源、自然资源,需要通过创意设计来发掘、创新,变为经济资产。印迹乡村数藏平台将为乡村创意设计,为文化产业赋能乡村振兴提供支持。

图 1-14   新华网首款乡村振兴数字藏品

2022 年 4 月,新华网首款乡村振兴数字藏品于 12:00 正式上线发售,该藏品在新华数藏平台售卖,收益用于助力乡村青少年体育公益事业发展(图 1-14)。届时,央媒

首个基于数字藏品的公益助力计划将同步启动。笔墨时代,国家情怀。为进一步助力实施乡村振兴战略,推动乡村农业、旅游、文化等产业协同发展,新华网邀请中国著名山水画家王佑学以新华社定点帮扶县贵州石阡变迁图景为基底进行艺术创作,推出首款"乡村振兴·看得见的改变"系列公益数字藏品——《看得见的改变·石阡旧貌》《看得见的改变·石阡新貌》。新华网数字版权藏品公益助力计划将围绕公益领域发挥独特功能优势,为乡村振兴及公益领域赋能,通过链接政府、高校、企业、公益组织等多方资源,提升新华网的社会责任影响力,助推乡村振兴、应急救援、社会救助、妇女儿童保护、治理能力现代化、保障改善民生福祉等领域的建设和发展。

未来,该计划还将陆续推出"慈善音乐会"、系列盲盒等多元形式的数字藏品,发布基于博物馆典藏文物、中国女足记忆、妇女儿童保护、珍稀物种保护等为主题的数字藏品,联合公益组织、社会影响力人物及企业共同打造"九月·数字产品公益周"等。

自新冠肺炎疫情以来,数字化已成为文化和旅游产业发展转型的新动力。从产业增长数据来看,结构性贡献超过 1/3。国家统计局显示,2021 年,数字文旅文化新业态特征较为明显的 16 个行业小类实现营业收入 39623 亿元,比上年增长 18.9%;两年平均增长 20.5%,高于文化企业平均水平 11.6 个百分点;占文化企业营业收入的比重为 33.3%。由此可见,数字藏品已然成为乡村文化代言的重要依托。

数字藏品对景区的赋能可以归纳为三点:其一,创造数字化资产。文旅数字藏品是景区在数字化时代创造数字化资产的重要载体。其二,创新数字化体验。数字藏品可以为景区打造更多沉浸式、交互式的体验方式。其三,助力数字化营销。发行数字藏品也是景区营销的新形式、新玩法,有助于景区拓展线上的品牌影响力。

案例聚焦:"百村中国计划"

"百村中国计划"是由一群中国"95 后"青年所发起的一项乡村文化资源保护与数字化的公益项目。该计划对中国 100 个本土乡村的地理风貌、文化文物、振兴发展等元素进行调研整理,邀请艺术家手绘创作成 100 幅风格迥异的乡村数字全貌图,并运用区块链技术在链上将每一幅数字作品进行永久记录保存。每幅数字作品都用鲜亮的笔墨记录下了乡村最真实、最美好的模样,也寄托了这批年轻人对乡村土地最炙热的情感,通过数字艺术作品的全幅式铺展,让每个特色乡村的风貌、民俗、产品与文化被更多的人熟悉,也让更多人感受到乡村的建设与发展成效,谱写乡愁与新时代的赞歌。同时,能带动更多热爱乡村的人,前往藏品背后的美丽乡村亲身感受中国乡土的力量。

作为"百村中国计划"系列的首期项目,笔者选取了 3 个由国盛集团(上海市政府批准成立的大型国有资本运营平台公司)参与运营建设的,最具代表性的乡村:上海市奉

贤区吴房村、上海市金山区和平村和昆山市张浦镇金华村作为案例进行呈现(图 1-15)。

案例一:吴房村

　　吴房村位于上海市奉贤区青村镇西南部,是上海市首批 9 个乡村振兴示范村之一。吴房村保留了"江南水乡"的文化历史印记和"海派水乡"的柔美与自然淳朴,整个村庄建筑色调素雅,与大片桃花交相辉映,素有"中国黄桃之乡"的美誉。近几年,吴房村围绕黄桃产业展开了一二三产业融合创新的探索之路,该数字藏品在创作时恰到好处地将村里一脉相传的传统文化和真实的烟火气息进行展现。每一处细节都包含吴房村中每一栋真实存在的历史建筑与自然风貌,村民被记录到画面中成为主角。土布与米糕是上海市的"非遗",也是吴房村村民最熟悉的触感和味道。画作以叙事性的手法以黄桃种植为线索展现年轻村民助力乡村振兴,建立黄桃果汁厂,生产黄桃果汁,实现三产融合的乡村振兴的故事。

(a)吴房村数字藏品图

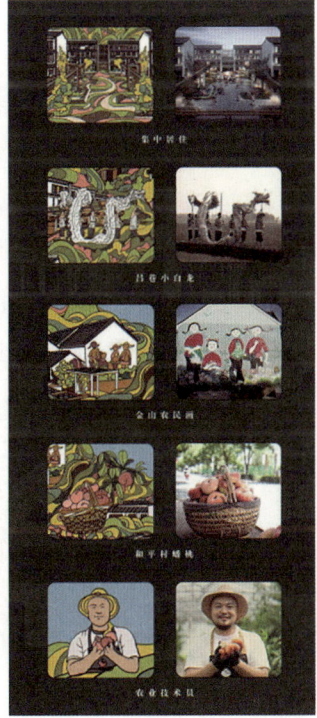
(b)和平村数字藏品图

(c)金华村数字藏品图

图 1-15　吴房村、和平村与金华村的乡村数字藏品图

案例二:和平村

　　和平村地处金山区吕巷镇中部,作为上海市第二批乡村振兴示范村,和平村是全国闻名的蟠桃之乡,也是非物质文化遗产"吕巷小白龙"的发源地。近年来,和平村将发展蟠桃、葡萄、蓝莓等水果产业作为发展现代农业、促进农民增收、推进乡村振兴的主要抓手,以"美在生态、富在产业、根在文化"为主线,探索三产联动创新发展,打造

"三个百里"标杆。

该数字藏品同样刻画了和平村中每一栋真实的建筑与自然风光,每一位人物形象皆为村中真实村民。"非遗""吕巷小白龙"舞动着村民的幸福,表达了当地民众对风调雨顺、农业丰产、安居乐业和美好生活的期盼。金山画中,农业技术员手捧蟠桃,洋溢着丰收的喜悦。一村一品被记录下和平村田间的美好,水果产业的发展让村民获得持续增收,"集中居住+产业社区"模式更是带给村民较为理想舒适的居住环境。

案例三:金华村

四十年前的金华村,被一条吴淞江阻断成交通闭塞的"孤岛",成为一个远近皆知的贫穷村。因交通不便,每年腊月,家家杀一头猪制成腊肉,"非遗"的金华腊肉便源自于此,这是金华村村民最熟悉的味道,也是其赖以生存、脱贫致富的资本。随着时代发展,民宿、花海、农场、餐厅等业态的加入让金华村焕然一新,生机勃勃,使得村民对未来充满了希望。

案例总结

中国乡村,一村一品。每一个乡村都有着截然不同的自然肌理、文化基底、人文属性与产业结构,每一个乡村的元素整合在一起都将是独一无二的收藏品。该项目团队在实践过程中并非只是简单将所见变成画作,而是在田野考察中不断熟悉并深入其乡村文化的基底,花费长达数年时间。通过多年驻地运营与建设工作,真实而全面地收集到每一座村子的特征元素。这绝非一蹴而就的工作,因此看到该系列数字藏品,村民会比游客更有感触,那就是在岁月长河中变迁的一种文化积淀,被设计师和艺术家们挖掘了出来。

在整个制作过程中,设计团队针对"乡村地理风貌、乡村文化文物、乡村振兴发展"三个层面的资料整理与实地调研,将每一个村子里的真实环境,如村民、文化、产业、变化与展望进行数字化整合,呈现在一张图中。创作的作者均是才华横溢的青年设计师,以国潮风格和当代艺术手法进行绘制,因此,我们可以看到这些独特而鲜明的相关元素被汇集到一整张现代风格的数字手绘图像中,呈现给大众,更拉近了年轻人与乡村的距离。

从该绘画创作的内容编排中我们可以得出,设计团队希望通过该系列数字藏品,向大众呈现出中国乡村的变化与魅力,它既是你餐桌上摆盘的有机蔬果,也是那一抹恬静诗意的乡愁,它让你重新回味乡村土地上独特的人文情怀。同时,数字藏品在创作中耗费了大量时间进行记录和整理的工作,体现了对乡村文化遗产的保护和存档,既是时代的印记,也是时代的成就。在推进中国乡村文化资源数字化进程中,能让每一个中国乡村 IP 都能焕发出新的活力。

数字时代以新的视角为乡民"心的回归"带来契机。乡村正在利用数字艺术和数

字媒体唤醒古老的乡村文化，将其化作打动年轻人、深植传统文化价值、树立乡土自信的积极力量。因此，我们渐渐看到，越来越多的年轻人选择回乡去开辟一片精神家园，通过互联网晒出一帧帧悠长的画面。他们在田间地头，由乡音、乡俗、乡艺等汇聚而成的乡风回归，正在合力成更多元化的乡土文化自觉力量，共同守望一方精神净土。

（三）发展成效

百村中国计划在全国范围内如同一股潮流铺设开来。其实在上海百村项目开展之前，江苏省早已积极部署其发展战略。在江苏省内已命名446个"江苏省特色田园乡村"，实现76个涉农县（市、区）全覆盖，其中59%的涉农县（市、区）省级特色田园乡村数量达到5个以上（图1-16）。新华日报社联合江苏省委研究室、江苏省农业农村厅共同启动大型全媒体行动"乡村振兴·江苏百村调研"计划，用脚步丈量全省所有涉农县（市、区）的100个乡村。

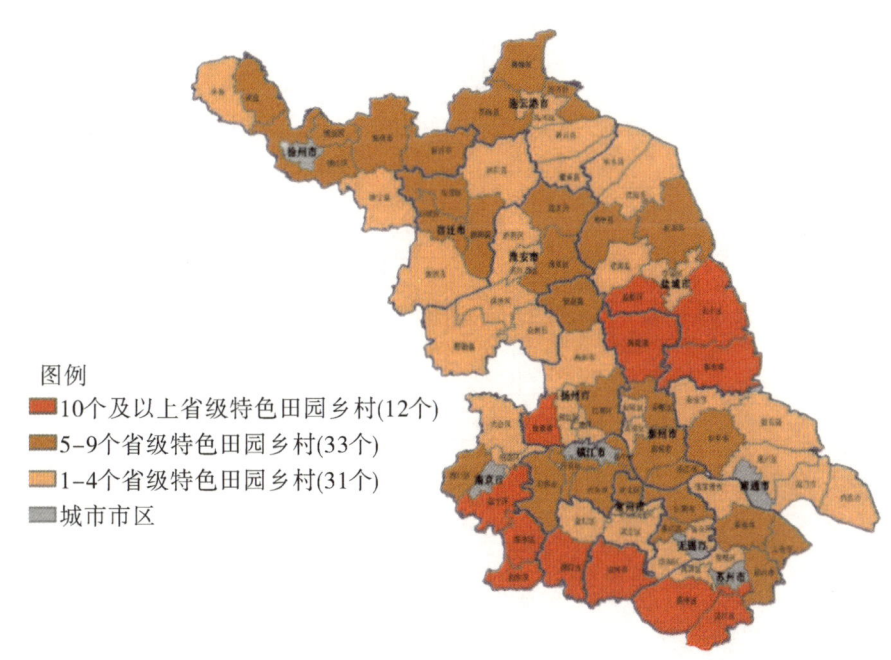

图1-16　江苏百村调研图

通过总结前面的经验和实践效果，该项目依然将重点放置在产业发展的大背景下。针对代表性乡村的三产融合情况进行了产业分析，并以此作为数字艺术藏品策划和落地的发展方向。这里，我不再展开说明其作品的内容，仅对数字艺术建立和实施的基本流程和数字艺术落地乡村的基本方式进行说明，如表1-5所示。具体总结如下：

01.数字艺术建立——实施流程

第一阶段：建立共识阶段；

第二阶段：IP内容发展与二创（内容生产/变现）阶段；

第三阶段：长期价值运营－设施建设落地阶段。

以上过程体现了"合乎市场潮流，合法合规创新"的原则，一方面，巧引乡村文化题材，善用NFT数字藏品机制变现；另一方面，关注新经济创新应用题材和设计乡村原生IP。为地方政府落地一批新经济应用题材，打造一批新价值内容标的，为地方发展储备新经济动力。

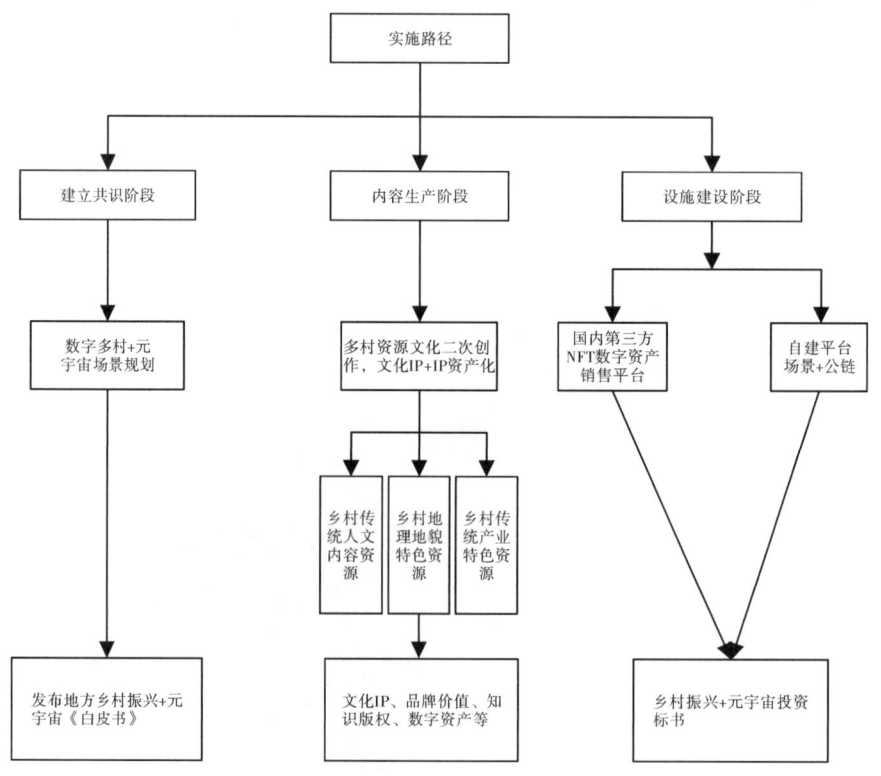

表1-5 数字艺术建立的流程图

02.数字艺术落地乡村

从以上流程图（表1-17）可以得出，实现乡村振兴的数字新动能的第一步就是先对乡村存量资源进行盘活应用，如乡村现有的自然资源、文化资源，以及农特产品资源等都是重要的存量资源，要优先考虑如何实现这些资源向资产的价值应用转变。再结合数字艺术融入乡村的方式确定村民的权益和义务。为第四步激活村民的参与建设做铺垫，第三步则是在部署阶段联系相关平台，实现产品的落地和产业联动。最后就是实现乡村的特色IP形象，开展线下运营活动。因此，数字层面的技术场景实现将为乡村构建出全新的体验方式，其中数字藏品的权益体现，和当前火爆的数字藏

品发售机制则将成为乡村振兴存量价值激活和价值高效变现的手段。

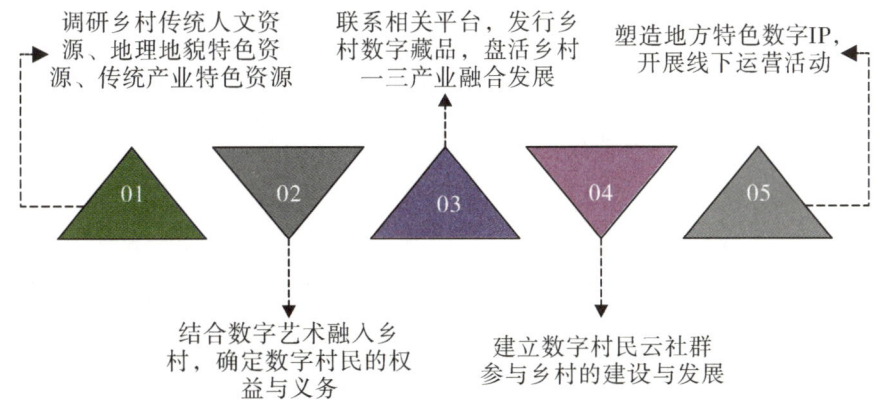

图 1-17　数字艺术落地的流程图

三、文化与科技

(一)政策背景

2022 年初,中共中央一号文件提出《启动实施文化产业赋能乡村振兴规划》,文化和旅游部联合印发《关于推进文化产业赋能乡村振兴的意见》。2022 年 8 月 4 日,中国科学技术协会、国家乡村振兴局联合发布了《关于实施科技助力乡村振兴的意见》。推动科技创新成果惠及农民,营造农村"创新、创业、创造"氛围——可以看到,在政策支持下,以文化和科技两种方式提升乡村振兴质量和速度,串联起多因素、多链条、多价值观,以文化引领农村发展,以科技带动产业振兴。乡村文化的振兴也需要科技的"翅膀",乡村科技的创新离不开乡村文化的土壤和基因。

网络和数字技术可以促进乡村文化旅游产业的高质量发展。依托自身优势资源打造乡村文化产业,如乡村旅游、民宿、文创、生态产业园等,或通过直播、电商等网络平台,为乡村旅游线路开发、农产品土特产购买乃至乡村风光虚拟观赏提供便捷的渠道,将成为农民增收、振兴乡村产业的重要引擎。

随着文旅融合新时代的到来,文旅表演、沉浸式旅游产品、互动体验旅游产品、光影秀、夜游等新业态层出不穷,对科技应用和科技文化融合提出了越来越高的要求。基于这一历史背景,各大文化板块实体平台顺势而为,将文化旅游与科技创新相结合,形成了"文化＋科技"的发展格局。

(二)案例解析:《只有河南》文旅项目

《只有河南》与常规演艺项目最大的不同在于,它并非一部戏、一个剧场、一个景区配套,而是围绕戏剧这个线索。建构了一整套与之相关的主题公园。《只有河南》作为戏剧聚落群,在整体设计中以叙事性的手法贯穿了各个独立的空间,都符合剧情的逻辑与展开,因此每一个剧场都是整体编排中的重要一环,每一条行进路线都为观

众带来了引人入胜的戏剧体验,该项目全景化地展现了河南壮阔的历史与当下的人文景观。

图 1-18　河南黄土坡

《只有河南》是由集团化企业联袂著名导演共同打造的中国首座全景式、全沉浸戏剧主题公园,是一座有 21 个剧场的戏剧幻城;据说它目前是中国也是世界上最大的戏剧聚落群,总占地近 700 亩,总投资近 60 亿,历时六年打造,属于河南省 A 类重点项目。

《只有河南》项目里,非常强调视觉文化的呈现科技效果及深度融合的创新表现形式。例如通过影像覆盖对原有物体的介质进行刻意的改变,使其在视觉上变成一种新的物质,称之为"变质"的创新艺术手法。策划团队通过对代表着传统中原文明的"黄土坡"(图 1-18)等介质进行视觉"变质",让它呈现出当下的新媒体艺术语言特性。

伴随着金色麦浪的起伏,夯土大门的掩映开启,一程一路的灯火闪烁,故事从夏商光影到此刻洞天中娓娓道来。从农业文明到奇幻空间,从个体悲欢到家国印象,《只有河南》用史诗性的笔触点染了河南政治、经济、文化的每一层记忆,记录了这里的土地和小麦,也回望了河南人的故土乡情,诠释了河南之于中国的存在与魅力。

园区的核心区域为 328 平方米的巨型城廓,以黄土和麦子为主要设计元素,着重强调"大棋盘"的设计理念,拥有 56 个不重样的格子空间,气势磅礴的百亩麦田,360 米长的夯土墙,构建了挑战世界纪录的建筑奇迹。

图 1-19 《只有河南》的舞台布景

　　《只有河南》独特的幻城式建筑以中国棋局的"方"为母题,以中国古代营城的里坊制为规划起点,创造出"严整规矩"的中国院子(图 1-19)。迷宫般的院落,远看去像一个生机盎然的城池,丰富而又捉摸不定的矩阵,带给人全方位的沉浸式体验。

　　抵达幻城的路上,迎接游客的首先是百亩麦田。这是一片请省农科院的专家培育出来的观赏型麦子。麦田意味着粮食,有粮食才会使人类文明得以传承,同时也代表了中原人对食物的敬畏和生生不息的力量。

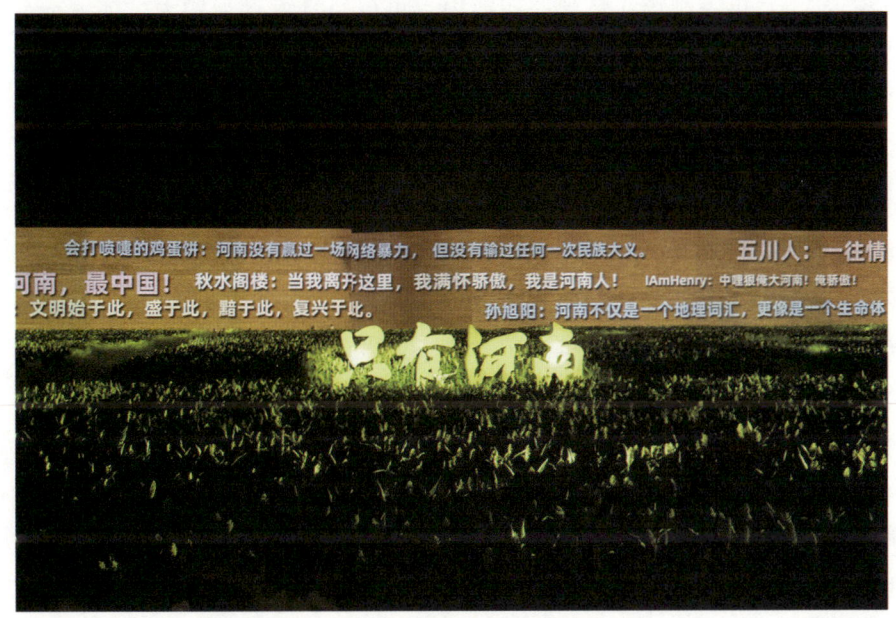

图 1-20 《只有河南》的文化弹幕

园区内包括三大主题剧场，分别是"李家村剧场""幻城剧场""火车站剧场"（图1-21），以及散布在周边的18个小剧场。这些剧场可同时容纳观众达万人，单日演出可达125场，覆盖了大量受众和时间跨度。所有的演出没有固定的座位，没有框定的舞台，所有表演都是与观众直接对话。每个空间都四通八达，相互串联，每个空间又承载不同的时间坐标，观众在幻城之中自由穿行，便如同在迷宫中探索，回望历史，展望未来，沉淀理性，接纳悲欢。这样的空间里，过去单一行进式的体验方式变成了随机多线的行进式体验，时间与空间交错并行，观众与演员错位互换，这带来的情感体验将是普通剧场难以比拟的。

（a）火车站剧场   （b）火车站路牌

图1-21　火车站剧场实景

除了空间置换所带来的新奇感，科技的参与更加强了观众的沉浸式体验。《只有河南》项目组在灯光的设置上进行了极强的把控。单一空间在灯光的控制下可以带领观众穿越时空，单一剧场在灯光的转换中也可以与日夜景观融为一体。据介绍，单"乾台"（图1-22）这一个户外空间就隐藏着上万台定制灯具，这些与四周及地面无缝拼接的灯光工艺标准及应用标准处于国际领先水平，展现出"乾台"在白天和夜晚截然不同的艺术盛景。

从时间到空间，从静态到动态，从景观到戏剧，全部的科技参与设计通过多维度思考与创作，多次跨专业协调与融合，映射岁月在土地上的沉淀，创造立体观感的戏剧效果，铸造出声光电的戏剧幻城。在"地坑院"这个场景中，需要"声、光、电、画"的高度集成化与智能联动控制，项目团队为此定制开发了一套智慧数字控制系统，通过这套智慧数字控制系统，多个团队之间能够同时实现高度协同与智能化调控，打造全景式沉浸体验：人们登上巨大的汴河船能够身临其境地穿越到古代，进入到《清明上河图》的场景中。如此重量级的超大型项目，工作量无疑也是巨大的。《只有河南》代表的不只是"小麦"或"李家村"，它更是在诠释一座城市的能力和创意，是一场演出的灵魂所在，观众走出这座幻城，离开这座城市，心中的"戏剧"仍不停息。

通过全新的历史演绎、空间设计、科技造景和配套提升，《只有河南》在中原广袤

的土地上凭空打造出一座承载土地、文化与史诗的幻城，为观众提供了高浓度的情感体验和全新的探索模式，为未来城市与演艺的融合探索立起了新标杆。

图 1-22 "乾台"光影乾坤棋局灯光效果

　　通过以上案例，能够明确乡村振兴既要塑形也要铸魂，用科技创新点亮乡村振兴。现代科学技术赋能乡村文化振兴，用科技"牵手"文化产业，形成了风景独好的后发态势；乡村文化也需要与时俱兴，凸显文化自信，以文铸魂，使"文化＋科技"这股双轮叠加驱动，协同发力，共同为全面推进乡村振兴提供源源不断的新动能。最后，数字化能让乡村传统文化的创作力、表现力、传播力和影响力得到赋能，使得乡村文化建设展现出别具一格的风采。

第三节　数字乡村的优势

　　前文通过数字、艺术、技术与文化之间的探讨,明确了数字乡村是通过整合现代信息技术和大数据、互联网、智能化、区块链等手段,来对乡村经济社会的运行和发展进行赋能和重塑。数字乡村也是乡村对数字革命的适应过程,是乡村对数字技术、数字业态的应用和创新的过程。总体而言,可以从四个象限来归纳其基本优势,分别是要素组合、治理方式、时空关系和交互方式(图1-23)。

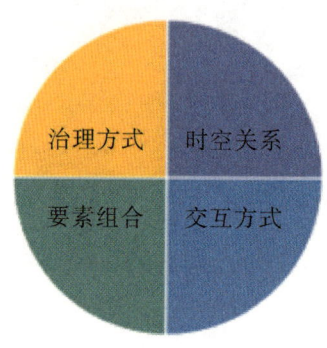

图1-23　优势四象限

　　(一)要素组合的改变。

　　这里的要素主要指代劳动力要素,也就是通过数字化进程来优化并整合乡村要素,实现数字化对相关要素的赋能。以信息化手段来带动资金流、技术流、人才流、物资流,激活乡村各种要素,从而提高乡村经济社会运行的质量与效率。乡村产业的发展也需要明确其产业布局与之相关要素的关联性和有效性,贯通生产、分配、流通、消费各环节,打通经济循环中的痛点,盘活特色产品与创造市场,使劳动力要素畅通有序流动,形成强大有效的生产供给体系。

　　(二)治理方式的改变。

　　数字治理不仅在城市治理中被广泛应用,在乡村治理中也同样需要。将数字化融入乡村治理体系,有助于乡村治理从经验式治理转向精准化治理,从少数人参与的治理向多数人参与的治理转变,进而提高乡村治理的效率。过去乡村以人情取代信誉,秉持了乡土文化的自觉和差序格局,然而在精细化管理中则需要数字入场,来提升乡村治理的现代化水平。不管是城市、街道、社区为单元的管理还是背后严格的市、县、乡、镇的行政区划,乡村治理也形成了组织领导的自治、法治、德治相结合的基

层治理体系,数字化为推进乡村振兴战略的实施、为加快构建新发展格局提供了基础保障。

(三)时空关系的改变。

乡村的时空关系不再局限于田野与民居,水岸和堤坝,网络化、信息化和数字化已经融入乡村的方方面面,建构起了一种全新的时空发展格局,并且在时间和空间两个维度影响着人们的生活节奏与信息交流方式。乡村的物理时空性将呈现网络时空性的特点,传统乡村的信息壁垒将被打破,区位偏远的劣势将得到缓解。网络和通信能同步提供优质的信息资源,并成为数字乡村经济、文化的展示舞台。数字乡村建设能推动生产空间、生态空间以及生活空间三者的融合发展,实现数字化的多视角感观,从而有效保障粮食安全、水土资源安全、生态安全等,形成良好的人居环境,为新发展格局提供基础保障。

(四)交互方式的改变。

网络化、信息化和数字化在乡村的普及,使得乡村信息运行与传递变得快速便捷。乡村日常人际交往活动、各类经营主体产品营销与物流、百姓消费品选择与购买等经济社会活动,既可以在线下进行,也可以在线上进行,这大大增强了乡村人际交往方式的选择性和信息的流动性。无论是乡村数字化教育还是乡村产品的线上销售,人们的生活方式在数字界面信息的涌动中形成了个性化与主动性的交流平台,可以随时更新并完成实时的数据输送。

第四节　乡村数字化的意义

（一）数字乡村建设有利于促进城乡融合发展。

数字乡村正是在第四次工业革命发展中形成了空间层面的高度互融，数字革命能消除物理、数字和生物的界限，让各种技术彼此交融、相互促进，并带来人工智能、物联网、大数据等技术的极大突破。数字资源成为重要的基础性战略资源，数字经济产生的互联高效作用极大地促进了工业化和城镇化。乡村经济社会的发展正是搭上了这趟快车，将使得乡村和城市的差距进一步缩小。数字乡村就是利用第四次工业革命的技术成果深度改造传统落后的农业生产和封闭的乡村生活，缩小城乡之间的"数字鸿沟"，从而推动城乡信息流、物流和人流的高效流动和配置。

（二）数字乡村建设有利于推进乡村产业振兴。

党的十九大报告首次提出乡村振兴战略，而乡村振兴的核心和基础在于乡村产业振兴。数字乡村建设的重要内容就是利用第四次工业革命成果促进农业生产数字化转型、发展农村数字经济、开展农村经营网络化和乡村旅游数字化等，通过促进传统农业和农村经济向现代化的数字农业和农村经济转型，实现农业生产的智能化和精准化。结合物联网、智能制造、人工智能、基因工程等新技术形成新产业和新业态，如农村电商等上下游产业的出现等，从而促进乡村产业出现质的飞跃。推动乡村产业重构，创造就业机会，增加农民收入。此外，通过对乡村文化遗产等文化资源进行数字化转化和开发，例如数字藏品的创意设计与市场推广，能让更多的年轻人参加"非遗"的数字化传承和生产性保护，实现优秀传统文化资源的创造性转化和创新性发展。

（三）数字乡村建设有助于形成高效的市场供给。

这一点也呼应了前文提到的要素组合的优势。数字技术在农业生产中应用不仅可以促进传统农业生产、经营、交易的数字化转型，提升生产效率、优化产品供给结构，同时能够推动直播带货与短视频、乡村文旅民宿，以及普惠数字金融等农村信息消费新模式、新业态、新供给的创新实践，清除城乡经济机会在地理上分布不均的障碍。此外，数字技术使得农业生产的自然景观、文化价值等属性可以变现，将小农户技术应用差、经营规模小、标准化程度低的竞争劣势转变为"手工劳作""原生态"以及"定制化"的竞争力标签。

（四）数字乡村建设有利于实现治理能力的现代化。

在传统的封闭落后的乡村生活中，由于技术的缺乏，农村生态环境治理、扶贫脱

贫、乡村文化单一等问题长期无法得到解决。数字乡村建设就是利用第四次工业革命的成果,对农村生态环境治理、脱贫攻坚、丰富乡村文化等过程中产生的海量数据进行聚类分析和机器学习,从而提高乡村社会治理的科学化和现代化。

第二章
数字乡村中的思辨设计
Chapter 2

第一节　梦想乌托邦

　　关于乡村、郊野,很容易产生跟城市截然不同的情感属性,因为在快节奏、高强度的城市生活中,每个人都有一份对乌托邦的美好想象,需要我们驱车逃离片刻的浮躁。在理想的空间内,人们可以全然放松并沉浸在没有丝毫干扰的真空状态,除了莺啼燕语的打扰。乌托邦本意是"空想的国家",属于每个人内心所定义的不被现实限制和社会框架所束缚的和谐状态。作为一个虚构的地方,它是人们的理想之境,甚至被神化成永远不可企及的精神彼岸。正如影视媒体运用人生价值的脚本勾勒出"去有风的地方"的浪漫絮语,也有明星真人秀在"我们的客栈"体验田园乐趣的流量转换。2021年,李子柒乡村生活短视频在国内外爆火,很多人看到了现代人对理想田园生活的憧憬,而且随着城市化发展到一定程度,"逆城市化"同时成为新趋势。乡村,在数字化荧屏中,在一个个旅游平台的订单中,汇集成所有人奔赴理想的目的地。尤其是城市和乡村的景观在地域的切分中越来越两极分化,我们更愿意挣脱钢筋水泥的枷锁去远郊远眺,这并非不可得的操作。我们可以从设计的视角去反思乌托邦,它提供了一种全新生活方式的可能,甚至是可以达到的目标。因此,乡村在数字化进程的发展中也在改造成越来越接近乌托邦的样貌,目的就是留住旅客。因此,民宿成为了乌托邦的第一业态,"宿在民居、乐在乡间、游在山水",具有自然味、乡土味、人情味的民宿经济,是乡村经济发展的一种新产业。

　　乡村中的数字信息交互不仅仅是一个算法问题,也与情感和伦理有关。正如前文所述的通过一种暂时的逃离生成的数字化订单,满足了情感的诉求。数字化是一个工具,它提供了描绘人类未来蓝图的乌托邦,而难题是如何将这些愿景编织生成美好的现实。"以人为本"是传统设计的重要思想,设计从人机工程学开始就有着比较完整的考量体系,与人相关的解剖学、生理学、心理学、社会学、人类学和生态学知识

是解决设计问题首先要考虑的学科因素,无论是对设计伦理的关注,还是基于人因的考虑[1],以及对日常事物设计心理学的探索[2],都是在不同维度或层级上关注人的日常性、具身性和生态性意义,不断推动设计聚焦人的完整性和真实性[3]。然而,由于对物以及人与物之间复杂关系的忽视,以及缺乏对人、人造物和世界构成的生态系统的洞察,人的感觉运动经验长期被认为对认知无关紧要。理性优先于感性生成结论,成为高效运作的生产规律被人们习以为常。而实际上,无论是数字城市还是数字乡村,数字比特与物理原子博弈的关键之处,还是在特定场域中所关注的人的基本生活方式和情感需求,所有的实践灵感都源于人们习以为常的日常生活世界(被忽视的),与现实本身(实际存在的)的关系,如基本的物理常识和社交技能等,这为探索物质和数字的融合提供了可能性。

　　库哈斯将乡村看作一个全球性的领域(Global Territory),试图为乡村创造一种单一的样式(style)和图像(image)。只有脱离任何具体的语境和文脉,样式才能够被确立,进而可以被拿去进行横向的比较。而乡村的样式化和图像化,在当今时代又合理地演变为一种乡愁(nostalgia),在经济上推动旅游业在乡村的发展。简单举例,在中国的很多案例,文创成为乡村振兴的最佳拍档。而文创的本身就是一种图像化,投射乡村之外人们对于"回不去的故乡"的情感,通过设计和创意,将某一乡村的文化转变并且输出成一种消费品。许多的乡村民宿也同样在提供这样一种体验式消费。

一、实践的初涉

　　一些从乡村走出去的精英,正带着知识、资金和梦想踏上返乡路,发起中国旅游度假地产的新潮流——到乡村去。他们建构了最初期的乡村乌托邦格局。设计师朱胜萱自 2009 年开始,发起了"莫干山计划"。在位于浙江德清县莫干山山脚的村落中,朱胜萱邀请文化名人、艺术家、专业设计师加入到当地乡村古建筑、田园农业、手工业的修复及活化再造中。4 年后,这个庾村文化市集开园。在这座隐藏在大山中的村落,11 座当年蚕种场遗留下的废旧厂房中,文化展示、艺术公园、乡村教育、艺术酒店、餐饮配套等功能被有序规划。他们亲手打造出的乌托邦以民宿为载体,创造了名为"原舍"的民宿品牌,寓意为通过对建筑与自然的简单设计,再现原原本本的生活。与此同时,他还发起了民宿的民间组织——宿盟,希望通过互帮互助,引领行业健康发展,并为有回乡意愿的年轻人架起一座桥梁。"莫干山计划"不仅是返乡运动的一次先锋实验,也是回乡创业青年以契合都市人对乡村的想象创造出的乌托邦格局,在这里只需要有一间房,一块喝茶的地方,有一亩田,有一艘自己的船,养一个自己的宠物,然后有一个不大的花园。窄巷,田野,流水,小桥,垂钓碧溪边,影斜田埂上……凡此种种是我们不想忘记的美好。大院外观基本沿袭原村落建筑的样貌。白墙灰瓦，细石小径，与田野、流水自然融合。大院正入口设有木格栅栏，透过后侧的竹子，能隐约感受到大院的内在生活。庭院南北两侧为公共空间——餐厅与造梦营（图2-1），它们为住户提供了更好的日常生活服务。北侧一望无际的田野景观，最大限度地留给了居住空间和造梦营，让在室内也能感受到扑面而来的田野气息。

图 2-1　北侧的造梦营

二、艺术驱动乡村发展

宋庄美术馆作为国内第一个村级美术馆，在落成以来备受媒体和文化部门的关注，体量上就远超普通美术观的量级，也拥有中国美术馆中室内挑高最高的纪录，并且是世界上行政级别最低的乡村美术馆。内部大大小小的美术馆星罗棋布，并持续扩张。无论是艺术家还是观光客，都能够在园区内找寻到自己的栖息之地。据有效数据统计，宋庄共拥有 220 家画廊，50 家 1000 平方米以上的美术馆。远离了城市商业的喧嚣，构成了一方当代艺术创作与学术交流的精神净土。作为一个非盈利的文化艺术机构，宋庄自然生长出的肌理成为画家和投资人的艺术大部落。在数字化与信息交流的背景下，现在的宋庄已经突破了传统的生态模式，借助科技赋能将外面的优质讯息带入内部，也将园区优秀的艺术家及其作品推广向外，形成了循环发展的生态链。与此同时，宋庄正在拓展更加多元、全面的艺术门类，比如工业设计、服装设计、影视艺术制作、建筑设计、艺术培训等，这些门类共同构成了宋庄的大视觉产业。2021 年，宋庄文化艺术节期间举办第一场数字化展览——"So Art－潮方式"联展（图2-2），展示了四位年轻的 NFT 数字艺术家的作品，在多元视觉语言和科技助力的空间中，数字艺术作品呈现出极强的未来主义魅力。近年来，宋庄也在逐渐向文化创意产业园的发展整合资源，致力于结合现有的产业基础，拓展相关产业聚集。2021 年以书画行业为基础，开发线上的运营平台，联合吸引抖音来打造宋庄抖音书画直播基地。该举措一方面推动了宋庄本土艺术家从线下走向线上，另一方面也为传统艺术产业与视觉传播产业的融合发展提供了可行样本。科技赋能艺术,活化、扩大艺术产业圈层,以艺术驱动地方发展,使其从乡村乌托邦向文化硅谷蜕变。

图 2-2　"So Art—潮方式"联展

三、思辨设计——地方性与全球性

然而在当今网络信息时代,人人获取信息的机会平等,乡村的人也对外界产生很多图像的投射。自媒体博主"史里芬"用短视频记录了很多乡村中所谓的"猎奇"建筑,比如某村的富户请建筑师建造的北欧式城堡,这些视频引发了很多网友对于乡村审美的讨论。但是从本质上说,这不是一个美学之争,而是全球化语境下外界对乡村图像化的投射与乡村真实图像的错位(图 2-3)。

与全球性思维不同,乡村建设的另一种方法是绝对的地方性(localize)。以台湾建筑师黄声远为例,他在宜兰耕耘几十年,常以拖鞋、背心、草帽的家常打扮穿梭于宜兰的县城村镇。他将工作室驻扎在宜兰的乡村,并命名为田中央工作室。他的建筑实践范围仅限于以工作室为中心，车程30分钟以内为半径的区域内（图2-4）。

（a）北欧式城堡　　　　　　　　　　　　（b）乡村建筑风格的多义性

史里芬 sehlieffen 摄影　　　　　　　　　　曹天柱摄影

图2-3　关于乡村建筑的摄影

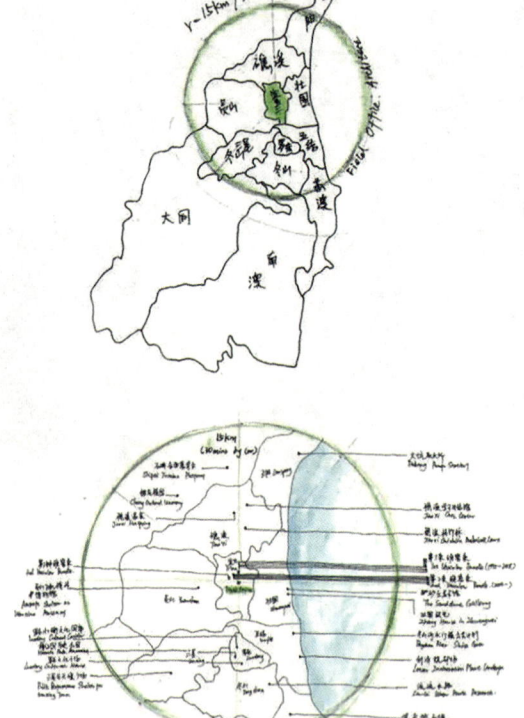

图2-4　黄声远的乡建范围手稿

　　也正因为他的所有实践仅仅对车程30分钟以内区域的文脉以及社会环境做出回应，这使得他的实践是完全反图像化（Anti—image）的。他的建筑没有对乡愁的形式演绎，而是对真实的日常生活的直接回应。他善于以建筑师的角色与政府沟通，用设计的方式维持乡村的生活本质。这种坚持，使得他的不少建成作品，因为不上镜或者不完整等难以被视觉消费的原因而被各类传媒自动忽视。然而，他也为处于艰难

困境的乡村建设树立了成功的哲学范本："宜兰就是宜兰,不疏不密,城不是乡的下一步,乡也不必为了城扭曲。"

费孝通在《乡土中国》中谈文字下乡时提到,文字是现代化社会的工具,但在乡土社会中,"没有用字来帮助他们在社会中生活的需要"。因为在熟人社会中,人们通常面对面地接触,并不需要用文字来记录或者交流。但费先生并非说不必推行文字下乡,而是认为"如果中国社会乡土性的基层发生了变化,也只有发生了变化之后,文字才能下乡"。如果这里将"文字"转换成"乡建",似乎也同样合理。这使得我们需要思考谨慎介入乡村的方法和角度,避免图像化的投射忽略乡村社会的特殊性。

第二节　社会价值

一、数字与文化

(一)文化共同体

乡村社会土壤的特殊性,使得乡村实践变得极其复杂。建筑师也从最开始的建筑实践,慢慢转向一种社会实践。这样一种实践范围和深度的扩大是乡村建设的必然趋势,使得建筑师不再仅考虑单一的建筑,而是更注重空间与社会的整体性和空间与生产的长期性。以欧宁和左靖发起的碧山计划为例,探索集合土地开发、文化产业、特色旅游、历史保护、有机农业等多种功能于一体的新型的乡村建设模式。然而,这一乌托邦式的乡建计划并没有成功实现。其中有很多对于"乡村自身在整个过程中失声"的质疑。这种质疑有对其实践方法的批判,但客观来讲,费孝通先生的乡土中国中有乡绅一角,而当代乡村社会是无主体的。乡村的空心化使得留在村里的居民很难去进行群体决策,难以发出一个统一的声音,而实践者也很难通过自身的参与去建立一个文化生活共同体。我们不能因此就下结论说一个乡村实践的失败或者死亡,而是应该看到其背后的核心问题。碧山计划之后,左靖和他的团队通过长期的耕耘,又发起了景迈山翁基以及茅贡计划:将这些地区村民的民生民情、日常社会关系和精神需求,也就是在无数岁月的沉淀下形成的人与人之间、人与物之间、人与周边自然环境的关系加以整理、研究、表达和展示。在视觉、具体物理空间和社会心理各层面上加深村民对本地区的人文和地理环境、社会经济、历史、文化、美学等多方面的资源的认知。

戴锦华在 2012 年的"可持续实践与乡村建设国际研讨会"中谈及乡建的未来想象:"我是在这个意义上,成为乡村建设运动十几年的志愿者。因为我觉得这是一种想象创造未来的路径之一。同时,这不仅仅是一种生产形态、一种组织形态,它可能再一次地为我们打开并且激活在五千年的中华文明当中累积下来的、以农业文明为基本范式的智慧、知识和可能。"

全球重要农业文化遗产的主体是农民,但随着我国经济社会发展和城市化进程加快,农村劳动力不断向城市聚集,部分农村出现了"空心化"态势,在这些地方的农业文化遗产如何实现可持续发展是数字乡村亟需解决的问题。

(二)农业文化遗产

乡村是中华传统文化的原生之地,也是农业文化遗产保留最丰富、最优质的博物

之地。农业文化遗产是乡村文化的根基和灵魂所在。党的十八大以来,出台了一系列关于传统村落保护、农业文化遗产保护的系列政策。2014年,《中国重要农业文化遗产管理办法(试行)》正式实施;2016年,中央一号文件明确提出"开展农业文化遗产普查与保护";2021年,农业文化遗产和非物质文化遗产的保护被写入了《中华人民共和国乡村振兴促进法》;2022年联合国粮农组织提出"农业文化遗产"的概念并发起"全球重要农业文化遗产"保护倡议20周年;同年,我国出台了《关于推动文化产业赋能乡村振兴的意见》并提出,"支持有条件的中国重要农业文化遗产地建设农耕文化体验场所"。一系列政策的出台落地,表明中国农业文化的保护和利用逐渐迈入科学化、规范化、制度化和法治化轨道。

中国是农业大国,农耕文明源远流长,创造了稻作、粟作、农林牧业混合及经济作物等类型的众多的农业生产系统,体现了人与自然和谐相处的智慧。其中浙江青田稻鱼共生系统(图2-5)、云南红河哈尼稻作梯田系统较早成为全球重要农业文化遗产地,具有较高的生态、文化、经济、科学研究价值。相关研究成果为其他遗产地的产品生产、遗产旅游、脱贫攻坚、乡村振兴、农民增收提供了借鉴。

图2-5 GIAHS试点标识

浙江青田是我国第一个世界农业文化遗产,作为示范工程,主要是从五个方面利用农业文化遗产来推动乡村振兴。一是放大品牌效应。通过深挖农遗产品独特的文化内涵,树立享誉全球的农遗良品品牌,积极争取农产品在青田集中检疫出口试点,让更多遗产地优质农产品在青田生产集聚、越洋出海,打响"买全国、卖全球"品牌。二是拉长产业链条。加快建设侨乡国际农产品加工储运园,推进特色农业产业链条

化发展,如"田鱼捞饭"等预制菜销售。三是高标准建设农遗公园。依托稻鱼共生系统全球重要农业文化遗产,启动全球重要农业文化遗产公园创建,使价值链从单一、具象的农产品,进一步拓展到品类丰富、体验性强的旅游产品、文化产品,带动一二三产业融合发展,为当下农村经济转型升级注入新动能。四是加快培养农遗传承师。农遗保护与发展离不开乡土人才,通过调动本土农民传承农遗文化、投身乡村振兴的积极性,着力培育一批农艺师、"田秀才"、文创客等"新农人",为乡村振兴提供人才支撑。五是搭建元宇宙智算中心,加快推动各领域的数字化改革。通过协同创建、高精仿真、实时渲染、智能交互四大作业环节,面向企业管理、工业、交通运输、金融、城市等多产业的元宇宙场景提供高效的算力支撑,逐步打通多维度多场景的数字融合。同时,也为浙江及长三角地区的元宇宙产业提供基础设施支撑。

（三）乡村文化产业

乡村文化产业的主要领域包括文旅、艺术、数字等方面。结合乡村振兴提出的"既要塑形也要铸魂,要物质文明和精神文明一起抓"的要求,文化产业赋能乡村振兴的过程也面临着挑战。一是乡村的老龄化和"空心化"成为人才流失的普遍现状,也成为当前乡村建设活力的主要桎梏,乡村地区的发展亟需专业管理人才。为此,2022年9月,教育部新颁布《新农科人才培养引导性专业指南》,新增了乡村治理等专业以适应当前发展的需要。二是乡村文化的滞后性。这里并不是指代乡村文化落后,而是当前文化如何成为塑造"新农民"的"精气神"的重要支点,也是当前乡村文化振兴的一大困境。

基于以上现状,数字化手段已然成为当前相关逆境的破局之选,新媒体与新技术在乡村的广泛运用下与本地产业相结合进行传播,进一步拓宽了乡村本土文化跨越时间、空间的维度。随着三农短视频、三农电商等业态的兴起,涌现了一批乡村生活的"代言人"。甚至可以看到各地文旅局局长们身体力行,为当地旅游业代言,为景区的文化项目做积极推广。某短视频平台最新公布数据显示,2021年共有28.3亿单农特产通过短视频电商出村进城、卖向大江南北。该平台三农电商达人数量同比增长252%,农货商家数量同比增长152%,通过立体传播的营销方式,全社会对于乡村文化的认知程度和旅游意愿也在不断加强。

在乡村文化产业领域发展遥遥领先的案例是红河县梯田红米项目（图2-6）,它是中国乡村发展基金会以其产业特色为切入点,通过农业经营孵化、产品品质深耕管理、农产品区域公用品牌培育等举措,支持梯田红米产业形成体系升级,从而带动农户增收。该项目在数字化发展方面,整合了国内主流媒体为其宣传推广,结合中华慈善日、中国农民丰收节、世界粮食日等宣传节庆开展营销,目前已经取得了阶段性成效。针对文化传承保护的数字化方面,不仅援建了哈尼梯田保护传承学校,也通过基金会联合央企出资来邀请联合国粮农组织等机构合作。技术上,也初步完成了撒玛坝梯田数字化模型建立,把每一块梯田在地图上划分并编号,标记梯田的坐标、面积、主人、作物种植情况等基础信息。最后,基金会积极动员社会力量,在红河县先后实施了教育扶贫项目、顶梁柱健康扶贫公益保险项目、爱心包裹项目、爱心厨房项目、智慧农业项目等,总计投入公益资金3251万元。

红河县哈尼梯田地区农耕文化保护和发展案例启示我们,乡村文化产业的数字化传承和发展要激发当地群众的内生动力,满足市场动态发展的需求。同时,需要形成由当地政府、社区组织、本土企业、文化团体与农民合作社等平台联动的机制,精确捕获当地产业与市场的对接,借助科技力量帮助传统农耕文化焕发新生机。农耕文化保护是系统工程,需要从产业、教育、科技、宣传等多方面协同发力。

图2-6　红河县梯田

(四)乡村文化数字化标准

主要包括县级融媒体中心建设、乡村文化资源数字化、乡村公共文化服务数字化等标准。

1.县级融媒体中心建设标准。

主要规范县级广播电视、报刊、新媒体等媒体资源的整合,以及涵盖媒体服务、公共服务、增值服务等业务的融合媒体平台建设,促进融媒体中心建设成果与新时代实践文明中心建设对接。

2.乡村文化资源数字化标准。

主要规范农耕文化、乡村文物、名镇名村、传统村落、民风民俗等文化资源的数字

化采集、加工创作、可靠保存及对外宣传展示。包括乡村数字文物资源库建设、乡村节庆文化资源采集整理、农村地区文物资源信息采集、乡村文化资源服务等标准。

3.乡村公共文化服务数字化标准。

主要规范农村数字博物馆、非物质文化遗产网、数字农家书屋等文化服务平台的建设，以及乡村文化推广、培训的技术要求。包括农村数字博物馆平台建设、文化资源内容建设、乡村传统技艺培训等标准。

二、数字与经济

(一)数字农业

在乡村数字和经济的关系中，最重要的是基于农业产业发展的根本属性。数字农业则是数字经济与农业产业化融合发展的新型格局。对推动乡村产业振兴，形成县域工农互促、城乡互补的格局颇有意义。传统的农业数字化只是在县域内形成数字化产业链，更多体现在消费端，并没有打通整个产业链。在近几年的实践中，该局限性逐渐被破解。例如，当前农业数字化越来越多地从消费端的"餐桌"走向更上游的生产端"土地"，也意味着从消费端到服务端再到生产端的产业链重塑。通过数字溯源形成透明化、可视化的品质保证，推动乡村特色农产品成为畅销网货。政府、平台企业、新农人一起构成了数字农业发展的主体，成为乡村产业振兴的价值创造者和利益分享者。

此外，数字农场也是建构新型数字农业发展的优势产业，它是通过人工智能、遥感等技术，将农田、种植、环境等信息进行全面数字化整合，从而帮助农企实现标准化生产管理；产地仓可以帮助农产品加工分选、就地配送；电商渠道为分选分级的农产品进行价格分层，从而带来更高水平的销售利润。

以数字茶园为例，图中的虚拟IP形象"小码哥"束发而立，身着一袭蓝色传统农服，腰间束一绺墨绿色叶状长穗宫绦并别一枚蓝色荷包，该形象既保留汉服文化视觉魅力，也符合当下人们对于茶园代表形象的认知(图 2-7)。通过虚拟仿真，"小码哥"站在茶山上为大家介绍所在的数字茶园中茶树的生长情况。数字农业的多维空间，不仅颠覆了单一的农业生产模式，还通过相关数字技术手段形成定制农业、订单农业和休闲农业等需求相配套的商业模式。

在数字农业的场景中，消费者可以通过设备终端看到农产品生长的全生命周期，从茶园到茶杯的全过程监控；消费者们还可以在线选择认养一棵茶树，通过VR等技术为认领的茶树远程浇水、施肥，沉浸式体验亲自耕种、采摘等过程，改变传统农旅融合模式。

（a）数字农场　　　　　　　　　　（b）"小码哥"三视图

图 2-7　数字茶园中的 IP 形象

由此可见,数字经济与农业产业链的相互促进与发展给县域经济和新业态发展带来了新的机遇。

（二）数字交通运营

数字乡村的实施除了针对"物"的智慧物流配送体系的建构,还可以创建针对"人"的数字交通运营体系。数字技术的应用将深刻影响乡村地域的交通运输业的服务质量。数字交通运营成为乡村公共基础设施数字化升级的重要一环,体现在公路的数字化管理和交通客运的出行服务上。

最早关于数字交通的设计灵感来自法拉利在《堡垒之夜》推出的第一款虚幻引擎汽车;现代汽车公司开发了趣味互动的"元宇宙"游戏,可通过数字化方式体验现代汽车的出行服务产品。数字孪生交通更是可以覆盖交通管理、交通运输监管、交通运输服务等领域,为人们的出行提供决策依据。

在不改变乡村原有物理空间的前提下,运用数字孪生技术克隆出一个对应的虚拟数字世界,任何人可以在这个数字世界里窥见现实世界任何角落的一举一动,从而让乡村环境治理和服务水平的提升有迹可循,实现乡村数字交通加速前进。

单位: 亿元

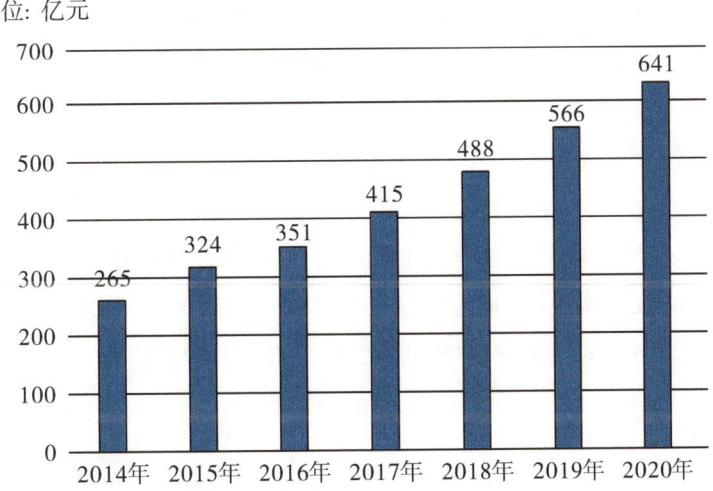

图 2-8　2014—2020 年中国智慧公路行业投资分析及前景预测报告(数据来源:中投产业研究院)

据中投产业研究院《2014－2020 年中国智慧公路行业投资分析及前景预测报告》显示,2020 年中国智慧公路市场规模达 641 亿元,从 2014 年到 2020 年,年平均增长率为 23.6%(图 2-8)。当然,该数据更多地体现了数字交通在城市运用的现状,反观在乡村中,基础数据应用依然薄弱,采集能力难以满足,信息基础设施不健全,感知覆盖范围或深度不够,行业成体系成规模的数据较少,而且数据开放和社会的期待存在较大差距,因此,要发展乡村数字交通运营,则需要完善乡村基础设施数字化、路网智能化管理,打造智慧服务区联动机制,最终让建设模式与应用场景符合乡村产业布局规划的要求。

三、数字与产业

乡村数字经济的发展需要数字产业化与产业数字化相互促进。乡村产业具有受自然影响大、周期长、主体分散等特点,这就需要根据乡村产业实际,促进数字化、网络化、智能化升级,培育新产业、新业态、新模式,让数据赋能乡村产业发展,打通全产业链条,让数字乡村建设更好地服务城乡经济循环。

在乡村产业数字化、数字产业化的过程中,需要建立包容小农户的机制。目前,各地数字经济发展条件差异较大,用户对数字技术掌握水平程度不一。一般来说,较大规模的经营主体、大农户等基于产业升级的需求更容易推广应用数字技术,这就带来了整个乡村数据要素分配上的差异。因此,要建立相应的开放和激励机制,让数字技术和数字经济的收益能够普惠不同规模的经营主体,从而形成互通高效的数字应用平台。

首先,打造现代乡村新业态需强化新一代信息技术与乡村产业的深度融合。当前,我国农村信息基础设施逐渐完善,农村电商可持续发展机制日趋成熟,越来越多的地区开始实现"电商进村,特产出山"的模式,现代乡村新业态发展活跃。通过发挥数字应用技术的作用,能够畅通城乡要素的双向流动,促进知识和信息在农村和偏远地区的有效传播,纵向延伸农业产业链,实现农产品的转化增值。其次,加快科技创新在农业生产经营管理中的应用,能够提升农业生产效率。促进种植业、畜牧业、渔业、农产品加工业的数字化、智能化及绿色转型升级,从而打造科技农业与智慧农业。最后,发挥数字技术在农产品流通中的作用,能够带动农产品提质、农民增收。加强农产品产业链的数字化协同、加快供销经营服务网点的数字化改造,能有效破解传统农产品流通模式存在的流通环节多、损耗大、成本高等问题,最终打造乡村数字经济新业态。

第三节 空间逻辑

一、数字空间

"数字空间"这一概念在现有的研究和应用中,常与"网络空间"一词被共通使用。然而,数字和网络为不同的概念界定,有着细微的差别。在不用的应用场景和空间语言中可导致迥异的内容和边界。因此,明确数字空间的概念是廓清数字空间边界的前提。

(一)数字空间的概念

随着数字时代的来临,"数字空间"一词频繁出现在政要讲话、国际组织报告、学术著作等的公开表述中。比如,印度总理莫迪在 2017 年强调,各国必须承担责任,以确保数字空间不会成为恐怖主义和激进黑暗力量的游乐场。世界经济论坛和咨询公司科尔尼(A. T. Kearney)2017 年联合发布的《塑造制造业未来白皮书:2030 年的四大矛盾场景》(Shaping the Future of Production:Four Contrasting Perspectives in 2030)指出,在数字技术的驱动下,数字空间中将产生种种颠覆、竞争和冲突……在 2030 年,我们将可能付出的巨大代价:安全、隐私和稳定被侵扰,以及全新的、多变的网络威胁。剑桥大学风险研究中心 2018 年发布的《人工智能的恶意使用:预测、预防和缓解》(The Malicious Use of Artificial Intelligence:Forecasting,Prevention,and Mitigation)认为滥用人工智能不仅会放大旧风险,还会产生新风险,让数字空间、物理空间和政治领域的风险类型更加复杂。彭兰教授也告诫人们不能沉迷于数字空间的自我,要分清数字空间和现实空间的界限并承担相应行为的责任。在上述表述中,数字空间呈现出技术驱动与网络空间密切关联,并且与物理空间相对应等内涵。

尽管"数字空间"备受关注,却鲜有对数字空间概念的界定。魏奉思于 2016 年率先提出了基于空间科技前沿交叉领域的"数字空间"概念,"数字空间"是由天基、地基观测数据驱动,以科学认知为依据,空间通信网络、大数据、云计算等现代信息技术为手段,是集空间科学、空间技术、空间应用与空间服务为一体的重大空间基础设施[4]。这一概念强化了数字空间建设的技术手段和实现空间再现的范畴。然而,数字空间的建构不仅限于数据库和基础设施建设的物理属性,也随着数据在跨国平台全球流动中,数字空间建设受主权国家保留数字发展的自主权和能动性而无法逾越,非技术因素如政策、法规对数字空间发展的促进或阻碍作用不可低估。最后,数字技术的进步将人类生活的真实空间与数字空间紧密交织在一起,社会生产关系与社会制度面

临着变革的趋势。

综上,数字空间是基于通信网络、大数据、云计算、物联网等数字技术,将现实物理空间的实体信息虚拟化、符号化,并逐渐以数字化形式再现于本地数据库或云端数据库中,形成一个能够映射现实物理空间物质属性和社会属性的虚拟数字空间。

由此可见,数字空间与网络空间的概念既相互联系又有明显区别。数字空间以网络空间为基础,依托于互联网络实现数据流动。然而,在互联网流动数据之外,还有大量可数字化、非互联网数据构成了数字空间的重要内容。同时,从治理内容来看,数字空间基于数据价值产生了巨大的经济利益,与之相关的经济治理内容比网络空间更丰富。在此基础上,笔者提出了实体数字空间和虚拟数字空间两个类型,用来厘清数字空间在实际运用场景的物理性和虚拟性的直接区别。

1.实体数字空间

实体数字空间是基于物理层面的数字空间建构,更强调空间的效用,空间(Space)是物质存在的一种客观形式,由长度、宽度、高度表现出来,它是实体存在的。实体数字空间是由实体与数字技术相结合的交互性空间,如数字城市规划、三维影视场景等;另一类是实体与数字技术相结合的交互型空间,如数字博物馆、互动装置等。通过数字技术在空间的应用实现人机交互,也是数字技术、空间设计、艺术表达三者的完美结合。人作为空间的感受主体,能调动五感体验,形成沉浸式与交互式的空间叙事场景。涉及环境设计、展示空间设计、工程设计和交互设计等学科的交叉运用。

2.虚拟数字空间

虚拟数字空间更强调数字的作用,该"数字"通常是指数字技术(Digital Technology),它是借助一定的设备将各种信息,包括图、文、声、像等,转化为电子计算机能识别的二进制数字0和1后进行运算、加工、存储、传送、传播、还原的技术。该空间是虚拟构想出的空间。虚拟数字空间,我们可以简单理解为用数字科技来营建的亦虚亦实的存在形式。如乡村数字农场、元宇宙游戏、智慧城市大脑等,它同样是计算机数字技术与空间信息技术、界面设计、数字媒体等学科门类共同发展形成的交叉型研究领域。

(二)数字空间的设计逻辑

在我们深入探讨数字空间的设计之前,我们先来看看数字城市的变化,看看是什么让城市变得如此神奇。

城市的核心是复杂的系统,它汇集了各种各样的部分,这些部分以各种方式相互作用,使整个系统作为一个连贯的整体运行。

一个简单的例子可能是汽车,一组汽车零件不能制造一辆汽车。为了让这些部件变成一辆汽车,它们必须以一种让整个机器像一个整体一样运转的方式相互作用。

正是汽车的部件以及这些部件之间的协同作用,才使得汽车得以存在,而汽车与组成它的部件(即驾驶能力)具有不同的特性。这种现象被称为涌现。

新出现的影响怎么强调都不为过。我们作为人类,存在是一种涌现的产物——从我们身体的器官到我们驾驶的汽车——这些都是复杂系统的涌现属性,每一个都是由相互联系的更简单的部分组成的,城市也不例外。

虽然技术创新可能引发人们向城市的迁移,但随着更多的人迁移,人们开始专业化并相互依赖。这使得城市更快地发展,形成了一个由人、文化和资源组成的相互联系和相互依赖的网络。从这个相互作用的网络中,城市开始显示出与共同创造它们的各部分不同的特性。这就是城市的魅力。

(三)空间+场景逻辑的提出

前面解释数字空间的类别部分,已经将其划分成了实体数字空间和虚拟数字空间,我们学过物理,明白原子是构成物质世界一切事物的最小单位,而在计算机语言中,比特是虚拟世界信息量的最小单位。那么数字空间的建构逻辑则需要我们退回到工业革命与技术的发展背景中去思考其在不同类型的空间中是如何运用的。

文明的发展离不开人们的辛勤劳作与科学创造,过去人类在社会中的经济活动是通过原子的移动和整合来创造价值,如传统的铁路、桥梁、高架、机场等基建,都是为了让这些原子的移动更高效、更便捷。如今随着 web3.0 的兴起,人们可以在虚拟世界进行比特移动交互,辅助真实世界的原子行为移动(图 2-9)。

而 5G、VR/AR、AI 等新基建的出现,让人们能够更高效、更聪明地去进行比特移动交互。由于在虚拟世界进行比特交互移动的代价更小,甚至在某些合适的情况下,能够通过移动比特实现交互而解决的事情,就不再需要去操作现实世界里的原子移动。

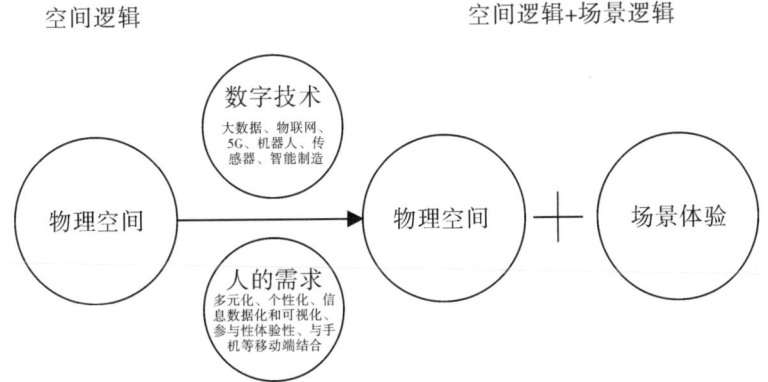

图 2-9　空间场景逻辑图

基于这样的技术条件与经济发展,国内新型的数字空间运行平台也在各个层面

推动着产业进化步伐。如图 2-10 所示，VR 在产业侧的规模化落地应用推动了 VR＋AI 技术在房产交易、家装家居、文旅会展等领域被广泛使用，甚至人工智能等数字与仿真技术应用助力于"科技冬奥"，实现了技术、文化、旅游、体育的融合发展。

沉浸式空间漫游技术可以实现 1：1 还原空间大小和真实场景的体验，打破时间与空间的限制。国内研发的 VR 采集设备伽罗华基于激光采集技术，在空间测量和还原中可实现 360 度自动全景扫描，对画面进行自动拼接处理生成 VR 物料，采集半径覆盖 10－25 米，深度采集精度达到 10mm 的绝对误差，测量面积误差可控制到 0.4％以内，只需要一部手机就能实现多位工程师需合力完成的工作。

技术的无缝对接和创新开发，使得人们在虚拟的数字空间中体会到近似于真实世界的"沉浸感"。而这种"沉浸感"的根源，正是计算机对多维度海量空间数据的深度学习和重塑，也是其护城河之所在。本质上是对物理空间进行完整复刻，将其内的全部商业行为进行数字化重塑，构建与物理空间一体两面、交互映射的数字空间，最终使命是以数字空间推动产业进化。未来所有在物理空间发生的商业行为或者交互行为，都有机会在数字空间被重塑。

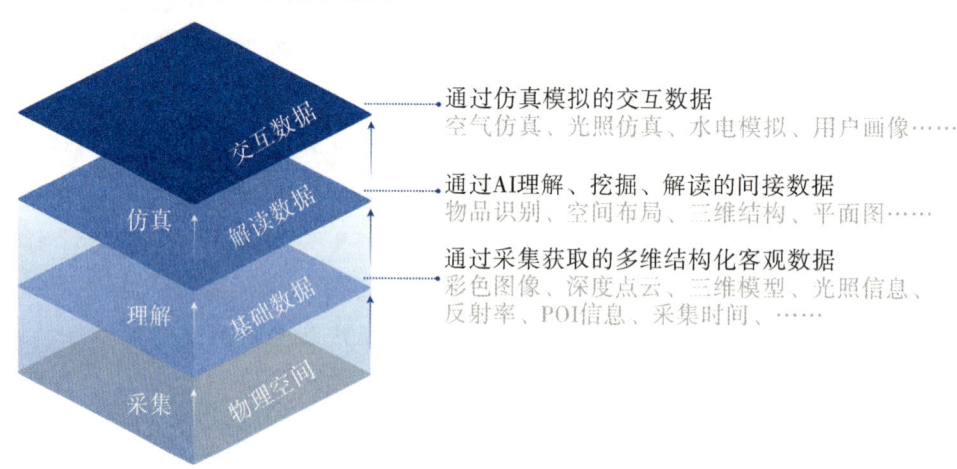

图 2-10　VR＋AI 技术逻辑图

二、元宇宙

（一）元宇宙的概念

元宇宙的概念最初来源于 1992 年美国科幻小说家尼奥·斯蒂文森的《雪崩》，描述了一个平行现实世界的网络世界 Metaverse，所有现实世界的人在 Metaverse 都有一个化身，在其中社交和生活。近年来我们最熟悉的元宇宙概念则是 Facebook 提出的新公司命名，在互联网和科技产业领域被彻底点燃。最近，元宇宙多次出现在各省、市、区的委员提案中，提出要抢先布局元宇宙发展，建议政府加快顶层设计。各大企业也希望抓住元宇宙这个数字经济发展的机会来推动人工智能与绿色低碳、智能

制造等融合发展,实现数字经济新高地。

元宇宙的关键要素是数据与算力。那么,关于元宇宙的概念,每个人心中都有不同的答案。有的说元宇宙是一个与现实世界平行,并将现实世界变为数字化的虚拟世界,有的说元宇宙就是数据空间。在数字化的虚拟世界里,数据将扮演哪些角色?如何实现数据的价值转化与流通?

简单而言,元宇宙是数字空间或者数据空间。例如,我们在电商平台买东西、在微信社交平台上交际等,都是在数字空间里交互。元宇宙技术倡导者相信人类的生活、交易、社交等会越来越多往数字空间迁移,以至于在数字空间形成一个完全与物理世界相对应的世界,就是元宇宙。

但是,在中文词汇里,元是"初始"之意,宇宙也有"本源"意思,我们容易发现数字空间是现实空间的一个延伸,而不是物理现实空间的来源和根本。从这个角度而言,这个空间应该叫数字空间或者数据空间。但也有人相信在数字孪生基础上,未来数字空间会出现一些现实世界没有的东西,他们认为数字空间要比物理空间丰富,人还要多,里面会有一些"数字原生人",就是由算法所产生的完全虚拟的人,而且数字空间里的人能够一直活下去。从这些基础方面来理解,我们可以将以数字孪生为基础的空间叫数字空间或数据空间,而有虚拟人存在的空间叫"二阶数字空间"或者"高阶数字空间"。

（二）应用

目前,我们距离有意义的"二阶数字空间"还相当遥远,很多城市在建设城市大脑。城市大脑就把城市里所有数据汇集到一起,但这个任务还没有完成好。很多城市产生的数据,政府、企业或者个人还没有用好,没有分析好。物理世界是基础,我们要把这些真实的数据资源先用好。

而数字孪生是指城市里每一个实体在数字空间都有对应物,而且在不断产生数据。这些数字空间的对应物还与现实生活的真正实体一样,互相关联、互动。也就是说,在数字空间能够建模,互相刺激、反馈、影响、互动。现在,城市里还有很多物体在数字空间没有对应物,我们今天还在建 CIM、BIM,即 Building Information Modeling 的信息平台,这些都是未来数字孪生的良好载体。

元宇宙在数字孪生基础上又加入虚拟游戏、虚拟人等元素,就是"二阶数字空间"了。虽然这些目前还停留在科幻层面,但驱动力就在于人类需要想象,就像我们需要文学作品、戏剧,需要拍电影、看小说一样。未来,我们可以在虚拟空间自己参与、扮演、导演一部电影或者小说。

无论是元宇宙还是二阶数字空间,都是一个纯粹人工、人造的世界,与现实世界不一样。我们现实世界应该说是半人工的,生活的城市里有水泥、钢筋、玻璃、泥土、花草、树木等,这是我们对地球的表面加以改造的结果,但元宇宙这个二阶数字空间是完全的人工世界,它只有一个要素,即数据。还有一个看不见的元素,就是对数据起作用的算法。我们在元宇宙里生存、呼吸,一呼一吸都是数据。我们在摄入数据,我们也产生新的数据。一张照片、一件数字艺术品、一部电影、一封信等,这些都是数据。要说元宇宙数据扮演什么角色,我感觉数据就是元宇宙里的空气,就是元宇宙里的光。

((•)) 元宇宙五层架构正在形成,数字身份和数字资产是核心要素

□元宇宙的核心支撑体系主要分为硬件、核心技术、数字资产与数字身份、平台和生态和应用五个部分。

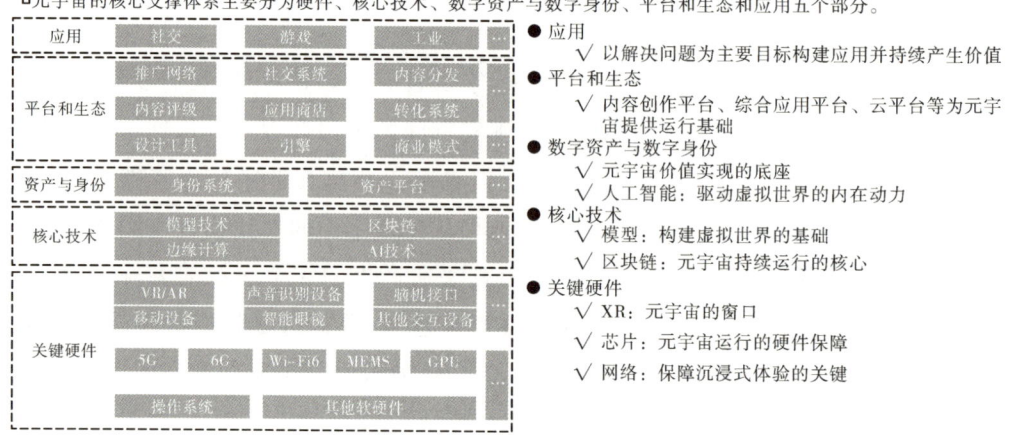

图 2-11　元宇宙五层架构图

元宇宙的发展离不开具体的应用场景,目前,游戏、社交和工业成为其三大重点应用领域。中国信息通信研究院工业互联网与物联网研究所所长金键在他的会议报告《元宇宙与数字空间的未来》中提出,元宇宙不仅可以应用在游戏领域,在虚拟体验的延续和社交方式的不断升级下,工业场景对元宇宙的技术依赖也越来越明确,以解决问题为主要目标的元宇宙工业应用将在未来不断实现其价值。元宇宙带来的空间边界扩展,使现有中心化的交互模式不能适应新的空间形态,需要进一步构建起智慧物联、开放性无人驾驶、跨境数据互通等为代表的分布式交互模式,"未来新的平行空间模式将带来更大的想象空间"。元宇宙正在形成的五层架构(如图 2-11 所示),即硬件、核心技术、数字资产与数字身份、平台和生态和应用,并强调数字身份和数字资产是核心要素,是元宇宙价值实现的底座,是构建元宇宙新的数字空间中要解决的关键问题。

同时,元宇宙对算力的需求更加旺盛,计算维度更加丰富,急需解决算力不足与算力有效分配的问题,"让算力像自来水一样便捷使用"。元宇宙未来已来。依托"内容＋技术＋融合创新",构建可持续健康的元宇宙生态,实现从数字到物理的商业模式创新,助推后疫情时代文旅产业实体经济的数字化升级和商业模式创新,让技术突

破时空限制,构建实虚结合的数字空间,实现一种身临其境的旅行体验。另外,元宇宙有助于旅游产业数字化价值的变现。

（三）乡村振兴下的元宇宙

元宇宙如何在乡村振兴战略要求下实现"产业兴旺、生态宜居、乡风文明、治理有效、生活富裕"的总要求来实现农业农村现代化则需要借助元宇宙丰富的想象力。正如每一次工业革命的成果都得到广泛应用一样,农业不仅是工业革命成果的重要应用场景,也是工业革命的技术动因和动力。在当前工业 4.0 的大背景下,元宇宙海量数据源的形成可以为农业"开辟一条新路"。如南昌市的红谷滩区元宇宙·VR 数字农业示范基地项目,通过对元宇宙海量数据的综合计算,精准操作,使植物始终处于最佳生长状态,在设施农业种植场景的应用中,作物产量最高可提高 30%。由于水肥等各种生产要素的精确,以及市场需求和科学的管理规划,实现能耗方案的优化,可降低能耗达 50%；实现机械全自动化,包括动作自动化、决策自动化,大大降低人工成本和技术指导成本；在一些封闭种植场景中,种植 CO_2 吸收效率高的植物,生产用于碳纤维制造和植物蛋白提取的植物。数据化可创造高额碳汇。通过元宇宙和数字孪生建模后的数据频谱分析,可以总结种植经验,预测产量,防治病虫害,提高植物种植的可控性。智能化、无人化、绿色化的未来农业发展趋势,最终将颠覆千年来"面朝黄土背朝天,一身力气百身汗"的农业景象。

未来元宇宙在乡村振兴中的意义和价值绝不是简单的概念引入和应用炫酷,元宇宙将给予乡村振兴新的价值体验、新的价值开发、新的价值沉淀,元宇宙所能探索的仍是无限空间,将为未来乡村振兴带来更多不可估量的价值。

三、空间生产理论

（一）空间生产的三元论

列斐伏尔(Lefebvre)的"空间生产"理论问世,引起西方马克思主义地理学家的高度关注和积极响应[5],哈维(Harvey)将其解释为资本主义生产的抽象空间,通过市场和社会再生产压力和需求的反复锻造,超越了普遍生产方式下的物理空间。为资本积累创造稳定空间。更重要的是,这种抽象空间也被赋予了活跃性,尤其是从人文主义的角度来看。它不仅是生产物理产品的场所,也衍生出代表物理空间的意识。因此,在数字空间的发展背景下,对于空间构成不再是表面可见的元素叠加,而是由不可见的多种诱因催化形成,对于该抽象空间所具有的多重特征和复杂结构,在列斐伏尔的三元辩证法框架下可以总结为三个重要层面：空间表征(representation of space)、空间实践(spatial practice)与表征空间(space of representation),即物质性、社会性和精神性。空间表征即构想的空间,由社会空间的主要规划者的知识或意识

形态所支配的概念性的空间，是空间的主流秩序话语。任何空间的建造伊始离不开该决策团队的顶层设计和价值分配，正如我们在前文对数字乡村在政策实施层面由政府、企业、规划师、技术员、经济学家、科学家、工程师等合力促成的一系列有效方案和方针，为我们科学部署乡村振兴的系统工程提供保障。表征空间即生活的空间，它是透过意象与象征而被直接"生活"（lived）出来的，是居住者与使用者在场所中"生活"出来的社会关系。空间表征是支配性的，而表征空间是被支配的，却又是日常生活空间中的反抗性所在。正如数字农民在数字平台中对农业生产实行在线监控、管理，促进产品的流通与市场价值的转换。空间实践即感知的空间，是每个社会构成特有的生产、再生产过程及具体场景和空间体系。属于社会空间的物质建构的维度，是社会构成物生产的过程与结果。空间实践支持和体现了空间再现与再现空间，而后两者以支配或抵抗的方式同时塑造或激活了空间实践。例如该空间可以看作实体数字空间的成型，通过数字化交互实现乡村特色文化空间的宣传与治理。

在对于数字空间的理解和深化过程中，我们借助社会学视角在设计实践中可以更好地理解空间的生产模式，避免陷入经验主义的困局。同时，该视角也是思辨设计在思考设计和文化两者关系介于实践这一行动的背后成因探讨，有助于我们从数字化的万能魔咒中形成科学的理论支撑。

（二）乡村公共文化空间

国内乡村地理学界对乡村社会—文化空间研究的关注程度随着理论体系的完善日趋增强。乡村公共文化空间的提出是本书在思辨设计的思维模式下对于乡村文化空间生产的一种积极回应。为了更好地理清乡村公共文化空间的概念，分析乡村公共空间与农民文化生活的关系，就应在乡村公共空间的基础上引入具体的文化内涵，也是明确两个问题：有哪些文化空间以及有哪些文化活动。这两者的桥梁则是文化这一根本属性。正如余秋雨认为文化是一种养成习惯的精神价值和生活方式，最终形成集体人格。乡村的文化是乡土智慧与农耕文明所沉淀下的自守自安，也是中华民族的基本素质。在具体类型上，有的学者根据文化活动参与场域和参与群体的不同，将文化资源划分为"公共文化活动"和"私性文化活动"。这两组概念区分了"公共"和"私有"文化空间的界限，表明了农村公共文化空间性质是由政府或公共组织而非个人或家庭提供的文化资源和活动，以满足多数人的文化享受。这正好印证了空间生产理论中的空间表征。本书所提到的"乡村公共文化空间"，就是在乡村公共空间概念的基础上，增加乡村"公共文化资源"和"公共文化活动"的性质。因此，笔者将"农村公共文化空间"定义为农村社区居民可以自由进入并利用公共文化资源开展文化生活的公共场所，以及人们可以参与并享受文化福利的公共文化活动。通过分析整理，如表2-1所示，可以看到从19世纪末到21世纪初，乡村公共文化空间的属性发

生了翻天覆地的变化。从过去作为祭祀性的生活空间变成了如今具备创造性的实践空间,城乡二元对立的局面在数字化发展局势下被打破。在时空变迁中,我们可以甚至将过去保留下的祠堂、庙宇看作是文化空间生产中物质层面的传统写照,被视作一个时代的文化缩影与精神圣殿。

乡村公共文化空间属性	时代	作为文化传播的物理空间	文化活动类型	作为含义表征的文化属性
传统公共文化空间	19世纪末到20世纪初	庙宇、祠堂、商铺、广场、街巷	皮影戏、听老戏、划龙船、踩高跷、敲锣打鼓	祭祀性和生活性
新兴的公共文化空间	20世纪40—80年代	田埂、集体食堂、场坝、村落集市	闲话家常、听广播、举行公社集会、村落集市、红白喜事、民间互动	活动性和生产性
新型的公共文化空间	20世纪90年代到21世纪初	文化站、农家书屋、文化广场、乡村博物馆、乡村图书馆、乡村科普馆	文化交流、教育科普、农事交流、宣传展示	教育性和参与性
"数字素养下"的公共文化空间	21世纪20年代到后期	超越物理界限、实施线上线下数字化平台建设	客户终端操作与分享,综合运动视听觉系统在原有传统意义的空间中开辟出新的文化活动类型	创造性和实践性

表 2-1　乡村公共文化空间的发展与分类实例

(三)数字文化空间生产的要素

借鉴列斐伏尔空间生产理论的内在逻辑,数字文化空间生产是在对现实物理空间分析的基础上,引入新科技革命及其影响下的社会日常生活的变化,以明晰差异空间的规律、创造符合公众意愿的新的日常生活为导向,形成了数字文化空间生产理论。

数字文化空间的生产由科技要素、文化资源要素和文化空间要素构成[6]。科技要素主要是指现代科学技术,包括互联网及移动通信技术、虚拟现实技术、增强现实技术、5G 新媒体应用技术等,推动社会文化空间向数字化、信息化、网络化、智能化方向发展。文化资源要素既有有形的,也有无形的,既有物质的,也有非物质的,具有独特性和差异性,通过自身文化价值的发挥,可以实现一定的社会效益和经济效益。文化空间元素强调空间的文化性,即具体与抽象的统一。数字文化空间生产三个要素缺一不可,相互作用。文化资源是文化空间的物质载体,是科学技术支撑的对象,也是虚拟文化空间形成的物质基础。科学技术是转化物质文化资源、创造物质文化空间的手段和方法,是实现虚拟文化空间生产、流通、交换和消费全过程的技术条件。文化空间以人的精神文化需求为核心,具有物质、精神和社会属性。它是满足人们文化空间体验的社会场域,形成数字文化空间的身份认同。

第四节　乡村数字建筑

一、政策背景

2020 年 7 月，住房和城乡建设部等十三部门联合发布了《关于推动智能建造与建筑工业化协同发展的指导意见》，将提升建筑工业化、数字化、智能化水平作为发展目标，明确到 2035 年，"迈入智能建造世界强国行列"。2022 年 1 月，住房和城乡建设部发布《"十四五"建筑业发展规划》，指出"建筑业在与先进制造业、新一代信息技术深度融合发展方面有着巨大的潜力和发展空间"，需要"加快建筑业转型升级"。工业和信息化部、住房和城乡建设部、国家发展和改革委员会等多部委协同推进新一代信息技术与建筑行业深度融合，支持 BIM 等建筑业数字技术创新和应用落地。科学技术部开展"绿色建筑及建筑工业化"等重点专项布局，推动相关核心技术攻关、产业与应用快速发展。从国家政策可以看出，数字化浪潮下建筑行业进入转型升级期，数字建筑作为建筑工业化、数字化发展的重要抓手，在"中国建造"规划布局中具有重要牵引和带动作用，同时也是新型智慧城市、新型城镇化建设任务的重点板块，也是数字乡村战略布局中建筑产业升级的必然趋势。

二、概念

数字建筑是指利用 BIM 和云计算、大数据、物联网、移动互联网、人工智能等信息技术引领产业转型升级的行业战略，它结合先进的精益建造理论方法，集成人员、流程、数据、技术和业务系统，实现建筑的全过程、全要素、全参与的数字化、在线化、智能化，从而构建项目、企业和产业的平台生态新体系。数字建筑是新一代信息技术、先进制造理念与建筑业全链条、全周期、全要素间深度融合的产物，是提升建造水平和建筑品质、助推建筑业转型升级的重要引擎。当前，国家高度重视城乡建设绿色发展和高质量发展，加快数字建筑创新布局，对于推动新型建筑工业化、数字化、绿色化发展至关重要。

三、实施策略

（一）时代记忆与数字技术耦合

在传统建筑建造过程中，数据是通过传感器感知、人工采集等方式进行收集，由

于建筑工程项目的高复杂性等特点,现场的管理和应用存在较高的难度及复杂性。然而,数字建筑相关技术已经逐步提升了用户的感知能力,如 AI 数字图像、动态识别、物联网、无线定位、移动智能终端等技术的运用能实现全面感知、实时互联的目标。

南岸美村乡村生态博物馆项目以数字化摩尔纹景墙打造了一个富有原生态的乡村记忆以及互动体验的空间。由东南大学建筑运算与应用研究所和东南大学建筑设计研究院有限公司联合参与的数字乡村设计将数字技术与当代艺术很好地结合。整个建筑设计在空间形式上为组合式的院落景观,具有当代艺术体块和传统农舍两者相结合的外观架构,形成了一组组"记忆盒子"般的文化导向。主体建筑的东门、北门,展厅内部都是朝向庭院的小空间,主要引导观者视线朝向屋顶开启的天窗,各空间有效承担了彼此的功能,也作为插入的"记忆盒子"而存在。主体建筑材料为耐候钢板、玻璃等非传统材料,有别于传统建筑的乡土性,多了几分当代性。在空间功能的整体设计中很好地满足了内外穿越、景观视线、实物展示,以及室内采光等必要的使用要求。建筑的北侧呼应了原生态的乡村水体景观,主要人行和车行入口均朝东且临近道路。整个园区体现数字化的部分则是在北侧的景观处理上,北面通过面向水体的广场,开阔的视野引向了整个园区最具动感与感动情结的——摩尔纹动态记忆墙。摩尔纹动态记忆墙的图案再现了川西乡村特有的林盘生态环境和劳作场景,为当代乡村艺术建设与数字技术的融合起到了示范效果,同时也为南岸美村的民俗文化与农耕情境增添了独特的乡村记忆。摩尔纹图像在数码相机或扫描仪等设备中很常见。当传感器中像素的空间频率接近图像中条纹的空间频率时,就会产生新的波浪形干扰图案。空间频率稍有不同的条纹形成叠加效应,由于各条纹间距和重合位置的不同会逐渐偏移,相互作用之下形成了丰富肌理的摩尔纹现象。

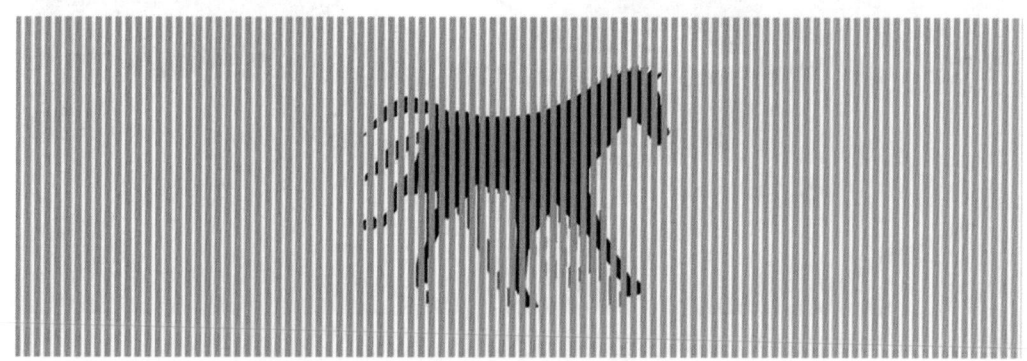

图 2-12　摩尔纹动态效果原理图(来源:东南大学建筑运算与应用研究所和东南大学建筑设计研究院)

通过观察,我们发现景观墙上的图案并不是静止的,而是由几个动作部分组成的。根据需要将条纹格栅的缝隙调整到实体的比例,这样当人眼通过格栅的缝隙看到一个动作帧的图像时,另外两个动作帧的图像会刚好被遮挡。然后,将每一帧的图案切割成条纹光栅与掩模比例相同的条纹状线形图,并按照动作顺序将图案拼接在

一起，得到完整的动态图案。当光栅以适当的速度移动时，人眼会看到动态图像，因为它的位置发生了变化，这将产生图案在循环移动的错觉。根据这一原理（图 2-12），整个结构由外部条纹光栅和内部特殊图案光栅两部分组成。通过移动的边缘光栅观察图案，产生动态的错觉效果。摩尔纹效应的观察一般是通过孔洞的运动来实现的，但根据相对运动原理，人的眼睛通过行走与孔洞的相对运动也会产生摩尔纹现象。

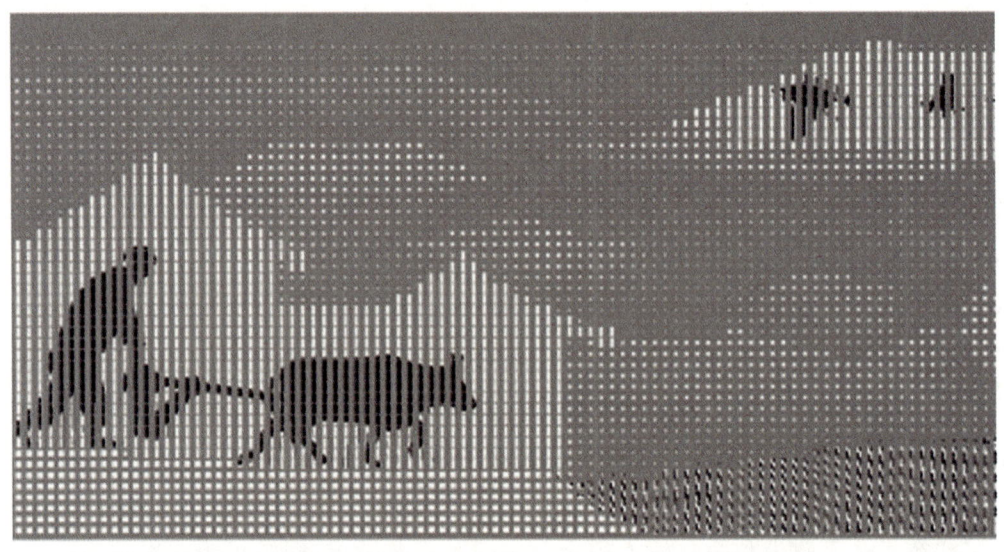

图 2-13　图案动态效果（来源：东南大学建筑运算与应用研究所和东南大学建筑设计研究院）

图 2-14　摩尔墙建成效果（来源：东南大学建筑运算与应用研究所和东南大学建筑设计研究院）

　　基于这一原理和运动的错觉，设计利用物体之间的条纹空间使图案活跃起来，整个装置成为一个观看和互动的舞台。摩尔纹动态记忆墙是基于摩尔纹和运动错觉原理，通过"数字链"技术完成设计和图像处理，并联动数控加工，最终以全长近 50 米的墙体呈现出有意境的山水人家、茂林修竹的隽永画面。在整体画面中，有农民种地（图 2-13），有母子返乡，有白鹭飞翔，有野鹿漫步等。它们随着观者的脚步在乡间行

走,也仿佛被赋予了生命,呈现出独特的动态视觉效果。本项目结合乡村生态博物馆的设计,在"数字链"技术的指导下,完成了墙体整体结构构件的设计加工和预制,以及 68 块墙板的背景图案和动态图像。沿墙观看时,观众可以通过特殊的光栅孔在不同时间看到不同的图案,然后产生图案在行走时一起移动的动态光学错觉。人们的步行路线和建筑内外的视线形成独特的活动景观。

眺望荷塘对面的摩尔墙(图 2-14),可以看到奇峰罗列、水木明瑟、白云生处有人家,邀请观者进入这个别有洞天的乡村记忆馆。沿着蜿蜒的小路,农民、黄牛、白鹭、竹林和鹿都在缓慢地移动,而观众则处于一幅由墙壁本身形成的山水画的背景中。这幅悠长而生动的画面映衬出川西田园诗般的风光,既是数字生成技术在当代建筑景观设计中的出色应用,也是对数字技术建设社会主义新农村成果的生动谱绘。

(二)传统文化与数字文旅兼备

位于成都市新津区的中国天府农业博览园(以下简称:天府农博园)是四川农博会永久举办地,以"永不落幕的田园农博盛宴、永续发展的乡村振兴典范"为发展愿景。天府农博园的园区规划面积 113 平方千米,包含核心区天府农博岛以及农博·兴义镇、文博·宝墩镇、渔博·安西镇三个城乡融合发展片区。在天府农博岛内,融入了农业四季特征和农时节气周期的建筑设计,让人耳目一新。

图 2-15　"瑞雪"建筑效果图(来源:张雷联合建筑事务所)

科创林盘取"青苗"之形,寓意为"春";农博主展馆取"稻浪翻涌"之形,寓意为"夏";智慧融媒中心取"谷仓"之形,寓意为"秋";文创林盘取"山川瑞雪"之形,寓意为"冬";瞭望台设计高度 24 米,取名"二十四节气塔";会议中心大小会议室均以二十四节气命名。按照"田间地头办农博"理念,天府农博园构建"室内展馆+室外展场+林盘展区＋大田展区"博览空间,探索开放合作创新、参与主体创新、体验形式创新、会展周期创新,打造展示四川农业金字招牌的窗口。

在天府农博园内一幢由木构机器人、3D打印机器人深度智能化赋能的建筑正快速有序地构筑着,建筑取名为"瑞雪",如图 2-15 所示,形似冬雪消融时的形态,是天府农博园的核心板块,多功能展示馆在整个园区规划中代表着"冬天"。"瑞雪"最大的亮点便是其屋面结构将采用 3D 打印而成,吊装 3D 打印的屋面不到两个月即可完工交付,完工后这里可举办展会、论坛、路演,也可开展音乐会、圆桌趴、时装秀、电竞、宴会、亲子研学等活动。

图 2-16　天府农博园六期青苗区效果图(来源:张雷联合建筑事务所)

图 2-17　农博主展馆(来源:张雷联合建筑事务所)

与"瑞雪"同步建设的还有"青苗"(图 2-16),一看这名字便知道它代表着"春天","青苗"形似朵朵青苗在田间生长,其中还有一座高达 24 米的观景塔,可俯瞰整个天

府农博园的农业自然景观，与"瑞雪"交相辉映。除此之外，许多数字农博场景已全新上线并投入使用，形似稻浪翻滚的农博主展馆（图 2-17）代表着"夏天"。为市民展现了大气磅礴的农博盛景；形似传统谷仓的新融媒体中心（图 2-18）代表着"秋天"，诠释了新津历史文化底蕴和农耕文化脉络；阳春三月，天府农博园已是五彩斑斓的世界，这些美学建筑的呈现，在田间地头描画出越来越多优美的弧线，吸引着踏青赏春的人们接踵而至。

图 2-18　新媒体中心建筑（来源：张雷联合建筑事务所）

（三）传统技艺与数字材料效能

相对于近三十年来城市的大发展，以传统农业文明为根基的中国乡村，仍然延续"没有建筑师的建筑"为主体的乡土聚落整体特征，呈现一种处于传统社会背景下文化自觉的原生秩序，而这种自发的状态正在遭遇城乡文明的冲突。雷宅是一个典型和具有普遍意义的案例，项目所在的山阴坞村距离乡镇行政中心很近，村落中的房屋大多在近十年间经过了翻建，属于典型的"新农村"式样。对于建筑设计而言，表达地域特性的传统建造特征并不明显。面对新的技术，尤其是突如其来的优势性工业化产品，乡土建造中与个体密切相关的传统技艺，往往会失去自信。工业互联网模型化、软件化、封装化的工业技术、经验、知识和实践，弥补了建筑工业化、数字化缺失的环节，通过标准化设计、预制化生产、装配式施工等工业化模式，转变传统建造粗放手工作业，提高建筑业劳动生产效率、提升建筑质量品质的深刻变革。乡村数字建筑在建筑材料和施工工艺的选择上也会遵循建筑节能减排以及绿色低碳的时代使命。

雷宅建筑围墙和景观中大量使用的"砌块"结构重新建立一种技术和技艺的关联，乡村常见的混凝土空心砌块在一般语境下是廉价的建筑材料，但经过建筑师和工匠们重新配置，其砌筑组合与空间的表现力并不逊色于砖石。

图 2-19　3D 打印茶亭实景图(来源:张雷联合建筑事务所)

图 2-20　实体与透明(来源:张雷联合建筑事务所)

　　砌筑的方式同样呼应了建筑工业化和 BIM 技术的全盘考虑,庭院中的 3D 打印茶亭(图 2-19),PLA 材料三维打印单元取代标准化的砌块,试图将镂空花砖的透明性进一步放大。半透明的材料和半透明的空间,一方面体现了非传统、非乡土的建筑语汇,也呈现了当代技艺中人工拼装的高效性(图 2-20)。数字化的高精度控制和人工操作的可调节尺度实现了建筑功能的灵活统一。无论在哪个阶段,建筑设计在工业革命的发展背景下是技术与艺术两者走向何种程度契合的外显写照,建筑效能的判断无非关乎两个层面:自身的物理属性以及效能的最大化,也是一场关于材料、技术、美学的三重变奏。这是与个别脱离了长期主义而大拆大建的思维截然不然的尝试,利用当前科学性与数字化的指引来明确建筑客观参数的设定,这或许是消除数字技术与传统技艺对立的一种途径。

该项目成为了乡村数字建筑的一次鲜明、完整的尝试。乡土建造在有限的预算,缺乏专业化组织管理团队和地方工匠的流失中的大环境下很容易失去其自身的创造力和生命力,也是数字乡村建筑未普及的主要原因。该项目以 3D 打印为技术手段,工业化预制拼装体系为基础,实现了网络化异地加工和物流供应链运输,最终形成当地组装的建造系统,有效地把建造活动对当地环境的侵害降至最低,也是绿色低碳环保的有效宣言。在雷宅前院 3×3×3 米的空间范围,400 个 30 厘米见方的单元拼装组成的茶亭(图 2-21),由北京、南京三家供应商联合组成的打印网络耗时一个月完成,当地两位毫无经验的建造者在村民的帮助下三天内组装完成,建筑师实现了当代数字技术为支撑,效能为导向,乡村现实条件制约下的全新乡建之路。

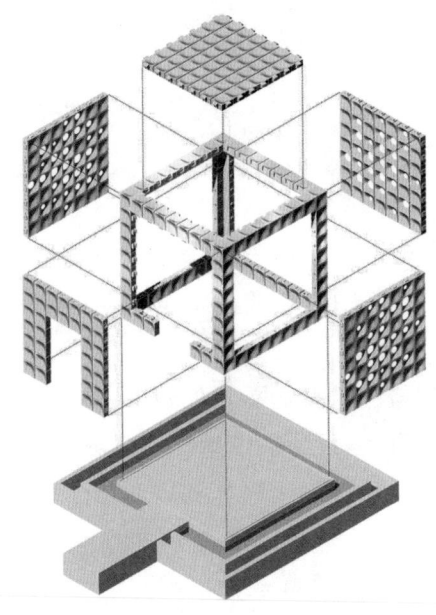

图 2-21　茶亭分解图(来源:张雷联合建筑事务所)

3D 打印耗材的数量和时间消耗直接影响项目的加工时间和施工成本。轻质化成为核心设计的追求,这也符合农村小工地建设和工程设备匮乏的现实条件。利用 3D 打印可变密度的优势,根据不同的单位力设置相应的密度参数,形成渐变的透明效果(图 2-22)。茶厅不断变化的透明度和质感,与建筑密密麻麻的城堡般的石墙形

成强烈的对比。它们极简的形体关系与乡村环境相得益彰,形成了一种纯粹、朴素、内敛、神秘的未来乡村气息。

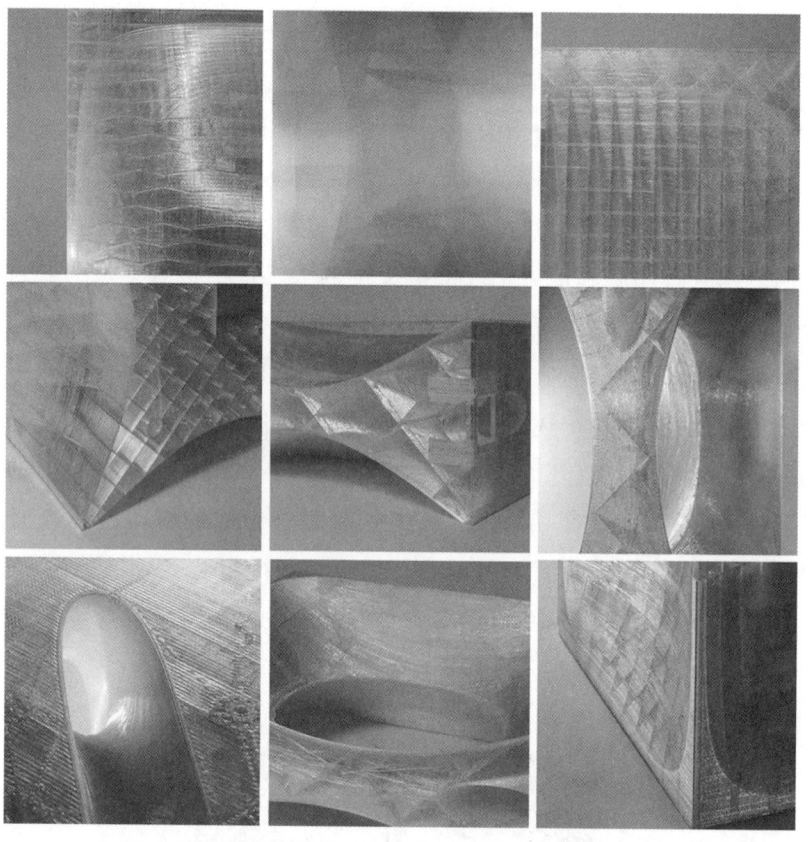

图 2-22　模型细节分解(来源:张雷联合建筑事务所)

在人类回归自然的漫长道路上,乡村聚落是具有自然优势的精神庇护所。反商业化传统、反技术化思维、重塑社区、工匠建筑和数字乡村的愿望,可能成为重塑可持续人类场所的有效方式。

当前,数字建筑的典型应用主要涵盖协同设计、智能生产、智慧工地、智慧运维、智能审查、绿色建造六大场景,乡村的数字建筑也是未来城乡区块链产业升级与数字信息互通的有效尝试,虽然传统性与当代性是当前数字建筑设计中文化和美学层面始终绕不开的话题,在未来乡建实践中,也希望借助数字建筑的东风,在新技术、施工、运维等工程建设全过程中满足乡土本源的生命活力,引领建筑全生命周期项目提质增效,赋能建筑行业转型升级。

第三章
数字乡村的文化空间

Chapter 3

第一节 数字媒体

随着新技术、新媒体的快速发展,我国乡村形成了以移动互联网为基础、交互软件为支撑的信息传播网络体系,使乡村公共结构、社会关系、生产关系等在信息技术的作用下发生改变和重构。但是,在新技术催生新媒介,带来新体验并使人们享受其中的同时,受众也不得不面对新技术和新媒介的消极一面——信息的指数级增长对人们思考耐性的消磨,网络社群的集体情绪对人们现实理性的掩盖,等等。当农民面对这样复杂的网络环境时,对于信息价值很难做出正确的预估和判断,也就难以避免地受到负面信息的侵害,这在一定程度上制约了数字赋能乡村文化振兴的效果。因此,在当前形势下,只有不断提升农民的媒介素养,才能更好地推动、实现乡村文化振兴的战略目标。随着新媒体的普及与应用,越来越多的农民在网上宣传家乡风貌、推销农副产品、推广乡村建设经验,承担起利用新媒体传承乡土文化、繁荣乡村经济的重要使命。大力提升农民媒介素养,对于提高农民整体素质,加快实现乡村文化振兴,有着积极的现实意义。

一、有助于发挥农民基层文化建设主体作用

尽管长久以来以血缘和地缘为代表的乡土情结在乡村共同体的维护方面发挥着基础性作用,但在数字时代,数字赋能的现代化乡村建设越来越体现出减少城市与农村之间结构性差异的不可替代性。大量的乡村达人、农民网红在互联网上出现,他们通过短视频、直播等新兴的传播方式向外界介绍自己的生活状况,展示乡村的自然风貌,销售乡村的美食特产,既发挥了乡村文化传播的主体作用,又搭建了受众关注"三农"问题的新渠道,起到了农村与外界沟通交流的中介作用,成为国家基层文化建设的重要参与者。借助新媒体的力量,立足"本土化资源",是建设美丽乡村、弘扬农耕文明的重要手段。农民媒介素养的提升,可以使农民不断提高应对数字化乡村变革

的能力,能够更好地挖掘、利用乡村文化资源,培育具有区域文化特色的各类产业。农民自觉主动地参与数字赋能乡村文化振兴的大潮中,对于乡村文化振兴战略的顺利实施无疑具有重要的现实意义。乡村中活跃于网络的"新乡贤""新农人",既是新农村建设的领军人物,也是乡村公共话语的意见领袖。发挥好"新乡贤""新农人"的引领作用,不仅可以激励农民利用新技术、新媒体提高生产、生活水平的积极性,还可以在推动乡村文化建设、弘扬社会主义核心价值观方面实现以点带面的示范效应。

二、有助于促进乡村公共文化功能再造

乡村公共文化功能再造是现代化乡村文化建设的重要指标,是乡村提升生产生活质量的重要抓手,也是新时代"三农"政策的主要切入点。移动互联网、智能终端设备、交互式传播形态改变了农民以亲疏远近关系为基础的传播圈层,形成了以"三农"主题为传播原点、以互联网信息平台为社交中介的开放性、交互式传播关系。媒介化转向中的新兴"三农"文化模式显现出蓬勃的发展活力。通过提升农民的媒介素养,激发农民学习新技术、运用新媒介的热情,可以帮助他们在数字化的浪潮中立足本土,站稳脚跟,在传播乡村文化、参与乡村经济的社会实践中,以更加积极的姿态把现代生活和乡土情怀有机结合起来,实现乡村公共文化的数字化再造。在农村城镇化、数字化、现代化的趋势下,农民媒介素养不仅要适应媒介化社会环境的需要,也要在维护乡村发展、传播村落文化、实现乡村振兴方面起到重要保障作用。因而,提高农民媒介素养既是培育现代农民的重要手段,也是促进乡村公共文化功能再造的重要途径。

三、有助于推动国家文化体系的进一步完善

随着城镇化发展进程的加快,农民的流动性逐渐增强,这为加强我国基层文化建设提出了新的课题。传统的乡村社会结构被打破以后,尤其是数字化社会的到来,农民的身份认同陷入新的危机。各种各样的新兴媒介快速发展,扩大了农民信息交流的范围,人与人之间的交往空间和场景也发生了数字化位移。2017 年施行的《中华人民共和国公共文化服务保障法》把完善国家文化服务体系、加强基层文化制度建设、提高公共文化服务效能作为国家文化治理的战略目标。乡镇政府、基层文化站、村民委员代表是国家文化体系的重要组成部分,其在乡村文化振兴中发挥着至关重要的作用。数字化浪潮席卷农村,复杂的信息环境带来了农民身份认同的危机,这为加强和完善基层文化建设增加了一定的难度。提高农民媒介素养,引导农民适应时代发展要求,自觉将新媒体环境下自身的生产生活行为准则与基层公共文化服务制度高度契合,强化主人翁意识,充分融入基层文化建设之中,推动基层公共文化服务效能的不断提高,这对于完善国家文化体系具有重要意义。

第二节 数字治理

一、政策背景

近年来,随着互联网、大数据、云计算等新兴现代信息技术的研发与推广,信息技术在农业农村领域得到广泛的应用。乡村治理作为乡村社会建设领域的重要内容,能够有效推动农业产业发展、优化生产生活环境、提升农民生活质量[1]。随着《乡村振兴战略规划(2018—2022 年)》《关于加强和改进乡村治理的指导意见》等政策提出,乡村治理作为乡村振兴的重要内容,其现代化治理水平关系到国家治理现代化目标的实现以及乡村产业振兴的发展。2019 年,中国共产党中央委员会印发的《中国共产党农村基层组织工作条例》指出,应注重运用现代信息技术来提升乡村治理智能化水平。但发展乡村治理数字化也带来了主体能力供给与需求之间的差距、信息共享与信息安全的冲突、思维定势和现代思维之间的博弈等问题[2]。这些均对我国发展乡村治理数字化提出挑战。

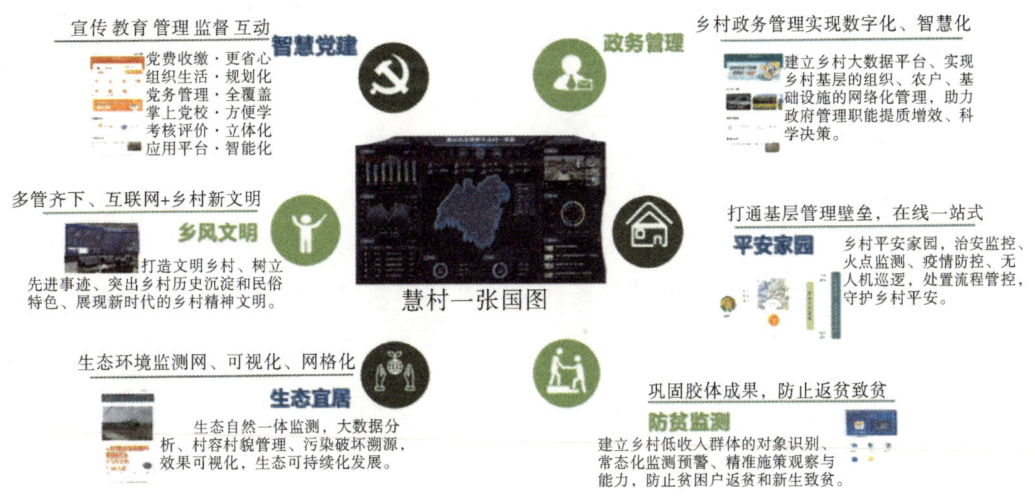

图 3-1 数字乡村建设管理体系

然而,受到历史因素的影响,我国乡村治理水平较为滞后,城乡治理水平存在显著差距[3]。已有研究表明,我国乡村治理存在总体性战略缺失、治理工作碎片化、治理创新活力不足等问题[4]。乡村治理作为管理层面的宏观布局,在现代化建设标准

下需要引入数字化技术和策略，保障乡村产业振兴和文化振兴的双重发展。

数字治理是数字乡村建设的重要一环，也是乡村产业发展的基础保障。在区块链和信息互联网的发展下，乡村治理从原来重视程序向现阶段强调结果的输出中转变[5]，数字技术通过数据收集、处理、分析、预测，实现信息资源整合利用，能够有效推动多元主体参与，实现精细化管理、科学性决策以及民主化治理，整体提升乡村治理效果[6]。建设美丽数字乡村，不仅要在农业发展中有所成效，同时也要完备科学化管理体系(图 3-1)，因地制宜，定制化开发系列数字乡村信息化应用是根本目的。

二、建设难点

在推进数字乡村治理体系建设时，偶尔会存在重点问题不突出和"一刀切"的情况。应根据所处地理区位、资源禀赋、产业现状，有选择地发展具有本地特色的数字乡村治理建设内容，避免贪大求全、千村一面。

不同于城市，乡村社会始终是一个情感有机共同体。共同体中"尽管有种种的分离，仍然保持着结合；而在城市社会中，尽管有种种的结合，仍然保持着分离"。在数字时代，将乡村视为共同体，则需为生活在其内种种分离的不同成员提供了彼此博弈、合作、共赢的空间，顶层设计上为其不同的生产、生活活动提供有效的交流平台，使传统乡村统治转向社区式治理模式。构建数字时代的乡村治理体系是乡村振兴的重要一环，也是最难突破的环节。在平台数据的发散和归拢中需要人情化的判断与管理。也是技术、人力、法律在乡村人情社会中通过社会关系、社会权利的分配重新实现自治。常见的如乡绅治理、行政管理和法治约束，从内生动员中保障乡村社会结构的稳定。过去，乡村管理是垂直式的，缺乏双向反馈机制，共同体内部的各个主体之间未形成有机联结，信息反馈不及时、不通畅。在管理上由于信息不透明和不公开，乡村社会中的政府、企业、社会组织和个体因缺乏沟通便互相猜疑，这不仅增加了乡村治理成本，也增加了治理难度。数字技术的发展与应用改变了乡村治理"信息孤岛"的形式。利用互联网的信息传递搭建起各群体之间沟通交往的桥梁，推动了政策公开和信息透明，同时作为一种新的交流工具为不同主体间的沟通对话提供了便捷的渠道。

三、案例解析

数字乡村治理的建设实施中，浙江省湖州市德清县入选试点名单，禹越镇三林村则是德清县数字乡村建设的排头兵。三林村的全面规范数字化起源于 2019 年。同年 4 月，浙江大学数字乡村研究院在三林村挂牌成立，借助"校地携手"的资源优势为全国数字乡村建设提供先行样本。乡村数字治理的核心是数字技术与管理创新的深

度融合,在发展模式研究的探索中,浙江大学于 2020 年 6 月发布了全国首个村域数字乡村发展指数,并参与国内首个数字乡村建设与治理方面的指导性地方标准规范的建设。电子科技大学、华南农业大学、南京农业大学随后也成立了数字乡村的研究机构。通过该举措,大大提升了数字治理的效率,村民办事"最多跑一次":只需在网上点击申报,就可以办理日常生活重要事务,如户口簿、合作医疗报销等事宜,真正实现了村民"小事不出门"。

图 3-2 三林村的"数字乡村一张图"(来源:人民周刊网)

三林村社区治理工作站的大数据平台中心的电子屏幕显示着"数字乡村一张图"(如图 3-2 所示)。在图中可以看到村里的各类信息:三林村的介绍、经营状况以及村情民意、安全隐患、矛盾纠纷等。数字乡村模式一定程度上解决了村民居住相对分散、不方便基层单位集中管理的难题。该系统形成了三林村的公民生命周期"一件事"全指导的功能。从出生、上学、就业,到结婚、生育、置业、救助、就医,最后到退休养老和殡葬,每个程序都有详细的事项图解和指导方案,解决村民对政策不理解、不会用的难题。所有数据都可以直接在"数字乡村一张图"上监测到。

该数字平台的搭建是高校对接地方产学研实践开发的优秀成果。在数据收集、数字治理、数字产业、数字文化等方面均有联动共赢的效果。首先,德清县大数据局与浙江大学(德清)先进技术研究院以遥感影像、三维实景地图等空间数据为基底,叠加自然资源、农业、水利等部门的 17 个图层、232 类数据,融合各村布设的各类感知设备,打破数据壁垒,让基层治理更加精准。其次,在基层矛盾调解中心引入人工智能的数字化法治服务,调解员可以在处理纠纷时咨询线上专业律师,让他们提供法律援助。再次,建设共享直播基地,培养乡村"网红",借助于直播和短视频的创新销售模式和网红经济,实现乡村产业转型。最后,联合喜马拉雅建设乡村数字图书馆,让村

民在移动阅读中随时获取信息,打通基层公共文化服务的最后"一公里"。

图 3-3　德清县禹越镇三林村(来源:杭州日报)

图 3-4　德清良好的生态环境(来源:《杭州日报》)

德清县禹越镇三林村的数字乡村实践(图3-3、图3-4),主要集中在乡村经营和治理两个方面。经营上,除了基础的农村电商,更是在黑鱼养殖中引入数字技术,创造性地搞"芯片鱼",并将全村生产情况以数字化可视化形式公示。建设了数字化智能大棚(图3-5),能实时监测大棚内冬枣等农作物,还能自动控制大棚内的生长环境,比如温度、湿度、光照、土壤、风力等。治理上,全村规划、办事等事项实现了一张图、一站式,从某种意义上打破了自治、法治、德治的边界。比如对村民垃圾分类的适时监测和通报,既是依法推进生活垃圾分类,也是养成良好生活习惯的德行教育,更是乡村自我管理、自我治理的一部分。数字技术是解决乡村两个"一公里"问题最重要的方案,是新时期乡村振兴的大动力。

图3-5 新安镇江南冬枣数字化大棚(来源:《杭州日报》)

在德清,"停不下来的改革"精神为全面建成小康社会提供了肥沃土壤,而数字化改革赋能乡村振兴的模式已在全县覆盖。德清在全省率先探索全域数字化治理试验区建设,形成了相关创新成果,其中"数字赋能乡村"被评为全国数字乡村建设典型案例。从三林村试点应用的场景中,数字化手段小试牛刀已取得了突出的成果,可以期待未来在数字基础设施、大数据、智能交互更加完善后,数字乡村对管理、生产、生活等全方面的变革。

四、总结

目前,大多数国家(地区)已经全面开展了数字化转型。乡村数字化作为数字社会治理的重要体现,受到各国的重视,并取得了良好的效果。以美、英为代表的欧美发达国家在乡村治理数字化领域起步较早,积累了大量经验,形成了较为成熟的乡村数字化模式。以韩国、印度、日本为代表的亚洲国家具有与中国相近的农业农村资源以及发展模式,其在乡村治理数字化方面的探索对中国乡村治理数字化发展具有一定的参考价值[7]。中国乡村治理的数字化发展已经在相关试点中形成了具有中国特色的数字治理模式。然而,不同地区村庄的服务设施和数字化程度不一致,因此设计需要因地制宜采取重要公共服务的数字化提升,从而有效应对村民生活的相关痛点和问题。

第三节　数字文化产业

一、发展背景

数字文化产业是数字经济背景下传统文化产业转型升级的必然趋势,是我国重要的战略性新兴产业。它以文化创意内容为核心,依托数字技术进行创作、生产、传播和服务,并日益渗透到教育、文学、出版、典藏、表演等传统领域,具备虚拟性、交互性、跨界性、融合性等特点。据国家统计局统计,2018 年,文化核心领域创造的增加值为 27 522 亿元,占文化及相关产业增加值的比重为 66.8%,其中,占比超过 10% 的行业有 3 个,分别是新闻信息服务、内容创作生产和创意设计服务[8]。中国工程科技发展战略研究院发布的《2019 中国战略性新兴产业发展报告》显示,移动互联网与数字技术的快速发展驱动我国数字创意产业爆发式增长。数字化已然成为文化消费新的增长点和推动文化领域供给侧结构性改革的重要抓手[9]。

二、发展现状

在顶层设计中,乡村振兴往往从物质层面考虑,而忽略了文化艺术的精神和产业价值。文化产业一直是农村经济发展的"洼地"。一方面,本土文化的表现形式过于简单。乡村文化建设主要以公共文化服务为基础,文化供给主要通过建设文化广场、文化馆、文化站、广播站、群艺中心、乡村图书馆等基础设施或通过"文化下乡"工程进行,而城市文化的进一步输入则冲击和削弱了地方文化。有学者指出,当前农村文化建设存在着文化建设理念与农村实际发展不相适应、公共文化服务体系内容落后、农民内生动力不足等问题[10]。

另一方面,文化产业作为经济发展的导向,需要依靠强大的技术支撑和成熟的消费市场,依靠城市高度集中的人口、资金、技术、信息等要素,造福农村。发展文化产业要有良好的经济基础、宽松自由的社会氛围和一大批高素质、创新型人才[11]。相反,由于农村交通、通信等基础设施薄弱,加上人口流失,空心村频繁出现,文化资源没有得到充分开发,城乡文化分离、失衡等问题日益突出。广大农村地区没有享受到文化产业发展的红利。而数字农村建设可以弥补文化产业发展的技术短板,并产生与农村经济融合的积极趋势。

三、发挥优势

与传统文化产业相比，数字文化产业可以克服农村文化经济发展过程中存在的市场规模小、发展同质化、资源破坏、创造力不足等问题。农村文化空间的生产、传播、消费升级，可以促进从土地、资源、劳动力等要素的供给向数字生态、数字传承、数字消费形态的转变，为文化产业发展薄弱的地区提供技术支撑。从长远来看，数字农村建设可以弥补技术、人才、资金和市场的不足，使数字文化产业成为振兴农村经济和文化的优势。

（一）技术条件：数字媒介为乡村文化振兴提供了新支撑

与传统媒介相比，数字媒介在传播方式上具有快速、便捷、智能、互动等特点，避免了传统媒介文化生产和消费主要集中在城市的弊端，"数字农村"可以使基础设施和硬件条件相对落后的农村获得文化生产的新动力，改变乡村文化与城市文化脱节的现象，重建乡村文化的自信。在具体操作上，一是数字媒介将形成城市文化与乡村文化的双向交流，突破地域限制和乡村文化资源限制，加快城乡文化资源要素流动，形成城乡文化发展一体化的局面。二是数字媒介可以拓展乡村文化表现的形式与内容，利用互联网、虚拟现实、全息成像、裸眼 3D 等技术，使得文化生产与受众形成有效的互动和反馈。传统的乡村演出、乡村旅游、节庆文化等模式只是单项输出，数字媒介能在发布、调研、承办、反馈等完整环节中更加高效互通，重视受众的全过程体验与评价。此外，数字媒介能拓展其产业内容，推动数字出版、数字表演、数字教育等新兴文化业态在乡村落地生根，全方位实现文化的多维输出。三是数字媒介可以促进乡村经济与文化产业的融合发展。传统乡村文化振兴的模式较少涉及经济层面，或是简单的"文化搭台，经济唱戏"，乡村经济与文化产业之间的融合是浅层的。数字媒介可以更好地为乡村文化振兴与经济发展服务。

（二）人才条件：数字素养的人才质量不断提高

乡村振兴要有产业保障，就必须有更多的人才。留住人才，回归行业。在快速城市化进程中，农村人力资源向城市流动，大量村庄被空心化，给农村文化和经济发展带来前所未有的挑战。据统计，从 1978 年到 2017 年，中国农业增加值占国内生产总值的比重从 28.2% 下降到 7.9%，农村人口占总人口的比重从 82.1% 下降到 41.5%。随着数字农村的建设，农村将利用优质的资源和条件，吸引各类人才，特别是数字技术人才到来。以农民工、高校毕业生、退役军人、科技人员为代表的海归在应用新技术、推广新品种、开拓新市场方面发挥着重要作用，正在成为引领农村现代产业发展的主力军。传统的农民群体相比，新型职业队伍的数字素养程度较高，他们既有城市的先进理念，也有对乡土文化的热爱与憧憬，这为数字文化产业在乡村的发展提供了

人力资源保障。

（三）资本条件：社会资本加速向乡村文化资源流动

长期以来，乡村资金主要靠财政投入保障，金融资源的配置主要集中在乡村经济社会发展的重点领域和薄弱环节，无法满足乡村振兴多层次、多样化的金融需求。文化产业的前期开发需要大量资金的投入，而收益的不确定性从一定程度上阻碍了资本向乡村地区流动。在乡村振兴战略的指导下，数字乡村建设逐渐打破了这一困境。一方面，城乡产业融合发展加快了城市资本向农村的流动。越来越多的网络电商、乡村创客、特色民宿、养老服务等新兴业态受到资本青睐。另一方面，数字化干预逐步完善了覆盖农村的数字金融服务体系，数字普惠金融的多重效能正在向农村渗透，有效解决了金融服务"最后一公里"和"最后一步路"的问题。农村文化建设存在成效不大、资金回收缓慢等困难。互联网众筹等模式为农村文化产业开辟了新的融资渠道，通过更精准的匹配解决了供需问题。

（四）需求条件：乡村数字文化消费呈现爆发趋势

中国特色社会主义进入新时代，人民群众的生活由物质需求转向精神需求。据统计，2018 年农村居民人均消费支出 12124 元，扣除价格因素，比 1949 年实际增长32.7 倍，年均实际增长 5.2%。农村居民恩格尔系数为 30.1%，比 1954 年下降了 38.5 个百分点[12]。农村居民消费的增加反映了数字经济向农村渗透所带来的收入的增加以及农民价值观和行为习惯的改变。阿里巴巴集团发布的《2018 年中国数字经济发展报告》显示，农村数字消费增速全面超过新一线、二线城市，数字化已成为包容性发展的重要动力。城市和农村在数字文化消费能力上几乎没有显著差异。例如，在 2020 年春节期间，受新冠肺炎疫情影响，以手游、直播、短视频、在线教育、付费知识、网络电影为代表的数字文化消费在城乡都出现了增长，这表明数字文化产品已经跨越了传统文化产品的地域界限，成为城乡居民共同消费的领域[13]。通过互联网和数字消费终端在农村的普及，数字内容生产的便携性、智能化和工具化，有力地刺激了乡村在数字内容上的生产和传播，成为大众一种生活方式的同时也满足自身的文化消费需求。

第四节　互联网＋教育空间

一、教育空间发展

教育空间的发展源于整个人类社会学和教育空间生产的模式的变革，具体可以追溯到三次代表性的改变：

其一是在人类原始社会时期，青年一代的学习是在氏族长者的引领下沿袭经验，主要依赖间接经验的传承，很少有更新发展。教育形成在日常生活中的方方面面，在社会生产、部落生活中渗透，没有专门的教育机构和专职教育人员。教育以"大自然"为空间，用"日出日落"作为信号来规定作息的时间。这符合人们对于自然的崇拜，也是对应马斯洛需求理论中的生理需求和安全需求。此时的教育，无论在空间还是时间上都是相对宽泛自由的，没有考试，更没有升学压力，它是伴随着一个人的成长各个阶段需要掌握的技能而发生变化。

其二是近代学校教育的产生和班级组织形式（即制度化教育）的出现，教育的原始空间由"大自然"及相对松散的多形态空间压缩到一个圈定的范围——教室，这也是当下我们正在使用的，历时最久的一种空间形式，既是教育空间的雏形也是发展的结果。教育制度规定每个人在特定阶段需要完成相应的教育内容及考核要求。教育空间是教育社会化的产物，形成了一个独立的制度体系并规范了教育的行为与教育系统内部的进程，但作为社会空间的一部分，制度化的教育空间使受教育对象成为集体的对象，成为一种社会的"产品"，并在师生关系上产生了断裂，使得师生关系权力化与抽象化，并进一步衍生出教育过程社会化与个性化的悖论。

其三是以数字革命为代表的"赛博空间"的产生，将教育推向后地理、后历史的变革。作为对教育制度化空间的突破和解体，它将打破历史教育意义上"空间"的基本概念，将教育空间从实践空间阶段转变为再现空间阶段，从而从一个新的经验维度上实现人与人之间的互动。该空间也成为一种教育目的的反思，从教育权威与制度的传统评价中呈现出多元的、个性化的教育资源比拼状态，尤其是 ChatGPT 的人工智能发展将教育输出便利化的同时也成为一种伦理化挑战。

从教育空间的三次变迁可以看出，教育的发展与进化是一个社会生产与产业逐渐集中和优化的过程，教育形态的分化也导致了教育空间的分化与变迁。因此，教育空间在乡村这一场域的实施从空间演进的角度使得该空间的实践性不断地从物质层

面脱离,象征符号系统充斥教育的基本空间,使教育由物质空间逐步向虚拟的新型空间转化。

二、实施要点

乡村社会中网络空间的文化场景由实体空间和虚拟空间构成,表现为现实生活中各个村民之间构成的关系网络空间,以及数字信息时代背景下智能网络技术构成的虚拟网络空间[14]。在具体实施上,首先需要有人才体系的搭建。人才队伍在乡村数字基础设施建设之前就要根据本地的产业发展规律和文化地域特色有效输出技术和指导。技术与人才是数字乡村建设的一体两面,也是关乎乡村经济与文化发展的底层支撑。引进来和促培育,既要注重外部引进,又要发挥乡村本土文化名人的带动作用,提高乡村文化人才在乡村社会中的影响力。其次,要为其提供更好的工作条件和成长机制,保障福利待遇,吸引人才在农村扎根,为数字农村文化建设提供技术支撑。最后,加强数字农村信息化建设。数字课堂、远程教育等教学方式,让城市优质教育资源流入农村,甚至引进国际优秀教学资源和成果。完善农村中小学数字信息基础设施建设,提高农村教师数字化教学水平,使农村不同身份的主体充分享受数字文化教育。

三、设计案例

由 Charles Holland Architects 设计的一组色彩缤纷的展馆是剑桥科技艺术展的主体建筑(图 3-6)。受剑桥艺术组织 Collusion 的委托,Charles Holland Architects 设计了一个由四个独立展馆组成的系列建筑,旨在保护艺术作品并在 Cambridge Leisure 繁忙的展览地点引人注目地展示一个临时的多学科沉浸式展览,探索艺术与技术之间的关系,同时能够体现剑桥丰富的人文历史背景。

"在室外设计展览具有特殊的挑战,不仅要考虑天气,还要形成人们可能不希望看到的艺术环境。"建筑师说。CHA 的设计还需要与 Collusion 的展览概念和基于技术的艺术品的性质相关联。这位建筑师还说:"我们的设计通过形成我们所谓的'数字村庄'来应对这些不同的因素,这是一个由相似但有细微差别的物体组成的小型临时聚居地。"展馆的屋顶向不同的方向倾斜,因此每个屋顶似乎都指向它们所在广场的不同角落。CHA 说,这些结构的形状"既抽象又巧妙地具象,加长的栏杆暗示着标志和交流的愿望"。每一个都覆盖着彩色波纹金属和桦木面胶合板的组合,暗示着功能性、经济性的建筑,如车库、商业园区和轻工业单位。"日常和工业建筑材料的使用为艺术作品探索的新兴技术的生产地提供了参考。"CHA 说。与此同时,色彩的运用赋予了展馆一种俏皮的装饰性。这些是巧妙的交际和装饰简约的棚屋,CHA 与工程

师 Morph Structures 和承包商 Jonathan Wells 合作建造了这些展馆,以便在更广阔的 Cambridge Junction 内形成一个公共空间。CHA 说:"它们彼此之间以及与网站之间的关系是神秘的环境的一部分,但也从中移除。"

图 3-6　剑桥科技展馆实景

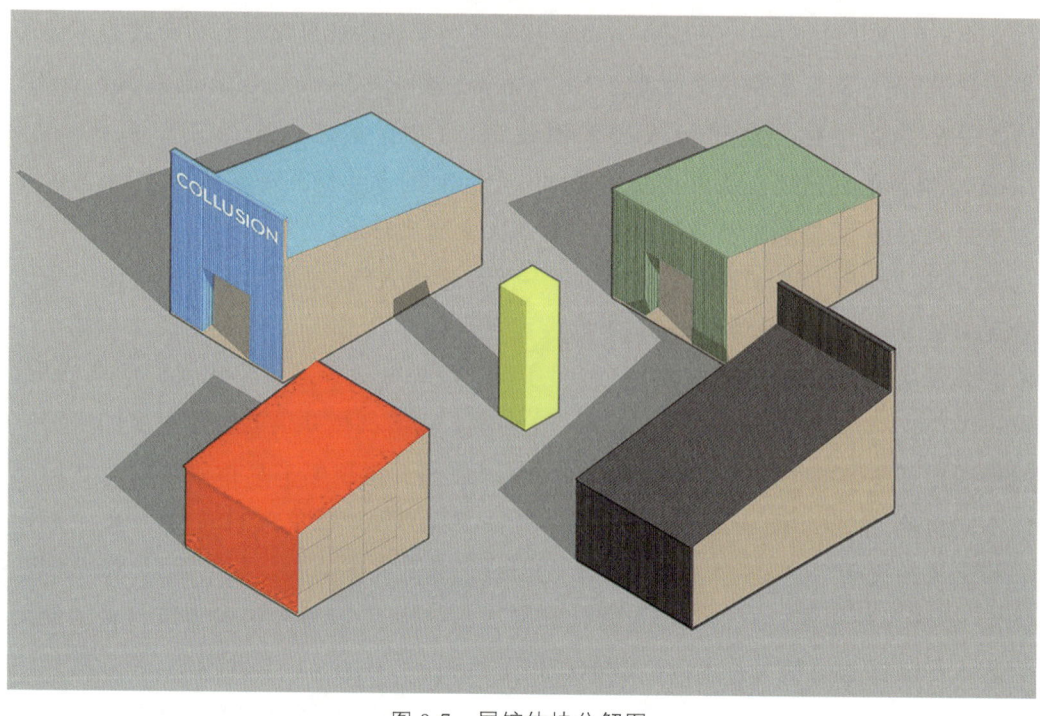

图 3-7　展馆体块分解图

　　每个展馆都有一件单独的艺术品。其中一件艺术品——"区块链图腾"——位于空间的中心，如图 3-7 所示，"让人联想到纪念碑或乡村绿地上的十字架"。

图 3-8　室内展厅空间

第五节 乡村数字博物馆

一、建设意义

数字博物馆是建立在数字空间的博物馆,国际上数字化技术在博物馆领域的应用已有许多成熟的经验。2021年,谷歌推出的艺术计划(Art Project)是目前覆盖范围最广、涉及类型最丰富的数字化艺术博物馆,展品种类从最开始的绘画作品逐渐拓展至雕塑、陶器甚至街头艺术,展陈内容也逐渐由图像拓展至视频、音频,结合教育与艺术自拍等专题内容,并增加线上博物馆的互动体验。除此之外,国内外众多博物馆都利用各种数字技术推进数字博物馆的建设,激活馆藏资源。如欧盟委员会牵头的Europeana项目,该项目是欧盟文化遗产数字化的网络平台,包括阿姆斯特丹国立博物馆、大英图书馆、卢浮宫等世界知名博物馆,并且欧盟各国地区档案馆和当地博物馆都为Europeana提供了展品资源。该项目包含若干子项目,其中3D－ICONS(3D Digitisation of Icons of European Architecural and Archaeological Heritage)是对欧洲建筑和考古遗产的数字化项目,目前已对欧洲13个国家的遗产地进行三维扫描与场景重建[15]。我国数字化与博物馆结合已有先行者,"数字故宫""数字敦煌"项目经过多年建设,逐步发展成综合性数字化平台,对文化遗产的保护传承与文化输出起到了积极的推动作用。

图 3-9　中国文化进入"帕戈德"项目（来源：EMWG 官网）

让中国走进欧洲。这是第一个以中国为中心的欧洲数字遗产项目。"帕戈德"（PAGODE）项目（图 3-9）于 2020 年 4 月正式启动。欧洲数字图书馆与中国合作的"帕戈德"项目（PAGODE－Europeana China）由欧盟（European Union）"连接欧洲设施计划"（Connecting Europe Facility Programme）参与出资。"帕戈德"项目围绕在欧洲保留的中国文化遗产的整合、管理和呈现的主题，提出对策专项，这将有助于给用户创造丰富的的体验价值，并提高欧洲数字图书馆的可及性。"帕戈德"项目能促进对中国文化价值观和中欧文明交流的理解进一步地深入，推动文化遗产部门之间跨越新领域和边界的合作与交流，共享其藏品和文物信息资源，为各机构藏品架起沟通的桥梁，并以此让国际受众更广泛，使他们提高对欧洲数字图书馆的认识，提升图书馆的利用率。该项目的首要任务是搭建一套框架，对整个欧洲范围内收藏的所有中国文物进行全面的梳理和资讯管理。

EMWG 倡议的主要价值是：

· 属于欧盟和中国政策推动的数字遗产和文化合作；
· 物质和非物质文化遗产的保护和提升；
· 利用数字化技术与新兴的视听和互动技术；
· 将文化遗产作为创意产业和旅游业的催化剂；
· 转让和交流数字遗产和文化方面的知识和资源。
· 具有广泛双边吸引力的项目构想和设计。

博物馆既是公共文化服务的重要阵地，又是旅游发展的重要载体，担负着文化传承、文化传播和文化创新等重要职责。每年的 5 月 18 日为国际博物馆日，并且会设置特定的主题。2022 年以"博物馆的力量"（The Power of Museums）为主题揭示了数字化与可及性创新的力量。博物馆已经成为创新的乐园，新技术在这里可得以发展并应用于日常生活。数字化创新让博物馆更容易接近和参与，帮助观众理解复杂且精细的概念。

近年来，在以故宫博物院为代表的博物馆风潮的引领下，我国各类博物馆如雨后春笋般涌现出来。据国家文旅部公布的数据显示，2021 年全国新增备案博物馆 395家，备案博物馆总数达 6183 家，排名全球前列。虽受疫情影响，2021 年全国博物馆接待观众仍高达 7.79 亿人次。

依托数字乡村战略的深入推进，昔日只有城市中才能涉足的博物馆，也在我国星罗棋布的乡村田地中快速崛起，成为乡村文化振兴、数字产业发展、提升文化自信的重要平台。通过乡村博物馆的建设，从物理空间和虚拟空间全方位呈现了乡村的本土文化以及国际视野，博物馆也成为赋能乡村文化振兴的重要舞台。

二、探索与实践

"乡村博物馆"这个概念目前在国际博物馆学上还没有明确、统一的界定。反映在不同的场景下有不同的解释。放眼全球，因有很多知名博物馆位于乡村，与乡土自然文化与人文风貌依存生长，故而被冠以"乡村博物馆"。

在我国，乡村博物馆有其特定的历史文化溯源，主要脱胎于历代保留下来的宗祠、名居以及新中国建设初期的"村史馆"。在发展中也逐渐吸收了国外乡村博物馆和家庭博物馆的建设经验，衍生出民俗博物馆、生态博物馆、非遗展览馆、古村落博物馆、名人故居等多种形态。

1988年，山东省政府和德国巴伐利亚州以及德国赛德尔基金会共同把青州市南张楼村确定为试验村[16]。在项目基金和人才技术的帮助下，张楼村依托400多年的建村历史及500多件乡村文物，于2000年建成了南张楼村民俗博物馆，博物馆建筑面积2208平方米，采用典型的北方民居建筑风格。

十六届五中全会后，在社会主义新农村建设的指引下，乡村博物馆随着农村文化事业的发展逐渐形成了更具规模和特色的文化交流展示空间。2012年11月28日，素有"天下第一村"之称的江苏华西村大型文化工程"华西村博物馆"建成开馆，建筑设计融合了故宫的太和殿、乾清宫、角楼、红墙等元素，馆内设有书画馆、古陶瓷展区、工艺美术精品展区等，总面积达1万平方米，堪称"华西版的小故宫"。

图3-10 中国传统村落数字博物馆网站截图（来源：住房和城乡建设部）

党的十八大以来，国家高度重视弘扬中华优秀传统文化，并且鼓励利用数字新信息化技术保护和传承文化遗产（图3-10）。先后出台了《关于实施中华优秀传统文化传承发展工程的意见》《关于做好中国传统村落数字博物馆优秀村落建馆工作的通

知》等政策文件,并通过五批次全国性调查,将 6819 个具有重要保护价值的村落列入中国传统村落名录,形成了世界上规模最大的农耕文明遗产保护群。

三、乡村博物馆建设的策略与路径

综合当前乡村博物馆建设现状,明确乡村博物馆是乡村文化振兴的物质实体表现,承担着传承乡村文化与保护生态环境,推动乡村的精神文化建设和丰富乡村文化产业的责任。在具体实施中应着力从以下三个方面加强引导。

(一)强化规划对接,有度有序推进

乡村博物馆建设是全面推进乡村文化振兴的重要载体,也是构建城乡一体化的精神格局。无论是脱贫攻坚还是存量提升,都需要乡村文化与创意技术提供源源不断的支撑。因此,在乡村博物馆建设中,要充分对接各级相关发展规划,如文旅发展规划、文物保护规划、农村农业发展规划等,明确顶层设计的统筹性、项目建设的合理性和政策支持的协调性,避免决策冒进和盲目扩张。

在策略方面,我国的"浙江经验"值得学习,浙江省目前共有 908 多个乡镇、19920 个行政村,而建设目标提出,"十四五"期间,全省建成乡村博物馆 1000 家。其中,2022 年建设乡村博物馆不少于 400 家。在建设实施中充分发挥各级文化旅游及文物部门的牵头作用,结合地区实际制定出台乡村博物馆建设指南和专项工作实施方案,通过目标牵引促进省、市、县三级联动,使得各阶段任务分级分批有序推进。

图 3-11　绍兴市越城区孙端街道安桥头村的"鲁迅外婆家朝北台门陈列馆"

(图源:中共绍兴市越城区委宣传部)

钓虾、煮蚕豆、看社戏等，这些童年时在外婆家的美好经历，被鲁迅写入了名篇《社戏》。位于浙江绍兴的鲁迅外婆家陈列馆（图 3-11）则带领着读者从书中的童年梦境进入到现实鲜活的场景。鲁迅外婆家位于绍兴市越城区孙端街道安桥头村，是一座两进三开间的宅院，因大门朝北而俗称"朝北台门"（图 3-12）。鲁迅外婆家朝北台门陈列馆建筑面积约 350 平方米，馆藏实物、照片、文献资料等 100 余件（图 3-13）。以该陈列馆为依托，安桥头村还建设了相关主题的水乡古戏台、文化长廊等景点，组织开展了"丰收节""祝福节"等文旅融合节会活动，进一步擦亮了"鲁迅外婆家"名片。2021 年，当地对这座宅院进行了改造升级，融入了大量数字化、互动式的沉浸式体验（图 3-14）。

这些乡村博物馆题材丰富，有的见证了乡村的振兴，像缙云县壶镇锯床产业发达，当地就兴建了锯博物馆，从新石器时代的石镰、商代的蚌镰、春秋战国"鲁班造锯"的传说到 100 多吨重的现代锯床，用图片或实物展现了锯子的发展史。有的则承载了红色的记忆，在绍兴市上虞区岭南乡许岙村，新四军曾在当地英勇奋战，当地扩建了许岙战斗纪念馆，成为当地的红色地标。

图 3-12　鲁迅外婆家朝北台门陈列馆外景（来源：中共绍兴市越城区委宣传部）

图 3-13 鲁迅外婆家朝北台门陈列馆内景

图 3-14 水乡社戏

(二)强化功能定位,力避简单复制

　　乡村博物馆所承担的职能与基层文化活动中心(村文化活动室)等公共文化服务阵地不同,因其特有的文化保护、传承和宣传属性,既担负了公共文化服务的职责,也兼顾了当地文化遗产活化、文旅产业融合及乡风文明建设等功能。因此,乡村博物馆的定位不应片面追求规模宏大、展品精美、装饰豪华等表面效果,要将主要资金和精力投入到乡村文化的传承、保护、展示、宣传、教育、研究等服务功能上。

在实施策略方面,首先要突出特色化,和"一村一品"的乡建策略相呼应,乡村博物馆的建设也要呼应当地的历史文化和民俗文化,做到"一馆一策",不能简单复制、照搬抄袭。其次要因村制宜,针对不同类型的乡村,选取其特色的自然资源和人文积淀,如"非遗"保护项目较多的乡村,可建设乡村"非遗"展示馆,全国旅游重点村可依托乡村民宿打造乡村民俗体验馆等。再次要讲好故事,要加强乡村博物馆讲解服务,让老物件开口说话,利用数字技术与人工智能服务,让知识无障碍传达,并带动周边教育服务产业。

如山东省淄博市周村区李家疃村,就有保存较为完好的明清古建筑群落。通过对全村古街和民居的保护和修复,建立了李家疃乡村记忆博物馆(图 3-15),该博物馆展出了 300 多种展品,融合了李家疃村独特的建筑文化符号。自 2017 年开馆以来,不仅推动了李家疃村的建设风格,也推动了乡村旅游产业的发展,成为全省知名特色旅游村和省级研究基地。

图 3-15　李家疃乡村记忆博物馆(来源:李家疃官网)

李家疃乡村记忆博物馆位于村北牌坊东侧,占地面积 1300 平方米。2015 年 5 月,李家疃村被山东省委宣传部等 9 个部门列入全省第一批"乡村记忆"工程文化遗产名单。李家疃村在上级有关部门的支持和帮助下,邀请山东工艺美术学院为李家疃乡村记忆博物馆(以下简称"博物馆")进行设计。博物馆于 2015 年 10 月开工建设,2016 年 9 月建成。博物馆由序厅、历史、迁徙、定居篇、发展之路、兴衰曲折篇、改天换地、旧貌新颜篇、春光无限好篇、尾厅以及院落景观组成,以历史发展为主线,通过实物、展板、实景重建的形式展示李家疃村的历史发展历程,以李家疃村村民的努

力、奋进、成就以及因赌博、吸大烟而败家的历史来教育、警示后人。

(三)强化运行管理,提升数字化应用水平

目前,农村博物馆数量不断增加,但在实际运营管理过程中,仍存在展品不足、设施管理不足、人员不足、运营模式单一等问题。因此,推进乡村博物馆的规范化势在必行。

同时,要结合创新实践,加快制定《乡村博物馆建设认定标准》《乡村博物馆管理办法》等政策机制,积极推动乡村博物馆走上规范发展的快车道。在建设和运营管理模式上,坚持"政府主导、社会参与、共建共享、改革创新"的原则,探索乡镇、村(房)、合作社、企业、社会团体和个人的多元化投资和管理模式,促进乡村博物馆社会效益和经济效益的相互哺育。加快数字化应用水平,体现在中国传统村落数字博物馆的建设。中国城市规划设计研究院通过技术支持和运营维护,在各地住建部门、传统村落所在县的组织领导下,70多个制作团队参与了第一批村落博物馆的建设工作。数字博物馆也集中展现了中国传统村落优秀的文化遗产和农耕文明,是国家文化软实力的重要体现。

四、新型模式:高校团队助力打造"数字乡建"

厦门大学"数字乡建"团队,致力于乡村数字化,利用信息技术助力乡村营建,陆续推进各个阶段数字博物馆的整合信息平台建设(图3-16),从2015年创建乡建社,2018年3月成立"厦门南强社造设计咨询有限公司",并以"数字乡建"参与第四届福建省大学生创新创业大赛,荣获红旅赛道银奖。同年5月,与多个乡镇达成数字博物馆共建协议,2020年3月,数字乡建网站发布。经过多年孕育,"数字乡建·信息服务平台"正式上线,1.0版本的网站展示了大量乡村特色资源。通过叠加全景、实景建模、VR虚拟仿真等技术,打造多维数据包服务。2020年5月,乡村数字博物馆VR系统展出,乡村数字博物馆VR体验馆于福州三坊七巷郎官巷23号——福建省青年建筑师协会闽台成果展馆正式上线。

地区　　　　　　360全景　　　　　　立体村落　　　　　　视听乡亲

图3-16　乡村数字博物馆平台首页"地图"页介绍(来源:https://www.d-cun.com/)

团队整合厦门大学、社区管委会、联合国教科文组织等组织优势资源,利用数字技术开展空间信息记录、全景云游、建设修复等工作,推动世界文化遗产带动海上丝

绸旅游和乡村振兴。对福建、江西、广西、广东四省 62 个村落的红色文化进行发掘和记录,形成 62 个数字博物馆,获得 62 项科研基金项目,打造乡建文化遗产信息链,目前已经形成了丰硕的成果,荣获第四届福建省大学生创新创业大赛红旅赛道金奖与"乡村振兴特别奖"。

图 3-17　全景云游模式下的上林县鼓鸣寨(来源:https://www.d—cun.com/)

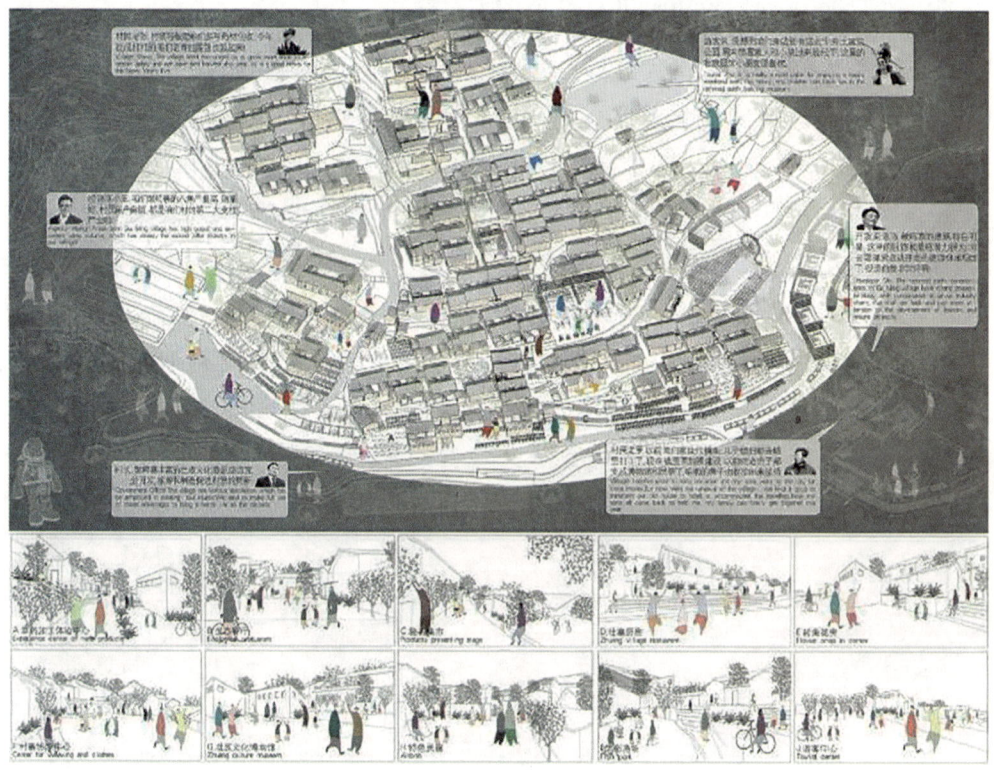

图 3-18　空间叙事下的上林县鼓鸣寨(来源:https://www.d—cun.com/)

图 3-19 鼓鸣寨屋顶蝴蝶瓦

在乡村数字博物馆平台首页对上林县鼓鸣寨项目的数字化展示中,主要是从四个方面以观全貌:文化背景、地理区位、自然生态、传统建筑。每个板块都对应相应的图文信息,可以从全景图中宏观感受该村镇的规划形态以及山川风貌,"鼓鸣寨位于广西南宁市上林县巷贤镇长联村古民庄,原名'古民庄',是一个依山傍水、四面环山的古村落(图 3-17)。鼓鸣寨距离上林县城 30 公里,距离南宁市区不到 100 公里。民居大部分为清代和民国时期修建,保存完好"。在自然生态板块中,可以细细品味其中的风土人情,领略古民庄的优美环境。民风淳朴,湖水清澈,绿树环绕,是传说中的田园牧歌般的世外桃源。在传统建筑板块,可以看到民居大部分为清代和民国时期修建,保存完好。全庄民居约 120 座,通过乡村博物馆,可以近距离观览特色乡村中的一草一木、一砖一瓦,让身处城市中习惯了钢筋混凝土的我们可以即刻被自然与泥土的气息所唤醒,从而被中华大地上经济繁荣、文化浓郁、物华天宝、人杰地灵的乡土文化景观所震撼。

第二个案例是该团队针对对福林古街数字博物馆项目的探索和提升,尤其是还原了福林古街的前世今生与蝶变重生。福林古街位于福建泉州晋江市福林村,位于村落西南侧,东、北两侧紧临福林村,西南侧有阳溪支流环抱。福林古街自西往东横穿村庄,且街道内部形成回字型的街巷。福林古街是往安海的必经之路,来往安海的贩夫走卒在这里歇脚、贸易,一度非常繁荣。福林早期又称檀林,那时的檀林村没有大型集市,1927 年,华侨许经果发动村民,开始修建檀林古街。1934 年,檀林古街的发展进入成熟期，贸易繁荣。二战爆发，中国与南洋断联，侨汇的断绝严重影响了檀林古街的贸易，古街日渐萧条。新中国成立后，南洋华侨再次返乡投资，村中经济回暖，古街也恢复了往昔的喧嚣。古街在原有的基础上，向外无序的扩张。改革开放以后，福林村因区位远离核心区，经济低迷，人口也大量流失，古村再次没落。此时村中兴建起大量自建民房，破坏了古街的传统格局。如今，檀林古街在乡村振兴的大背景下再次迎来复兴的机遇。该数字乡建平台展示了较为完整的设计方案和功能分区，以及古街上形式较为丰富的建筑类型，具体可整合为三种：联排式骑楼、框架式番仔楼、混合式番仔楼（表 3－1）。

联排式骑楼	联排式骑楼是街区内的初生类型之一，它是传统单开间民居平面布局结合西方"柱廊（Arcade）"空间并楼化的建筑类型	建筑结构： 木构架、夯土隔墙、局部混合洋灰钢筋 建筑地址： 东街 8－19 号 西街 56－63 号 北街 66－70 号	
框架式番仔楼	框架式番仔楼在街区内以综合体的形式出现，但从平面布局可以看出，其建筑空间是传统的三间两廊式基本单元	建筑结构： 洋灰钢筋结构与当地传统的土木混合结构 建筑地址： 北街 71－72 号 北街 73－74 号 北街 75－77 号	
混合式番仔楼	混合式番仔楼的建设年代较晚，其建筑形式属于闽南地方风格与外来风格的融合。	建筑结构： 木构架、夯土隔墙、局部混合洋灰钢筋 建筑地址： 南街 37－42 号 南街 54 号	

表 3-1　建筑类型分析图

其中，古街重生板块给人以未来感的设计规划，福林古街的商业优势极高，规划设计方案对地块原有建筑进行了整理和改造，增加了商业性和可玩性，集商业、居住、文旅等功能于一体。其中，福林小别院结合巴兰坡骑行路线打造的驿站，供骑行者、村民等休息使用。檀林茶室（图 3-20）是村落中重要的公共服务设施，为村民提供了交流和开展集体活动的场所。福林文创店采用大地景观的形式，使大门与环境融为一体。春晖展馆(图 3-21)以金花为主题打造巴兰坡活动中心场地,人们可在节庆活动时集聚于此。

图 3-20　檀林茶室建筑群

图 3-21　春晖展馆建筑群

第六节　数字素养

一、发端源起

《2022 年提升全民数字素养与技能工作要点》中把提升农民数字技能、提高农民数字化"新农具"应用水平作为主要任务与重点工程，当前及"十四五"时期是推进农业农村数字化的重要战略机遇期，要"实施数字乡村建设发展工程"[17]。农村居民是数字乡村建设的排头兵，农村居民数字素养与技能的提升是推动数字乡村经济和文化振兴的关键之举。然而，实现乡村的数字化建设依然受限于农村地区的数字鸿沟：信息基础设施薄弱、农村居民数字技术接触率偏低、数字素养水平有限以及农村生态创新薄弱等困境，数字融合中的乡村文化空间也逐渐面临着文化主体不明、乡风特色缺失、内生动力不足等挑战。对于开发区试点的数字乡村建设，依旧依赖形式与主题的搬复，无法形成持续有效的产业发展动力和管理运作机制，重复及同质化的样板工程无法契合数字网络的真实表征。

二、概念定义

根据国家网信办的定义，数字素养与技能是指数字社会公民学习、工作、生活中应具备的数字获取、制作、使用、评价、交互、分享、创新、安全保障、伦理道德等一系列素质与能力的集合[18]。打破城乡数字素养鸿沟、提升农民数字素养，是建设数字乡村的"最后一公里"。从数字抓手振兴经济到塑造文化窗口传播，也是数字乡村从应用到研究的转型。农企结合与校地结合的培育模式成为数字素养孵化的重要路径。然而，数字化技术的变革催生了乡村教育与文化传播的时代关卡，不论是乡村老人还是留守儿童，都是数字化与信息载体中实现自我素质与效能提升的弱势群体，正如《亚历山大宣言》拓展了《布拉格宣言》中的"宽容""数字鸿沟"和"信息社会"等概念，进一步阐述信息素养在数字时代的重要性，针对性帮扶和提升"弱势"人群的信息素养能够促进"社会包容"的实现[19]。

三、研究现状

与数字素养相关联的数字文化产业依旧背负着实现经济振兴的首要目的，数字素养的本质是源于人们参与数字文化与建设的元认知。文化的空间则由历史遗产与

乡土在地性的还原和再生中剥离出来。其中,渗透了人际交往、信息集散、空间再造等多维视角,也是地理学"文化转向"、社会学空间转向的理论依托。乡村公共文化基因是区别于其他文化景观的编码,公共文化空间性质是承载农村日常活动,体现其文化功能的实体空间。数字化产品(包括具体可感知的文化空间)作为新自由主义市场的力量,将文化空间包装成具有科技感、未来感的诸如数字虚拟博物馆、数字俱乐部和家庭图书馆等形式繁复的赛博朋克竞赛业已成为乡土社会谋求文化新一轮转向和提升的迫切需求。这场被称为"真实性困境"的辩论围绕着旅游理论家、营销人员和乡村建设者,也就是文化的记忆不再是摆在那里等待发掘的遗存之物,而是贯穿着生命力的在场性互动与交流。沉浸式、互动式与虚拟性的空间既可以体验文化,又可以创造新的价值。数字乡村治理与发展对农民的数字素养提出了新的要求,据中国社会科学院信息化研究中心 2021 年发布的《乡村振兴战略背景下中国乡村数字素养调查分析报告》显示,农村居民数字素养比城市居民低 37.5%,呈现"乡村迟滞"现象。苏岚岚[20]认为,数字生活是建设数字乡村的根本宗旨和动力所在,教育、文化、生活与服务水平的提升直接关系到其参与乡村数字文化建设与拓展个人文化空间并提升自我效能感的内生动力。数字素养是衡量数字乡村在产业发展、乡村治理、居民生活与资源环境的重要测度,数字乡村是数字素养在数字基础设施、数字产业、数字生活、数字生态和数字治理中的综合能力体现。如表 3-2 所示,数字乡村建设是乡村振兴的重要内容,能够有力地促进乡村文化样态、文化产业等发展[21]。

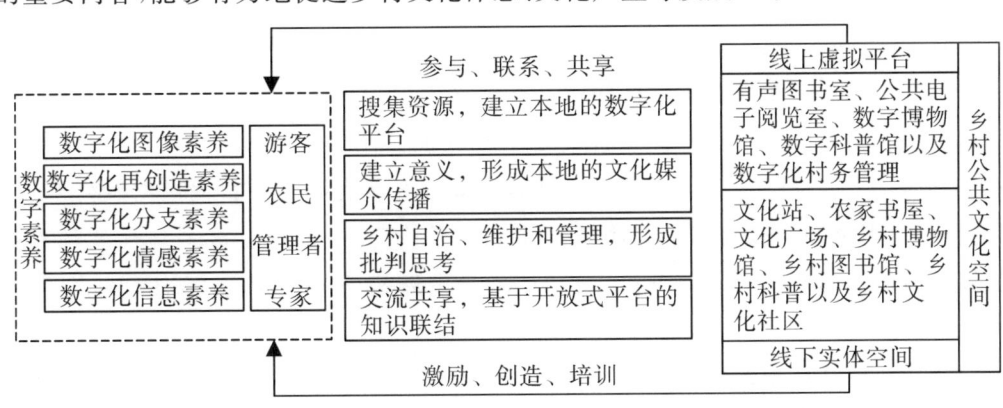

表 3-2　数字素养与乡村文化空间的影响机制分析

四、发展实践

美国的 RuralRISE 农村发展小组最早关注城乡数字鸿沟的问题,它指出学校是提高数字素养的关键参与者。联邦 E－Rate 计划也鼓励在农村学校和图书馆部署宽带,只有学校和图书馆将数字工具整合到它们的课程中,用户才有可能发展数字素养技能。私营企业 Techboomer 是一个免费的教育网站,向老年人和其他缺乏经验的

互联网用户传授基本的计算机技能，以帮助他们提高生活质量。美国图书馆协会（DigitalLead）正在努力增加农村社区的数字技能编程和技术获取，特别是在农村图书馆。图书馆能提供硬件和数字技能培训的计划，帮助农村人口获得宽带互联网的连接，农村 LISC 数字导航器计划通过将居民与折扣或补贴的互联网服务计划联系起来，提高所有农村居民的数字素养。

亚太国家也在积极应对乡村数字素养工作。孟加拉国正在落实支持农业和农村妇女赋权的数字服务和解决方案，充分发挥智能手机和互联网日益普及所带来的潜能。印尼西爪哇和其他各地的渔民和乡村正在传播改善水产养殖的数字创新方法。泰国正在试点"智能农业"创新方案，农民和农村社区已从中受益，残疾人亦不例外。从韩国先进的智能农业发展，到作为蒙古重要经济部门的畜牧业产业积极采用数字创新，林林总总的创新和变革性数字技术案例一一得到呈现。

（一）国内数字素养教育计划

数字文化产业的发展需要将这种文化参与渗透到城乡的教育机构和实践路径中来。北京的一些教师已经意识到小学教育阶段中的媒体素养教育的重要性，开始实施第二课堂的教学内容拓展，用乡村优美的生态环境，进行青少年林业生态及研学旅行教育，达到寓教于乐的目的。同时，教育机构可以与周边的中小学及科研机构进行深度合作，打造本地的科普研学基地，让学生通过游乐的方式了解水果和蔬菜的品种、价值、营养成分、蕴含文化等，进而更多地亲近自然、认识自然。在中国的数字素养计划已经开始实施，比如"小大师"，这是由"家长搭台，孩子唱戏"建构的非盈利组织，该机构组织了一系列有关中国传统文化的课外学习和体验，包括"小大师"寻根营项目、中国文化研究项目以及渔樵耕读导师项目等，旨在为孩子提供一个令人鼓舞的环境，成为学习者、导师、团队成员和领导者。通过大量有趣的项目促进"做事学习"，帮助孩子学习新闻学以及基本的团队合作和沟通技巧，目标是将孩子与社区联系起来，调动他们的同情心和学习动机，通过该项目发展相关的技能，并给他们一个发光展示的机会。

目前，我国各地也在积极统筹制订提升农村居民数字素养与技能行动计划，鼓励科研机构、企业等各部门参与，通过行政手段打通信息资源传输渠道。为农村居民数字技术的提升与培训提供保障，打通科技、人才和创新的多维驱动，为乡村经济和文化振兴赋能。数字素养战略有助于形成乡村与文化产业升级的新型业态，当前的数字乡村试点运营的村落中，几乎都是尝试让农村居民在数字生活中有更多的参与感和获得感，提升农村居民的数字化理念、素养和技能。比如"雷宅"中利用数字建筑3D打印的技术，对于农村地域材料匮乏、缩短施工周期等形成良好示范，也是农民参与建造认识新技术的有效体验；龙游县溪口乡村未来社区较大层面实现了数字技术贯穿乡村居民生活日常的各个场景,构建了一个健康低碳的文化空间版图;成都崇州道明镇的竹艺村则是将村落生态、文化、产业和生活方式相结合,形成未来机器人的乡村图景(表3-3)。

城市	项目名称	时间	规模	设计单位	文化空间	运营成效
杭州	桐庐县山银屋村"雷宅"	2018.05	296 m²	张雷联合建筑事务所	民宿、庭院	3D打印节省时间和材料,符合农村建筑
成都	大邑乡村生态博物馆 & 云纹动态墙	2020.12	348.19 m²	东南大学建筑算法与应用研究所	莫尔纹动态墙、"记忆盒子"	数字生成技术在当代建筑景观设计的应用
衢州	龙游县溪口乡村未来社区	2020.11	3294m²	上海时代建筑设计院	共享办公、低碳生活、智慧运动	确定了乡村版"三化九场景"、智慧运动
安宁	"涟漪菜市场"	2019.10	3600 m²	DA! ARCHITECTS	多功能的入口空间置入数字教育	经济活动与激活当地社区文化的宝贵角色
成都	"非遗"文化竹艺村	2018.04	不详	上海创盟国际建筑设计有限公司	公共建筑、广场院落、公共家具	生态、文化、产业、生活、公益五位一体

表3-3 我国大城市中代表性的数字乡村建设项目实例

(数据来源:根据张雷联合建筑事务所、东南大学建筑设计研究院有限公司建筑算法与应用研究所、乡伴朱胜萱工作室/上海时代建筑设计院、DA! ARCHITECTS、上海创盟国际建筑设计有限公司官方网站公开信息整理)

图3-22 "小大师"的山西教育支持项目(https://www.littlemastersclub.org/)

图3-22是"小大师"其中一项教育支持计划,为中国山西农村地区的贫困儿童提供教育支持。在这个过程中,这些年轻的志愿教师有机会与村里的当地家庭一起生活,体验民俗生活,了解当地文化和遗产,培养教学和领导能力。关于该机构的数字素养活动,除了在官方网页可以浏览到以外,还可以在微信、Facebook和指定链接中进行互动与交流。可见,信息素养已经在教育中受到高度重视。在这种文化产业模式下,需要教师、志愿者、家长、相关公益机构以及乡村政府及相关产业负责人来联合

创设以教育与文化传播为宗旨的相关主题式夏令营、教育支持、社区服务，从组织倡议到实施与测评，都需要借助数字化信息手段来实现全过程的生产实践。在这个过程当中，实现了当前的认知和社交网络工具，这些工具支持针对 Stripling 探究模型的六个阶段[7]（连接、好奇、调查、构建、表达和反思）中的每一个阶段的数字素养和探究技能指导。比如，在好奇阶段可以在知乎、百度论坛、思维导图工具中实现问题的提出和主要困难的梳理，在表达阶段可以在抖音、小红书、微信和微博等平台实现资源共享与信息传输等功能。

（二）国外乡村教育计划

Fusion 是斯里兰卡最大的非政府组织 Sarvodaya 的一项特殊的非盈利计划。自 2006 年以来，Fusion 为农村社区提供了一个侧重于信息和通信技术（information and communication technologies，简称 ICT）的教育计划。Fusion 使用 Sarvodaya 安装的电信中心，并促进获得创业和教育机会。截至 2017 年，Fusion 在斯里兰卡 25 个地区中的 22 个地区运营着 80 个电信中心。通过与当地社区中心的合作，Fusion 设法降低了参与者的差旅费用并吸引了大量女性（图 3-23）。通过将小型商业机会与结构化的 ICT 教育资源和课程相结合，Fusion 可持续地支持斯里兰卡农村地区的技术扫盲。

图 3-23　融合计划的女性成员（来源：Sarvodaya）

据财政部和规划部称，虽然斯里兰卡的识字率约为 91％，但 2012 年的 ICT 识字率仅为 35％。城市计算机普及率为 25.1％，而农村和偏远地区的计算机普及率分别仅为 15.1％和 4.3％。拥有数字设施的学校缺乏相应的扫盲计划、软件与当地语言

不兼容,以及某些地区的 ICT 基础设施薄弱,都是计算机普及率低的原因。由于社会耻辱、安全和贫困问题,妇女特别容易受到这些障碍的影响。

人口(联合国,2015 年)	21,611,842 人	固定宽带用户(%)(国际电联,2016 年)	4.1
人口密度(每平方公里人口)(联合国,2015 年)	329.4	移动蜂窝订阅(%)(国际电联,2016 年)	118.5
家庭收入中位数(盖洛普,2006－2012 年)	3,242 美元	使用互联网的个人(%)(国际电联,2016 年)	32.1
教育(平均受教育年限)(UNDP,2013 年)	男性:9.4 女性:10.7	按性别分列的互联网使用人数(%)(国际电联,2016 年)	不适用

表 3-4　斯里兰卡互联网普及率统计(来源:Sarvodaya)

多项举措旨在改善斯里兰卡人的互联网接入和 ICT 技能。自 2006 年以来,至少有 4,500 所学校配备了 ICT 基础设施,其中 22,500 名教师接受了以学生为中心的 ICT 学习培训。国家为人们,特别是农村地区的人们提供基于 ICT 的服务。Fusion 在 ICT 行业成员和当地大学(莫拉图瓦大学)的帮助下创建了有效的培训课程和材料。Fusion 在全国范围内向经营这些中心的企业家分发该课程,以改进商业实践、提供就业机会并以低成本提高 ICT 教育的质量。此外,电信中心特别为女性提供了许多好处。女性占课程学生的 60%,每个电信中心经理都支付自己的运营成本,并将一小部分利润贡献给 Fusion。该课程的费用在 8,000 卢比(合 51.81 美元)到 13,000 卢比(合 84.19 美元)之间,需要四到六个月才能完成。此价格包括课堂教学以及学生指南/教科书、三门考试、由大学教师创建的补充在线研讨会以及官方认证。

Fusion 采用可持续的社会企业商业模式,通过从每个电信中心的教育课程中收取一定比例的收入,并依靠企业家进行维护和营销来保持低成本。Fusion 不依赖政府资金,也不需要外部捐助者的持续支持。Fusion 已获得联合国贸易和发展会议(UNCTD)、微软、汇丰银行和世界银行的认可,因为它们在通过信息技术(IT)赋予社区权力、培养领导者、提高青年就业能力、为边缘化群体提供 ICT 教育方面取得了成功,并将技术带给受战争影响的社区。

然而,项目的挑战也是实际存在的:首先,缺乏持续的资金。Fusion 没有预算来帮助电信中心更新他们的设备,这对扩展以及保持中心以标准化方式更新都提出了挑战。其次,缺乏当地相关和当地语言的内容。斯里兰卡的教育是用僧伽罗语进行的,但信息通信技术的性质要求对英语有比基本的理解更好的理解。培训课程采用全英文授课,旨在整合和提高学员使用微软和思科课程软件所需的英语能力,增加就业机会。再次,缺乏熟练的人力。技术变革和更新需求的速度可能对计划的结构构成挑战。最后,培训师每年至少需要接受一次再培训,这有时比在课程中引入新课程

时更频繁。

当然，项目的运行依然大有裨益，当地的 ICT 教育中心是有益的——农村在当地城镇中心获得高质量培训课程的好处有很多。该市私人经营的课程收取更高的学费，并有相关的旅行费用。此外，这些地方中心靠近寺庙等知名社区中心，有助于吸引大量女性。当地社区中心是女性出行的更安全、更方便的目的地。建立当地关系是必要的——Fusion 指出在社区成员之间为项目奠定基础的重要性。虽然并非每个电信中心都成功采用该计划，但那些确实与 Fusion 建立了牢固信任关系的电信中心——Fusion 的管理工作旨在确保企业家了解他们可以依靠的支持水平。维持捐助者关系和沟通至关重要——Fusion 是一家小型社会企业，其影响已被大型组织认可，Fusion 与支持者保持成功沟通模式的方式存在学习曲线。

（三）文旅结合发展模式

我国乡村文旅产业的发展立足于国家政策层面的关怀与支持，我国设有专门的"农民丰收节"，是第一个在国家层面专门为农民设立的法定节日。习近平总书记连续 4 年向全国广大农民和工作在"三农"战线上的同志们致以节日祝贺和诚挚慰问，充分体现了党中央对"三农"工作的高度重视、对广大农民的深切关怀。

图 3-24　2021 年莫干山义远丰收节

乡村文化资源和生态资源组成的乡村性是不同于城市现代性的存在，人们的乡村出游旨在寻找自然和过往生活的关联感以及体验不同于城市的生活，他们追求的是既看得见山水和乡愁，也能保持现代生活品质。乡村具有一定的基础设施建设，具有特色的农业特产,乡村场地选择较为空旷:麦田、绿地、草坪,交通较为便利,具备相关的产业研学活动基地。

如图 3-24 所示,2021 年莫干山义远丰收节活动,游客们可以进行丰收节活动体验,活动内容具体如下:

1.带着孩子割稻子。

2.感受旧时光——古法打稻。

3.自然课堂永远有趣。

4.品尝健康午餐便当。

5.饲喂牧场的小动物。

图 3-25　自然课堂师生互动

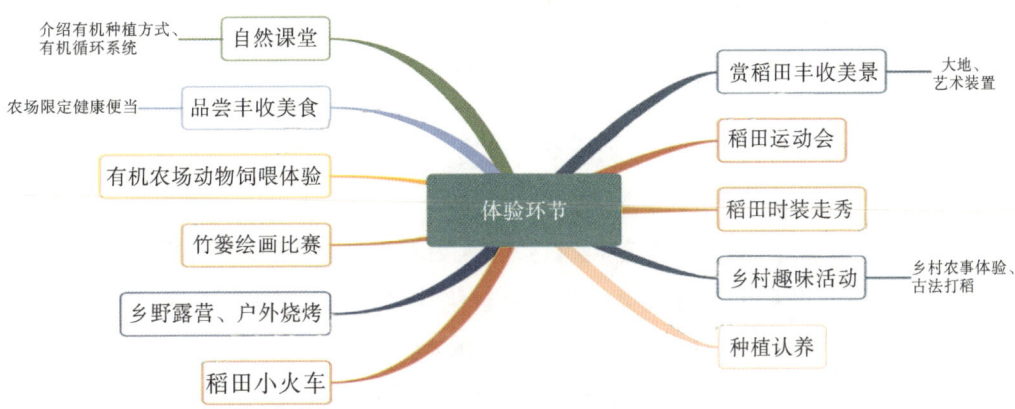

图 3-26　丰收节体验环节设置

年轻一代作为带动乡村经济发展的主力军,逐渐从体验者转变为建设者,将乡村文旅的创新理念引入运营规划(表 3-5、3-6),结合乡村的在地文化,不断深入挖掘地方特色,把更多的游客引入乡村,让更多的文化理念走进乡村,将更多的乡村原生态好物发往国内外各地,促进各地经济文化的交流和人才引进。

项目名称	内容
2020"中国农民丰收节"——里水镇乡野丰收节	将丰收节与音乐节相结合,布置乡野市集,游园＋市集＋音乐会＋亲子游玩,多重结合吸引游客参与
2021 庆丰收福临门第三届黄金产地黑土玉米丰收节艺术展	展览大致根据艺术风格分成了三条参观动线,有国画风格、有油墨画风格,还有中心的陈列艺术
2021 莫干山义远丰收节	丰收节活动体验、义远有机农场动物饲喂体验、义远健康午餐便当品尝
2021 常州稻田理想丰收节	赏稻田丰收美景、钓龙虾、乡村农事体验、稻田运动会、稻田时装走秀、乡村趣味活动、品尝丰收美食、稻田小火车、读书会
2021 大地的诗意系列活动——保良古村农耕艺术节	通过策划古村探秘、野趣乐园、乡野露营、农趣体验、大自然魔法师等活动让游客体验更地道的乡土风情
2022 西安关中忙罢艺术节	终南山生态艺术项目、乡村社区艺术项目、壁画艺术＋麦田艺术、大秦岭诗歌节、重回现场(陕西摄影群体麦客主题展)、蔡家坡"美好乡村"计划
2022 石家庄市正定镇塔元庄,同福乐园"我和大地的故事"	感受美丽的麦田、种植、养殖、露营烧烤、研学、品尝农产品

表 3-5 近三年乡村文创丰收节一览

运营方式	内容
线上运营	在小红书、抖音、快手等短视频平台,进行文案宣传、海报设计,邀请相关的 KOL 参加活动、广告宣传、线上直播活动销售
线下运营	艺术展览、农产品销售、节日主题活动,带动地方产业消费,如民宿、农家乐、产学研基地等

表 3-6 乡村文创丰收节运营方式及内容

(四)乡村人才振兴——"头雁"计划

"头雁"计划是共仁基金会发起的乡村带头人培养计划,"头雁"寓意乡村带头人,自 2003 年开始实施,于 2017 年更名为"头雁计划"。头雁计划以培养积极进取、开拓创新、有情怀、有智慧的"一懂两爱"乡村带头人为基本目标,协助乡村带头人推动和发育农民合作组织,以乡土社会组织化壮大乡村集体经济,成为城乡融合发展的重要载体,为乡村振兴战略的实施打下坚实的人才和组织基础。迄今已培养全国 30 个省上万名乡村带头人,孵化 1000 家蓬勃兴旺的乡村合作社及各类产业生计项目(图 3-27)。

"头雁"计划立足乡土社会"生态、生活、生产、生命"的"四生合一"需求,面向全国

农民合作社骨干、基层干部、返乡青年等群体，以系统指导、专业培训、在地陪伴、项目实践和网络化支持等多种形式，向乡村带头人提供包括宏观政策解读、村社组织建设、乡村产业融合、乡村社区营造、社会生态农业、网络资源整合、领导力建设等诸多服务模块，为乡村带头人提供系统的能力培训、学习交流和支持平台等综合服务。经过近 20 年的实践和研究历程，"头雁"计划已形成"人才培训＋头雁游学＋支持网络＋头雁行动支持"的人才培养模式；形成"三农"领域权威专家、乡村建设实践者等培训导师团队；形成覆盖乡村可持续发展多个维度的课程体系；打造国内外参与者充分交流互动、具备国际性的农民合作网络互助平台。

随着乡村振兴战略的实施，共仁基金会"头雁"计划推动乡村全面振兴的策略在不断变化，在习近平总书记提出"新发展阶段、新发展理念和新发展格局"的指导和要求下，创新乡村人才培养机制，更新人才培养内容，补充农村电商、数字经济、生态经济以及新媒体直播等新内容，采用自下而上与自上而下相结合的方式促进人才振兴高质量发展。

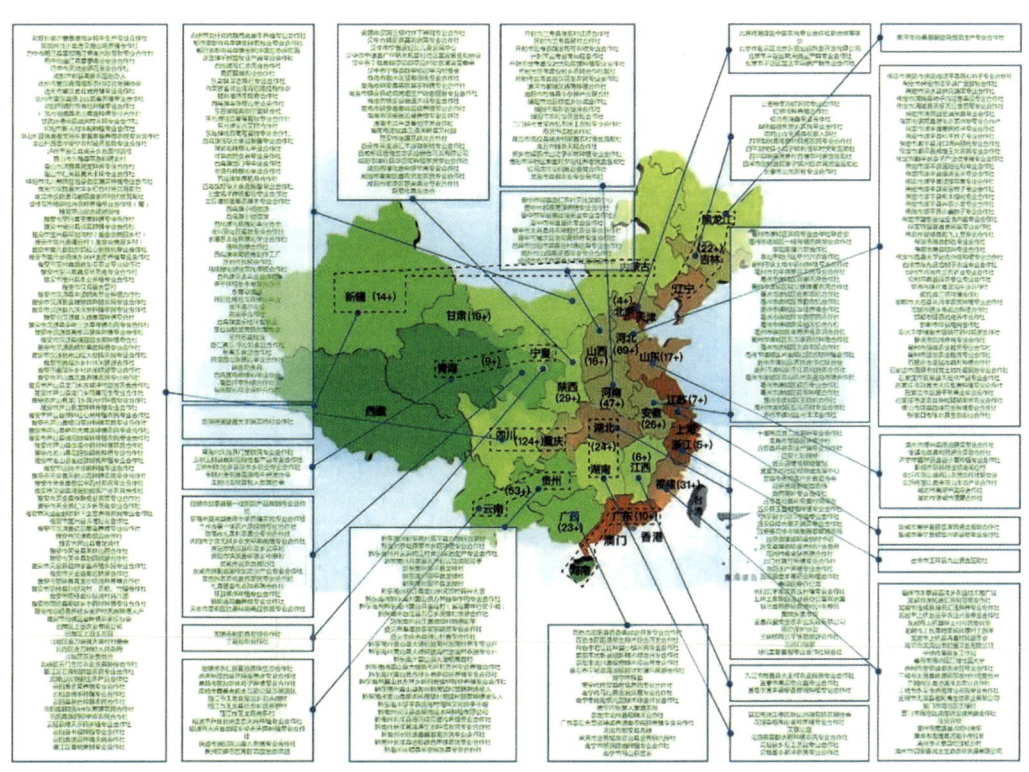

图 3-27　共仁基金会"头雁"网络分布地图

五、总结

数字素养是 15 年前创造的一个术语，主要是为了适应快速变化的社会和技术现实，今天最流行的产品和服务可能在 10 年后不存在。Glister 在 Google、Facebook 和 YouTube 之前写过关于数字素养的文章；然而，这些在线工具及其相关实践——在线查询、社交网络、电子学习——是我们在数字社会中思考生活、学习和工作的方式不可或缺的一部分。"休闲学习"和在线兴趣社区的兴起展示了向非正式学习环境的快速发展，在这种环境中，个人能动性、社交性和时间流动性改变了人们将自己视为知识构建者和专家的性质。这个问题出现在我们数字化发展的一个阶段，我们质疑许多关于学习如何以及在哪里工作的假设。限制数字素养的障碍，包括获得技术、专业知识和社会支持的障碍正在成为过去，但新的问题和挑战正在出现，包括：我们如何理解、评估和重视新的数字素养？一个年轻人可以（或应该）在乡村社区的一家网吧向清华的教授学习计算机科学吗？我们在议题开始时建议有多种话语对数字素养采取不同的观点，就我们的尝试与验证提出一些数字乡村能够采纳的方法，包括代理、社会性和创造力。我们建议通过这一系列的实践，使得我们正在进入一个正式和非正式的学习环境相互作用并共同创造无缝学习生态系统的时期，包括能动性、社交性和创造力，这也是数字乡村持续创新发展的源动力。

第七节 数字村民

一、发端缘起

农村是村民的住所,村民是农村的主人。农村具有"人类社区"的属性,因为它是农民的自然栖息地。在数字乡村的振兴计划中,农村将会引进新居民,促进农村经济的发展。新的数字村民是村庄数据链中受信任的所有人,这里有原住民、新居民、游客、农业技术专家、学生等。数字村民除了有数字藏品的衍生形态,也有针对每个有数字身份的人实现数字服务场景的治理与交流。由于区块链中数字的防篡改和可追溯特性,村庄的宅基地、农田、农产品、畜禽产品、农业机械,甚至是农业技术和法律,民间非物质文化遗产等都可以确认权限并链接以实现科学的运营管理。

早在 2021 年 12 月 5 日,女娲 NVWA 平台就联合国仁数字人物、河南省平顶山市郏县冢头镇合作社、冢头镇花园村推出了首个"数字村民"数字藏品系列。销售收入立即投入到花园村的具体项目建设中,得到了当地政府的好评,也得到了业界和媒体的关注。

老村民+新村民+云村民,女娲 NVWA"落地版"乡村宇宙,运用 VR、AR、AI 算法、数字人、脑科学、全息、NFT 等诸多前沿技术,助于乡村振兴并实现城乡融合。

二、深入探索

(一)郏县冢头镇花园村

花园村位于冢头镇,属于河南省平顶山市郏县,历史悠久。在多方合作下,冢头镇协会与 NFT 平台共同推出了花园村数字村民 NFT(图 3-28),助力花园村建设与发展。《花园村数字村民》售出 200 本,每本售价 999 元,销售收入 30 万元。净收入立即投入到花园村的具体项目建设中。购买本产品后,游客将自动成为花园村的数字村民。数字村民和花园村原住村民同样是花园村村民。

NVWA 已上线数字收藏项目"花园村数字村民""PetMeta",青年艺术家马海娇"梦想"系列作品"MetaChaos 数字艺术标签"和"MissTea",将前沿数字技术与本土资源、当代艺术成功融合,引起市场关注。

花园村数字村民的权益包括:

· 享有花园村公共服务设施及折扣价的特色产品;

花园村数字村民#013 　　　　花园村数字村民#016

图 3-28　花园村数字村民

· 可每年免费在入股民宿住宿一晚,持有人终身有效;

· 按照花园村合作社规定,NFT 持有者优先获得相关经营性资产(如村内民宿、餐厅等)的承租权或经营权。

作为数字村民,需要履行的义务有:

在花园村村支书的带领下:

· 定期参与由村支书召开的线上"本村发展会议",积极参与,建言献策;

· 积极引入外部人力或其他资源,参与到本村优质项目的开发中;

· 定期到当地参与本地新农村建设;

· 积极参与冢头镇的建设,建言献策。

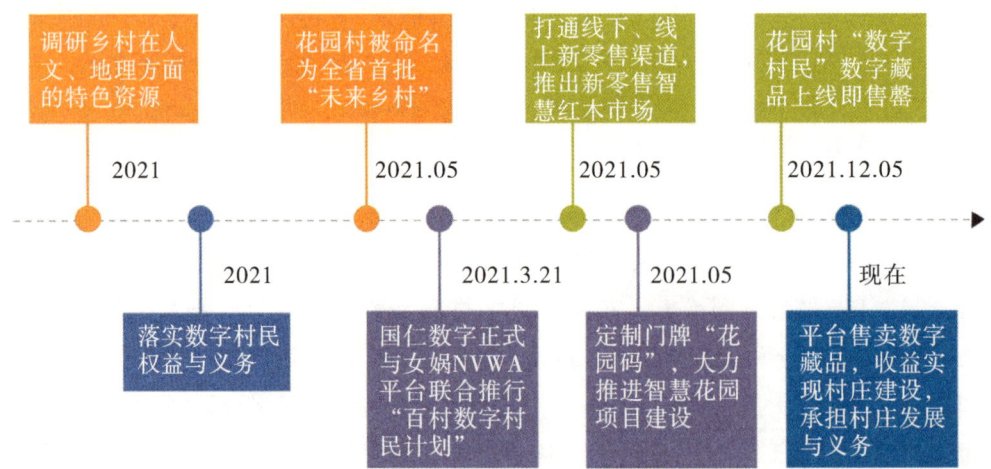

图 3-29　花园村数字化流程分析

(二)东阳市南马镇花园村

南马花园村位于中国浙江省金华市东阳市,为全省乃至全国乡村振兴提供"花园样板",获评国家 4A 级旅游景区、中国十大优秀国际乡村旅游目的地、全国乡村振兴示范村等荣誉。被誉为"浙江第一村""天下红木第一村""中国农村现代化的榜样"。

花园村建立了智慧花园未来乡村平台,引导村民参与到农村垃圾分类、污水治理等环境整治的数字化治理中,创新打造"花园码",实现一"码"治村。健全"小事当天解决、大事三天解决"的矛盾化解机制和"一网覆盖、智慧联动、网格巡查"治理工作体系,实现全村域有效治理。

扫码登录浙里花园 App,还能享受智慧公交、智慧党建、便民办事、阳光村务、生活服务等多项便民措施。作为全国首个"村域小城市"培育试点以及浙江唯一的乡村振兴综合改革试点,2020 年 7 月,花园村与华为公司合作,建设全感知、全连接、全场景、全智能的"智慧花园"项目,提升"为民、利民、惠民、富民"场景应用,普及智能化、科学化、精细化、高效化的数字治理模式,致力打造全国智慧乡村示范样板。2022 年初,花园村成功入选省首批未来乡村建设试点村。花园村在"智慧花园"项目的基础上,打造"乡村大脑",并围绕"一统三化九场景",着力构建引领数字生活体验、呈现未来元素、彰显江南韵味的乡村新社区,演绎"未来乡村"智慧场景。

花园村数字村民的成功,说明了乡村振兴与数字经济共同发展的可行性。但是,数字经济究竟如何帮助农村经济的发展呢?投资者如何在众多乡村数字馆藏中,甄别出真正有利于乡村振兴和城乡融合的项目?单个村庄的数字村民建设具有普遍意义吗?"云村庄·云村民"以更时尚、更时尚的方式呈现新农村的可能性,吸引走在科技前沿的人才和关注潮流的年轻人。线上线下结合,有利于打破实体村的空间限制,为市民下乡和青年大众创业开辟新路径,增加农村资产流动性,打破农村发展瓶颈。

(三)"云四坪·云村民"数字藏品

2022 年 5 月 18 日,国仁数字将联合女娲 NWWA 平台、北京爱故乡、福建省宁德市屏南县熙岭乡四坪村,首次推出"云四坪·云村民"系列数字藏品,较原来的"数字村民"更显亲切与温度,易于朝"老村民""新村民"连接互动方向努力,有利于乡村生态价值、文化价值与生活价值的整体性发掘,在"数字经济助力乡村振兴与城乡融合"的目标下进行新一轮探索。

四坪村位于福建省屏南县,为距今 600 多年历史的古村落,多次被央视专题报道。作为全国首个"云村民"数字藏品,由福建宁德市屏南县四坪村集体、国仁数字和北京爱故乡联合发行,在女娲平台正式上线,每份售价 799 元,限量 1000 份,1 分钟即全部售罄。四坪村作为"云村庄·云村民"计划的全国首个实践地,海拔 800 米,生态资源良好,具有推进该项改革的以下基础:

首先,宁德市屏南县作为第二批全国农村改革试验区,地方政府有较强的创新意识,近年来关于"乡村文创""工料法""认领一亩田""新村民当村官"等创新实践走在全国前列,有较好的改革基础和创新氛围。

其次,四坪古村曾经是偏远山区典型的"空心村",近年却"蝶变"为"福建最美园

林式古村"，去年还被评为全国"第三届小镇美学榜样"，该村变革是城乡融合与生态文明时代"乡村复兴"的一个缩影。到目前为止，该村既有陆续回来的老村民，也有来自香港、北京、浙江、江西等地的新村民，温铁军教授更受邀成为该村荣誉村民（图 3-30），不仅对新事物和新理念的接受度高，也具备接待新村民的物理条件和社会基础，有利于城乡深度融合探索。值得注意的是，四坪村去年已共创了"云四坪"商标并正式注册，该商标以"云"为独特意涵，希望用生态经济和数字经济为乡村振兴赋能，同时促进生态资源价值转化。该商标由四坪村集体持有，品牌收益将用于村庄发展，并作为该村"三变"改革（资源变资产、资金变股金、村民变股东）内容之一。"云村民"系列数字藏品项目双方分别承担线上和线下工作。NVWA 平台负责数字采集、生产、销售、社区建设、云村民数字权益的设计，村建团队负责前期线乡调研、政府合作、社区建设、业务拓展、人才培养和云村民数字权益等工作。

图 3-30 四坪古村数字村民

作为数字技术赋能乡村振兴的开创者，云村民的权益包括：

——"温教授的一亩田"数字藏品一份（含温铁军教授签名等元素）；

——四坪村若有闲置资产对外出租时，在满足同等条件下，云村民享有优先权，云村民数量越多，优先级越高，或由云村民联合参与；

——四坪村若有创业项目或运营项目对外招商时，在满足同等条件下，云村民优先，云村民藏品持有量越多，优先级越高，或由云村民联合参与；

——成立云村民之家,参与村庄发展,为村庄出谋划策,引入资源、人才等;

——享有四坪村中高端民宿一晚或家宴1次(限5人,超出按优惠价),并将发放"民宿·家宴"数字藏品给云村民,使用时将"民宿·家宴"藏品转让给服务方即可;

——未来国仁乡村元宇宙的相关权益(例如超域土地优先购、折扣等),屏南县其他数字藏品优先购权益。

三、虚拟人(IP)

虚拟人是农业元宇宙应用的重要方向。元宇宙企业可以通过创造虚拟人,帮助农业企业或农业场景实现农业生产管理或体验。除了提升体验外,虚拟人还可以运用于直播销售端,提升转化效果。

(一)广东"小柑妹"

2021年12月,广东省在农业元宇宙率先"破冰",《南方农村报》发布德庆贡柑虚拟管家"小柑妹"。小柑妹能为消费者提供远程智慧管理服务,赋能农场主的贡柑园数字化管理。"小柑妹"的出现激起了年轻人对农村农业的好奇和热情,带动了农村特产销售,产生了良好的效益,这意味着虚拟现实技术的应用能让德庆贡柑产业乃至广东农业的数字化服务和经营迎来跨越式发展。"小柑妹"的初步成功向公众展示了虚拟人作为元世界的重要赛道,可以为元世界带来丰富的内容和沉浸式体验。元宇宙作为一种可靠的数字技术,为所有行业提供支持,有望迎来新一轮快速发展。

图 3-31　"小柑妹"虚拟管家

"小柑妹"的设计兼顾了潮流和复古,既要符合现代审美,又要与传统的农业审美适当结合,如图3-31所示,通过俏皮辫子、柑橘发饰、黄色旗袍搭配出了独特的东方美。"小柑妹"在品牌建设和文化建设方面将发挥巨大作业,利用数字媒体的潮流属性,将艺术与流行文化以及古老的农业产业结合起来,让新青年重新认识并参与到农业中去,让农业领域的文化输出到元宇宙。

"小柑妹"是来自未来元宇宙的代言人,现在的年轻人对农业多少有些陌生,印象也比较刻板,"小柑妹"的诞生,带动了农业产业潮流化这一趋势,一方面将有助于增加农产品的原有销量,另一方面将形成更强大的品牌影响力。将人物形象 IP 与当地农业文化影响力相结合,可以提高文化话语权,开发周边产品,促进农业旅游和文化旅游产业的发展。

(二)日本"熊本熊"

日本"熊本熊"农业 IP 的运营方式,也是将文化注入熊本县,打造萌系生态圈。它既包含了与主流文化相联系的价值观和观念,又有自己独特的价值观和观念。一方面,识别最核心、最基础、最具潜力的特色产业,突出自身萌系的产业核心;另一方面,将叠加文化、产业、旅游、社区"四大功能",开展模式创新,不断孵化新产业、新生态,努力探索可复制、可推广的新路径,打造健康良性的生态圈环境。熊本县在建立区域城市公共品牌方面的经验值得全世界借鉴。

为了突出熊本县的特色,如图 3-32 所示,"熊本熊"的身上使用了熊本市的主色黑色,并在脸颊上使用了萌系角色经常使用的腮红。红色也暗示了熊本县"火之国"的名称,它不仅代表了熊本县的火山地理,还代表了许多美味的红色食物。

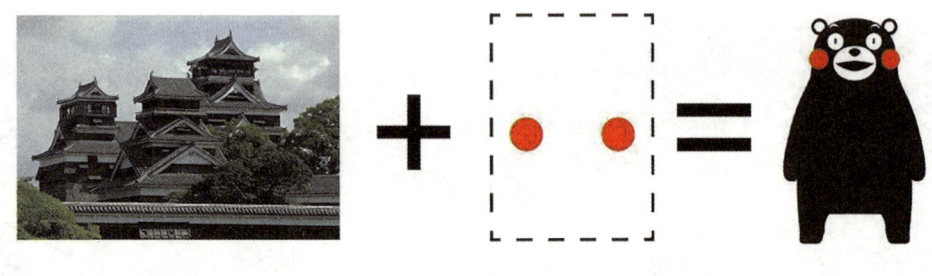

熊本城的黑色　　　　　　　　萌系角色的腮红　　　　　　　　"熊本熊"

图 3-32　日本"熊本熊"IP 形象

熊本县推出"熊本熊"形象时,为了加大宣传"熊本熊"形象,日本所有关于"熊本熊"的商业授权都是免费的。只要获得县政府的许可后,就可以免费获得"熊本熊"的商业活动权限。熊本县以优质农副产品闻名日本。这一策略使得熊本县的大量农副产品企业可以在产品包装上印刷"熊本熊"。可爱简单的小熊在促进销售的同时,也逐渐确立了小熊本身的知名度,这首先在日本取得了成功。"熊本熊"知名度的提升为熊本县当地的旅游市场带来了明显的效益。自 2010 年"熊本熊"推出以来的五年里,熊本县的游客数量从 210 万增长到 250 万,增长率近 20%。与周边的阿苏地区形成鲜明对比。根据熊本县的统计数据,2018 年"熊本熊"吉祥物图案的商品销售额达

到了创纪录的 1056 亿日元。自 2011 年正式获得许可以来,"熊本熊"已经赚了 6614 亿日元。截至 2019 年 9 月,"熊本熊"相关产品已达 2 万余种,其形象已渗透到生活的方方面面。熊本市的成功是熊本县政府、吉祥物的策划者、设计者和幕后工作人员完美合作的结果。

（三）技术反思

目前,元宇宙产业整体仍处于早期阶段,具有不成熟、不稳定的特点。然而,在科技发展和人们生活需求的共同作用下,元宇宙的完全实现只是时间问题。人工智能、虚拟现实还是代表着未来的科技发展大方向。人类总是在不断进步的,科技兴农、科技兴国正一点点实现,虽然现在达到构建元宇宙还有些困难,但不妨朝着这个大方向踏实向前,赋能未来发展。

而在现在这个初步阶段,面对复杂的国际市场,国家应明确科技发展方向,同时加大科技研发的投入,鼓励和支持相关企业进行研究,增强技术创新能力,稳步提高技术成熟度,相关立法和监管也需不断跟上,营造更加规范有序的网络空间。作为青少年的我们,要理性看待元宇宙这个概念,不炒作追捧,也不故意踩低,认清大局,从各方面支持国家发展和元宇宙产业发展,努力学习科学与文化知识,准备着为国家的发展和科技兴国的美好未来而奋斗。

元宇宙的风口只是未来发展趋势的一个预兆,虚拟现实等技术不断发展完善,将不断赋能未来发展,为人们带来更大的商业价值和社会价值。小到方便、丰富人们的生活,大到改变国家的生产生活方式,将推动我国实现科技跨越发展、产业生产力提升和科技强国之梦。

第四章
国际上的实践与经验

Chapter 4

第一节　发展背景

时至今日,数字村庄已经引起了全世界的关注,一些国家和地区已经开始开展数字村庄建设活动。印度于 2015 年 7 月启动了"数字印度计划",旨在将印度从传统社会转变为数字赋能的知识型社会。作为整个项目的重要组成部分,数字村庄倡议旨在通过建设光纤网络来提高农村互联网普及率[1]。为解决巨大的城乡数字鸿沟和农村人口外流问题,韩国于 2001 年启动了信息网络村项目,该项目以基础设施建设为基础,通过培训农民技能提高农民收入,项目主要涉及网络接入、数字培训、远程医疗和数字农业[2]。欧盟于 2017 年提出"智慧乡村"运动,旨在通过数字化加速乡村发展,提高农民生活质量,实现乡村振兴。该行动涉及 16 个计划,包括居民生计、农村产业和公共服务的可持续发展。在"智慧村庄"行动的框架下,意大利[3]、法国[4]、波兰[5] 等国根据自身情况推出了不同的数字村庄建设计划。此外,欧盟于 2019 年启动了为期两年半的 Smart Rural 21 项目,选择 21 个村庄进行资金和技术支持,最终在欧盟范围内推广 21 个村庄的智慧乡村建设经验。Stojanova 等分析了欧盟六国数字村庄建设政策,发现数字村庄建设旨在解决农村人口减少和人口老龄化、气候变化、经济发展、基础设施和服务等问题,进行数字化转型和缩小城乡差距。但不同方面的政策关注程度存在差异[6]。

第二节　实践现状

　　国际上对数字乡村的战略提出要早于中国(表 4-1),在数字乡村的建设和发展中一直处于领先地位。美国数字乡村建设以法律标准为导向的市场经济体制为主导。在城乡发展方面,通过财政支持(拨款和贷款)实施农村通信设施、农村电子医疗网络、远程教育网设施等数字化建设内容[7]。欧盟委员会启动了"欧盟智慧村庄倡议",旨在通过数字村庄建设,释放农村发展活力,促进农村繁荣。智慧村庄倡议由 16 个行动计划组成。康沃尔地区是英国农村数字化综合战略的前沿,实施了宽带接入、数字培训、社区数字中心和电子卫生等创新举措。德国弗劳恩霍夫研究所(Fraunhofer Institute)的试验村建立了一个多人参与的数字生活实验室。法国的戈尔德村从 20 世纪 80 年代开始发展农业旅游,创办了兼顾农业生产与科普教育功能的教育农场。勃艮第地区是法国著名的葡萄酒产地,也是欧盟和法国数字乡村试点区域,主要实施宽带接入、数字培训、社区数字中心和电子健康等措施。日本从 20 世纪 70 年代开始实施"一村一品",强化了农民的素质与培训教育,并于 2015 年启动"基于智能机械＋智能 IT 的下一代农林水产业创造技术"项目,值得关注的是越后妻友村的建设则是将乡村文化空间转变成数字文化产业的变革典范。

起始时间	国家	相关政策	代表案例
20 世纪 80 年代	美国	• 1987 年,里根政府提出"六点乡村再生倡议",强调加大农村教育培训、建立地方农村信息中心、创造就业机会、促进乡村商业发展、加强环境保护和改善基础设施 • 2000 年,联邦农业部乡村发展办公室公布了帮助美国乡村社区改善经济和生活质量法案 • 2014 年,农业法对"农村商业计划"和"电子通信计划"中的多个项目进行了合并 • 2019 年,美国国家科学院发布了《2023 年推动食品和农业研究的科学突破》	纳帕谷乡村休闲文旅小镇(NAPA VALLEY, CALTFORNIA)
21 世初	英国	• 2004 年,英国中央政府颁布的《规划政策公告7:乡村地区的可持续发展》,乡村从"土地利用规划"转向服务于可持续发展的"空间规划" • 2011 年,英国政府出台《2011 年地方主义法》,同年,欧盟、英国电信、英国数字化文化媒体和体育部以及康沃尔地区委员会资助建设了 SUPERFAST CORNWALL 项目 • 2015 年,阿特拉斯艺术组织实施宽带接入、数字培训、社区数字中心等创新措施 • 2017 年,英国政府发布的《农业与粮食安全战略框架》提出支持农业中应用智慧技术 • 2018 年出台的《绿色脱欧的未来食品、农业和环境》实现与数字、文化、媒体合作	温德米尔(WINDERMERE)、康沃尔地区(CORNWALL)

续表

起始时间	国家	相关政策	代表案例
20世纪60年代	法国	• 1967年出台《乡村更新法》鼓励发展工业和服务业,支持培训、旅游业等活动 • 1967年制定"区域公园"政策,针对自然文化遗产资源丰富的乡村地区,保护遗产与景观 • 1970年制订《农村发展计划》,促进农村地区内部均衡发展,改善乡村地区公共设施 • 1972年和1975年分别出台《中等城市政策》和《小城市政策》,通过城市美化和城市空间整治,提升生活质量,分散首都或大都市的人口压力 • 1983年出台《市镇联合发展与规划宪章》,着重对乡村交通、水电、教育等基础设施整改 • 1989—1998年间,文化部为"感官遗产"立法,保护鸡鸣犬吠等乡村原生风味景观 • 20世纪90年代中期签署了《青年就业国家宪章》,表示筹集巨额基金支持农业教育与培训 • 2016年《农业创新2025》优先支持农业数据门户创建与农业数字技术研究	勃艮第地区(BOURGOGNE)、普戈尔德村(GORDES)
20世纪30年代	德国	• 1936年,政府通过实施《帝国土地改革法》,由此开始对乡村的农地建设、生产用地以及荒废地进行合理规划 • 1954年《土地整理法》中将乡村建设和农村公共基础设施完善作为村庄更新的重要任务 • 20世纪90年代,村庄更新法案融入了更多的科学生态发展元素,乡村的文化价值、休闲价值和生态价值被提升到和经济价值同等重要的地位,实现了村庄的可持续发展 • 2015年《农业数字政策未来计划》资助建设乡村高速宽带基础设施、智能农业5G应用	弗劳恩霍夫研究所试点村庄(FRAUNHOFER INST I TUTE)
20世纪50年代	荷兰	• 20世纪50年代,荷兰政府就颁布实行了《土地整理法》《空间规划法》 • 1993年制定了《文化政策法案》,明确了文化的资助,更好地为公众文化服务 • 2020年发布的《2020食品和农场互联网农业枢纽计划》	格罗宁根农场(GRON I NGEN)
20世幻50年代	日本	• 20世纪50年代颁布了《文化遗产保护法》,建立了覆盖乡村的保护乡村文化遗产的组织 • 20世纪70年代"造町运动"旨在保护乡村历史文化,增加乡村文化供给,整治乡村环境 • 2000年创办"大地艺术节",艺术与实景相结合、艺术与文化遗产相结合 • 2013年公布了新信息技术(IT)战略,《创建最尖端IT国家宣言》,明确推进信息技术在农业领域的应用 • 2015年启动"基于智能机械+智能IT的下一代农林水产业创造技术"项目,使物联网工具数字技术用于医疗和福利、运输和物流、自然资源管理和灾害预防以及电子商务	越后妻有村(NAKAMURA OSAMU)

表4-1 国外政策下的数字乡村建设中的文化空间现状

从以上各国数字村庄建设项目的内容可以看出,各国数字村庄建设的侧重点不同。由于印度基础设施薄弱,它着重于数字技术设施的建设和完善。欧洲国家的数字技术设施比较完备,项目建设范围也比较全面,主要通过新技术的运用和公共服务的改善来改善农村发展环境。由于中国与其他国家环境的差异,以及国内地区之间的显著差异,中国数字村庄的建设更加复杂,但缺乏针对中国语境的理论研究论文。尽管张和张基于复杂系统理论提出了中国数字村庄建设的框架[8],但没有对中国数字村庄实践案例进行深入分析。同时,目前大多数研究主要集中在数字村庄的发展渊源和概念界定、数字村庄建设的意义以及各国对数字村庄战略的政策解读等方面,缺乏对数字村庄内容和内涵的深入探索。

一、欧盟

欧盟的 CAP 战略(由 EAFRD 共同资助的未来 CAP 战略计划)于 2013 年发起,主要是应对当时农业经济健康、环境保护、气候变化行动以及欧盟农村地区的社会结构等问题。委员会在关于 2021—2027 年多年度财务框架(MFF)的提案中提出明确的目标:让农业和农村地区可以更好地利用新技术和知识,特别是数字技术。为了让 CAP 战略计划实现最大的影响,会员国可以遵循以下概述的一系列步骤[9],如图 4-1 所示。

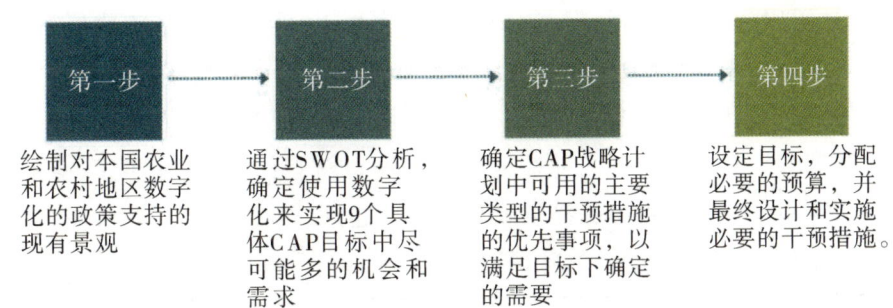

图 4-1 在 CAP 战略计划中解决农村地区数字化问题的可能步骤

为了确保数字战略有利于农村社区,并为智能村庄创造条件,该组织要求必须同时解决数字鸿沟的所有四个组成部分,以及每个农村地区的具体需求和现有的政策支持情况。这四个组成部分相互联系(图 4-2),如果不一起处理,将导致农村社区对数字技术的认识、需求和吸收水平低,反过来则会进一步损害商业投资的价值。因此,它们需要在数字化策略中一起得到解决。

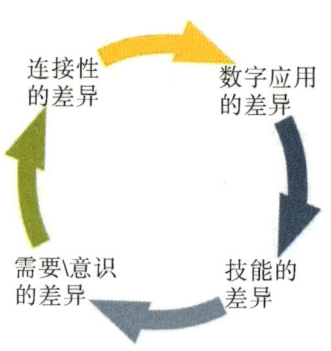

图 4-2　连接性、数字应用程序、技能和需求差距之间的联系

实践的开展

"最后一公里"的覆盖范围通常是最具挑战性的，但它经常会影响到那些可以从连通性中获益最大的村庄和农村城镇。关注学校、图书馆和小型企业（例如农场）以及与家庭的直接联系也可以为农村居民带来重要的社会和经济影响。

1.针对宽带基础设施进行的投资

超高速宽带对偏远地区的影响是重大的，特别是在以前网络连接性很差的地区。它可以提高数字素养，并刺激广泛的本地服务。然而，数字基础设施的可用性是实现智慧村庄数字创新的必要条件，但不是充分条件。基础设施必须考虑到"最后一公里"的问题，并且超越宽带和无线网络的简单可用性，才能实现数字转型。对于智能村庄来说，这可以包括提供传感器，以便在智能家居、智能能源和基于物联网的技术等领域实现应用。来自 ENRD 智能村庄专题小组的一个关键信息是（表 4-2），超快的连接并不总是成功的先决条件，其缺乏可用性不应该成为在地方层面什么都不做的借口。欧洲各地越来越多的当地社区正在表明，他们可以将当地居民、企业、地方当局以及数字服务和基础设施的提供者聚集在一起，以聚集需求，并为投资创造一个可行的商业案例，并适应他们的特殊情况。

类型	项目名称	政策或文件支撑
宽带基础设施	西北库赫莫村光纤合作社（芬兰） NORTH-WESTERN KUHMO VILLAGE OPTIC FIBRE COOPERATIVE	公共资金（EAFRD 和国家资金）的支持，并在有利的国家政策环境下实现（为芬兰所有人提供宽带）
	巴尔克希德社区项目（英国） BALQUHIDDER COMMUNITY	2018 年 5 月 22 日，比利时布鲁塞尔"通过社会和数字创新振兴农村服务"艾伯特·波歇特会议中心
	PRIP2 和农村地区信息技术宽带网络一雨（立陶宛） PRIP2 AND RURAL AREA INFORMATION TECHNOLOGY BROADBAND NETWORK-RAIN	2014 年至 2015 年，PRIP 将立陶宛的国家光纤网络扩展到目标农村社区，铺设了 485 公里的光缆，建立了 426 个额外的宽带互联网接入点，覆盖农场和乡村旅游中心

类型	项目名称	政策或文件支撑
数字技能策略	LA WAB 数字培训中心（法国） LA WAB DIGITAL TRAINING HUB	ENRD 项目手册的"农村服务中的数字和社会创新"支持第 14 页
	基于农民的网络教育（奥地利）	ENRD 项目手册"农村服务中的数字和社会创新"第 13 页
数字生态系统	数字村（德国）	德国数字村"数字村庄"项目由莱茵兰—普法尔茨省和 IESE2015 年夏天发起,总预算约为 450 万
	法国农村地区数字化的战略	"NIÈVRE NUMÉRIQUE"2012 年成立的公共联合机构建立管理勃艮第农村的光纤网络,将 LORMES 和 NIEVRE 的良好实践纳入国家议程
	超高速康沃尔数字枢纽（英国） SUPERFAST CORNMALL DIGITAL HURS	由欧盟（ERDF）、BT、BDUK 和康沃尔理事会资助、投资 132 亿英镑建设康沃尔的项目
数字实验室	ZWIT 智能管理网络（西班牙） THE ZWIT SMART MANAGEMENT NETWORK	欧洲优先事项和指导方针 EUROPEAN PRIORITIES AND GUIDELINES 为该领土设计全面可持续和明智的发展战略
	FAB—实验室网络（斯洛文尼亚） FAB—LAB NETWORK (SLOVENIA)	斯洛文尼亚工厂实验室网络形成学校、企业的创业项目及循环经济,创建数字和混合服务和产品

表 4-2　欧盟 ENRD 智慧村庄专题项目及政策文件

西北库赫莫村光纤合作社,该项目旨在通过建设 165 公里的光纤网络的基础上提供快速的互联网连接,从而提高农民的生活质量、获得服务的机会以及开展创业和经济活动。目标地区由人口非常稀少的芬兰东部的 6 个村庄组成。村合作社发起并积极参与这一过程;从需求评估、通过网络的物理设置,到提高居民对宽带连接好处的认识程度。Kuhmo 网络通过组织村庄和社区聚会,吸引了 8 个村庄的 200 户（74%）家庭参与其中。社区成员通过志愿工作（价值 36000 个工作小时）,为建立光纤网络做出了相当大的贡献。

2. 发展数字技能的策略

数字技能培训是实现农民数字素养的重要途径,应围绕广大农村利益攸关方的具体需求进行设计;受众主体从农村企业到农民,再到那些处于数字鸿沟尽头的居民。区域市政当局和农村组织也需要接受培训,以便使他们自己能够向农村社区提供服务。其中一种方法是加强当地的"数字冠军"（digital champions）个人/组织的认定,让他们帮助识别、设计和提供技能培训。LAWAB 是法国贝杰拉克农村地区的创新和数字培训中心,它支持当地企业,并帮助他们在数字转型方面取得进展。这是一所网络学校,帮助年轻人在数字领域进行两年培训后成为网络专家。它通过数字培训,教授本地企业如何设计有效的数字战略,并为其业务发展确定新的机会和市场。LAWAB同时也是一个商业加速器和一个共享办公的空间,为小企业的发展提供支持。通过数字技能的普及与培训,也提高了当地政府及管理部门、相关组织的数字技能。

3. 建设农村数字生态系统

数字生态系统是结合了乡村生态景观与数字环境建设的可持续发展架构,也是乡村日常生活的一部分。构建当地数字生态系统,有助于确定适合乡村社区需求的新数字服务,并且专注于能带来经济效益的创业活动。系统的运营可通过电子健康应用程序、智能能源传感器和公共 WiFi 接入等举措来实现。数字生态系统的不同层次和组成部分(基础设施、平台服务、提供者、用户和治理)可以集成到一个数字化路线图中,可以作为农村数字服务创新的中心愿景[10]。

数字素养的目标是通过促进农民新的自愿参与形式和明确当地商品与服务的来源,来加强当地社区内部的团结感。数字村(德国)项目采用了一种“生活实验室”的方法[11]。从一开始,数字方案的解决就是在与当地居民和其他利益相关者的讨论中得出,明确需求后就建立起与之相关的移动应用程序或网站,比如提供本地交付的在线市场或当地新闻门户。该平台支持创建共享服务和公共规则,并整合诸如登录、支付、数据使用控制和合作伙伴网络等基本工具。其中,提供服务的一个例子是当地在线新闻门户网站“DorfNews”,新闻和事件可以快速、轻松地分发给农村社区的 3000多名居民。农村居民、俱乐部代表或商业领袖可以利用该网站分享有关开放时间、事件和其他兴趣点的信息,实现了文化交流的线上同步开展。同时,项目还建立了该村庄的本地通信应用程序,如“DorfFunk”允许居民分享他们的新闻,宣传他们的需求,或者只是与社区的其他成员聊天。其他服务包括“服务酒吧”,一个为本地供应商和服务商提供的信息发布的在线市场。这项服务允许居民在网上从当地商店订购商品,并使用同样在项目中创建的“LieferBar”应用程序来递送包裹。

图 4-3 (法)洛梅斯和尼维纳斯-莫万的未来之村的戏剧、露天的"行动"会议

4.通过生活实验室、工厂实验室和试点项目共同创造

智能村庄涉及政策和试点的倡议,以提供一个适应当地农村环境的创新举措。然而,虽然当地人知道他们的需求是什么,但他们可能不知道可以满足他们的需求的技术替代方案。因此,成功的项目往往采用一种共同创造的方法,包括一系列的服务提供者、农村组织和当地居民。通过生活实验室(living lab)的方法可以挖掘当地的文化线索与发展需求,并提出切实可行和可持续的创新。生活实验室促进了原型机、创新研讨会和联合解决方案的开发。它们还提供了一个环境,让来自相关行业的潜在合作伙伴可以快速探索他们的解决方案,让真正的最终用户参与其中。工厂实验室则是更进一步地实施项目的生产与落地,包括数字印刷和生产性服务设施。最后,在对某一个措施扩大投资与规模之前需要在村一级进行试点,来确保方案的执行能达到预期效果。

图 4-4 克劳乔丹生态村(Cloughjordan Ecovillage)居民自发进行农作物培育种植

"zwit 智能管理网络"项目是五个城市共享一种基于建立开放和多功能的市政/区域通信网络而成为"智能农村地区"的过渡模式。它们的数字路线图包括智能旅游和社会医疗保健、视频援助等服务场景,这些场景旨在推动新的商业模式。该项目通过智能管理网络采用了智能技术的方法,包括用于管理城市基础设施(能源、照明、水、城市垃圾、交通工具等)的连接传感器,以及向公民提供新服务,如免费获得WIFI、对老年人提供的视频援助、电子保健、旅游和当地贸易促进等解决方案。该项目的执行基于公私协定开展,相关技术经验也可提供给其他农村地区。

农村数字中心可以成为一系列活动的催化剂与驱动因素,使农村村庄能够在农村社区固有的社会资本的基础上进行建设。它们通常与共同工作空间相结合,以吸引和留住数字企业家。近年来,在农村地区出现了许多不同类型的数字中心,以应对不同的发展挑战。这些中心可以分为两大类:第一类是区域层面的中心,它们有建立整个部门的能力,并通过知识转移来推动创新,如数字创新中心。第二类是微型地枢纽,在村庄或社区一级运作。这些设施位于乡村大厅、社区中心和图书馆,并在电子保健等领域提供数字技能培训、工厂实验室和创新支持等活动。这些数字中心需要社区利益相关者的支持和参与。

西方国家的乡村文化空间转型经历了从生产主义到后生产主义的演化路径。政策与空间的协同运作的研究,以德国为代表的欧盟国家的乡村空间转型为其提供了新的研究视角,乡村文化空间的转型体现在不同时期政治与空间角逐的关系,乡村空间的后生产主义必然走向多元分化的趋势。

二、美国

(一)政策驱动

美国作为信息化和农业现代化最先进的国家,高度重视现代信息技术在农业领域的应用。美国早在 20 世纪 80 年代就提出了"精准农业"的发展理念,并在多年的实践中逐渐成为发展精准农业最好的国家[12]。1982 年,美国开始研制自动驾驶拖拉机,从此开启了高科技、高性能、智能农业机器人的发展[13]。近年来,美国在精准农业、农业人工智能、传感器、农业大数据等领域进行了国家层面的战略部署。例如,2018 年美国发布《先进制造业领导战略》,提出加快传感器、机器人和数字技术在食品领域的应用。2019 年,美国国家科学院发布《到 2030 年粮食和农业研究的科学突破》,提出加强农业传感器的研发、集成和应用,实现数字农业高端化发展。目前,美国 20% 的耕地和 80% 的大型农场已经实现了整个农田生产过程的数字化,每个农场平均有大约 50 个设备连接到物联网[14]。根据美国普渡大学的一项调查,2016 年美国 83% 的农场采用了 GPS 导航农机自动驾驶系统,74% 采用了基于 GPS 的喷药控

制技术[15]。总体而言,美国在智能农业工程技术领域部署了一系列科技战略,在农业传感器、农业大数据、农业人工智能等方面高度重视。

美国作为世界上城市化程度最高的国家,2017 年只有不到 2% 的人口是农村人口。20 世纪初,城市人口的爆炸式增长导致许多人迁往城市的郊区,带动周边小城镇迅速发展[16]。目前,美国已经实现了城乡高度一体化。美国以公共服务为导向,采取城乡一体化治理模式,以小城镇建设为重点,推动农村社会整体进步。美国农业部大力支持农村电子连接,认为这是美国"促进农村繁荣和经济发展"的关键。通过"公用事业服务电信计划",美国农业部每年花费 7 亿多美元向人口不足 5000 人的社区提供或加强宽带服务,3000 万美元的宽带补助和 2900 万美元的公私伙伴关系贷款,以扩大美国农村地区的高速电子连接,2900 万美元用于远程教育和远程医疗援助[17]。

美国正在积极推动其政策的数字化转型。如表 4-3 所示,先后出台了《开放创新备忘录》《数字政府:建立一个面向 21 世纪的平台更好地服务美国人民》等法规政策,加快推动数字政府的建设。2012 年发布的《大数据研发规划》进一步提出,大数据技术是提升政府治理能力的重要手段。乡村治理作为国家治理的一部分,其数字化进程也受到相关政策的大力推动。以公共教育、医疗服务为代表的社会公共服务信息化建设的战略规划,也从数字化农村公共服务的角度推动了乡村治理的数字化发展。此外,美国自 1936 年颁布《农村电气化法》以来,陆续颁布了一系列农业和农村规划法律,从农村基础设施建设、金融信贷、生产生活服务等方面提出了农村治理数字化的发展要求和建设方向。

(二)乡村治理数字化

美国乡村治理的数字化实践涵盖了乡村政务、乡村公共服务、乡村公共安全、乡村应急响应、乡村日常生活等多个方面。

在乡村电子政务方面,美国的乡村治理主要依赖于该国现有成熟的国家政府处理系统。通过 Data.gov,农村居民可以方便地获取家庭能源消费等公共信息,平台也为民营企业提供了开发便捷应用服务所需的数据基础,有效提高了农村公共服务的效率[18]。

时间	政策	主要内容
1993 年	美国乡村发展战略计划:1997—2002 年	授权农业服务署发放 777 亿美元农村发展贷款,用于支持农村商业合作、住房、社区公共服务、电力、通信、水和废物处理以及贫困社区可持续发展方面的项目
2002 年	农业安全与农村投资法案	提高对乡村地区的支持力度,新增拨款 700 亿美元;将实施农村电子商务推广计划作为"乡村发展计划"项目之一

续表

时间	政策	主要内容
2009 年	透明和开放创新备忘录	加快政府开放公共数据
2011 年	联邦医疗信息化战略规划（2011—2015）	强调数字信息系统的建设，构建医疗大数据
2012 年	大数据研究和发展计划	投资改进数字资料构成、访问以及信息提取相关技术工具
2012 年	数字政府：建立一个面向 21 世纪的平台更好地服务美国人民	确保实时获取高质量数字政府信息与服务；确保政府适应新兴数字世界并通过智能、安全和低成本的方式获取应用与数据；发挥政府数据的作用，推动美国创新，更好地为美国人民服务
2014 年	美国医疗信息化战略规划（2015—2020）	强调数据的互操作性和共享使用，从应用医疗大数据来实现个人更好的自身健康管理、医务人员更高的医疗水平以及公共医疗服务机构更好的公共卫生医疗服务
2018 年	2018 农业进步法案	提高对农村宽带计划的支持水平，为更多农村居民提供宽带服务

表 4-3　美国乡村治理数字化关键战略

在农村教育方面，美国各州、学区和学校通过有计划的数字学习，形成了以农村 K-12 学校学生在线混合学习为代表的农村数字教育模式。在线混合学习方式有四种类型，包括州立虚拟学校提供的在线课程等服务、选课项目、全在线学校、联盟项目和区域服务机构，可以有效地为农村青少年提供个性化的课程学习支持服务、在线选课服务和定制化教育服务[19]。

在农村医疗方面，美国政府重点关注农村和其他偏远地区的远程医疗发展。远程医疗发展办公室（OAT）具体负责远程医疗技术在农村和偏远地区医疗保健和卫生信息服务中的应用。阿肯色州建立了产前和新生儿指导、教育和学习系统（AN-GELS），该系统已覆盖 500 个农村地区，为农村社区医院、卫生部门和一些私人医生办公室配备了远程医疗和宽带设备，将农村患者与阿肯色大学医学院（UAMS）的专家连接起来。UAMS 专家使用视频会议设备、计算机、服务器、宽带连接和其他技术提供产科咨询、高危妊娠条件的治疗、哮喘护理、中风护理、心理健康服务等。

在农村安全方面，美国政府采取城乡统一的社会管理模式进行社会保障管理。目前，美国建立的 CompStat 警察管理系统可以实现纽约市犯罪活动、交通事故数据的显示和挖掘分析。此外，随着美国政府对内部数据的不断开放，出现了以搜捕在线为代表的非政府开发的安全治理相关应用系统。这些应用系统在保障农村安全方面发挥了积极作用。

为了防灾减灾，美国国家气象局（NWS）建立的气候、水和气候企业（weather en-

terprise)系统不仅提供特定地点的天气信息,还满足水管理、企业、社区和其他对天气敏感的组织的需求。在防灾减灾方面,系统可通过电子邮件、短信、电话、计算机软件、应用程序、桌面浏览器和广播等方式向公众发布灾害性天气预警,提前预防气象灾害。此外,美国农业部开发的 farmers.gov 可以随时随地为农民提供灾害援助,并为受灾农民提供相关政策信息,帮助他们止损。

在食品安全方面,美国农业部建立了现代公共卫生信息系统(PHIS),拥有全面的数据库,可以更有效地识别近 6200 家工厂的公共卫生趋势和食品安全违规行为,有效确保食品质量和安全。与此同时,美国农业部建立了 FoodSafety.gov 网站,在五个方面促进食品安全:食品召回和警报、食品安全图表、保持食品安全、处理食物中毒和潜在危险人群,从中开展食品安全宣传教育。

三、英国

(一)政策驱动

英国是最早完成工业化的国家之一。英国工业化水平发达,工业化和信息化理念在农业发展中得到充分体现。为了抢占农业信息技术的前沿,英国于 2013 年发布了《农业技术战略》,就农业大数据、机器人和人工智能的发展提出了一系列管理改革措施,成立了农业信息技术与可持续发展指标中心、农业精密工程创新中心等管理研发机构,成为世界上最早对智慧农业建设作出战略部署的国家之一。英国政府于 2017 年发布《农业与粮食安全战略框架》,提出支持智能技术和精准方法在农业中的应用,同年发布《产业战略白皮书》,明确了精准技术改变粮食生产的政策取向,2018 年发布《英国农村发展计划》,建议提供补贴,鼓励使用机器人设备和 LED 波长控制灯来辅助农业生产。为了应对数字信息时代城乡网速的差距,英国政府成立了英国宽带发展局。通过 5.3 亿英镑的农村宽带计划和 2000 万英镑的农村社区宽带基金等项目的实施,英国政府确保了城市和农村地区都能享受到 2Mbps 以上的网速,90% 以上的地区拥有超高速互联网连接。

英国自 20 世纪 60 年代以来就开始出现"逆城市化"现象。近年来,"逆城市化"愈演愈烈。2016 年,英国农村人口净流入达到 7.05 万人[20]。在此背景下,英国政府一直非常重视乡村治理,尤其是在乡村自然环境方面。1949 年,国家公园委员会成立,以保护农村社会的自然和文化景观;1968 年,农村委员会成立,以维护农村服务基础设施[21]。目前,环境、食品和农村事务部负责实施具体的农村发展项目,如农村自然环境的保护、英国农业的世界竞争力和农村社区的繁荣[22]。2011 年,英国进一步成立农村政策办公室,专门负责农村政策事务。迄今为止,英国已经建立了完善的乡村治理体系,有效地提高了乡村治理的效率。

目前,数字治理已成为英国数字化发展的重要领域。自 2012 年首次提出建设"数字驱动"政府以来,英国先后制定并出台了数据能力发展、政府数字化转型、农业信息技术应用、农村发展等方面的相关国家战略计划(表 4-4)。这些战略计划包括了数字政府、数字农业和数字农村。目前,英国已经建立了"以人为本、高度灵活、高度包容"的数字政府,乡村治理的范围也从环境治理扩展到自然环境与人文环境相结合的治理[23]。

一系列政策措施加快了智慧农业在英国的推广和应用。目前,英国超过五分之一的农场已经完全实现了精准农业生产,其余农场也不同程度地应用了精准农业技术。90%以上的奶牛场应用了自动挤奶设备和挤奶机器人,人均每年可挤出 1000 吨以上的鲜奶。门卫专家系统在英国有超过 4000 个农场使用[24]。根据全球研究机构 Markets and Markets 的数据,2018 年英国精准农业市场估计为 50.9 亿美元,预计到 2023 年将达到 95.3 亿美元。因此,在支持智慧农业发展方面,英国非常重视尖端技术的应用和推广以及国际交流与合作。在政策取向上,英国从支持精准农业转变为支持农业大数据和无人农场。农业机器人、农业物联网、农业大数据等技术在智慧农场得到推广应用。

时间	战略	战略内容
2000 年	乡村未来计划	保护乡村自然环境,提高乡村公共服务水准,推动乡村经济活动多样化等
2004 年	英国农村战略	打造环境优良、安全宜居、具有可持续发展活力的乡村社区
2007 年	欧盟乡村发展 7 年规划(2007—2013)	保护乡村环境,推进乡村地区经济建设
2012 年	政府数字化战略	打造"数据驱动"的政府,加速政府数字化服务进程
2013 年	英国数据能力发展战略规划	提出将大数据技术作为提升政府治理能力的重要手段
2013 年	英国农业技术战略	应用现代信息技术,提升乡村农业基础设施建设水平
2015 年	2014—2020 年英国乡村发展项目	针对乡村经济提升、农林业发展、自然环境保护、气候变化应对以及乡村社区促进等方面提供资金支持
2017 年	政府转型战略(2017—2020)	建立标准与技术实施规范,改进数据挖掘技术,创建多重业务功能,提升数字技术推广水平等
2017 年	英国数字化战略	构建世界级数字基础设施,为全体公民提供所需的数字技术,将英国打造为开展数字商务的最优市场,帮助英国商务向数字商务转变,将英国打造为世界上在线生活和工作最安全的地方,维持英国政府在市民在线服务领域的世界领先地位
2019 年	农村千兆位全光纤宽带连接计划	建立以小学为中心、连接农村地区的中心网络模型
2019 年	英国政府五年规划	优化、普及移动健康和远程医疗资源

表 4-4 英国乡村治理数字化相关战略

（二）"城乡一体化"格局

"构建城乡一体化治理"是英国乡村保护委员会提出的独特的乡村治理理念[25]。目前,英国采取城乡一体化治理模式,重点围绕政府的数字化转型平台和公共服务开展乡村治理的数字化建设。

在农村政务方面,英国依托其世界领先的电子政务系统,开发了政府网上身份识别系统、政府支付系统和政府通知系统,为公众提供身份识别、网上支付、政府通知等快捷安全的便利服务。政府通知系统自推出以来,已发送超过 5 亿条消息。此外,环境、食品和农村事务部通过启动共同农业政策支付系统,对共同农业政策项目进行了数字化转型,目前该系统在线为 10 万多名农民提供服务。

在农村教育方面,随着 20 世纪初《福斯特教育法》的颁布,许多农村居民逐渐有了接受正规教育的机会。1969 年,英国建立了世界上第一所开放大学——英国开放大学。以先进的办学理念、健全的治理结构、全面的战略眼光、合理的教学科研体系、健全的质量保证体系,成为世界远程教育的旗帜。目前,英国主要依托现有先进的远程教育系统,开展农村教育服务,通过互联网教学,帮助村民提高文化素质和知识技能。2019 年,英国政府在大多数农村和偏远地区推出了农村千兆全光纤宽带连接(RGC)计划。该计划是建立一个以小学为中心的中心网络模式,连接农村地区,通过高速网络促进当地学校学生的在线教育。目前,已确定有资格建立连结的学校共31 所[26]。

在乡村医疗方面,英国早在 1948 年就建立了国民医疗服务体系。作为典型的福利医疗服务体系,英国不断加强对医疗服务的投入,促进了英国医疗服务的快速发展。它现在拥有世界领先的远程医疗中心,使 180 万人能够获得社区警报和远程保健服务,有效地将养老院床位数量减少了 25%[27]。2019 年,英国政府进一步将"数字健康和移动远程医疗服务"列为国家五年发展规划的重点之一,并加快远程医疗的普及。此外,一些地区还积极推进医院共享网络建设,拓展远程医疗服务,满足当地村庄的需求。特别是,威尔士通过发展电子保健系统、电话保健热线和远程医疗技术,提高了农村初级保健、临床评估和专家医疗服务的效率[28]。

在乡村管理方面,为了加强农村社区的可持续建设,确保农村居民在农村管理和发展中拥有话语权和决定权,英国政府积极构建农村社区行动网络,在政府、农村社区和居民之间建立双向沟通渠道,使新的国家和地方政策的制定能够更好地满足农村地区的需求[29]。

在环境治理方面,英国非常重视农村生态环境的保护。早在 1978 年,就建立了农村生态服务系统。目前主要是依托政府支付体系对农村生态服务进行补贴和赔偿支付。同时,英国建立了城乡自动网络(AURN),实时监测空气中的氮氧化物、二氧化硫、臭氧、一氧化碳和颗粒物，并通过各种电子设备、媒体渠道和网络平台向公众发布信息，为进一步优化环境空气质量提供数据基础。

在便民服务方面，英国依托现有的金融系统平台，通过网上业务管理为农村居民提供便捷的金融服务。例如，英国 HM 土地登记处（HM Land Registry）推出的数字按揭服务，让市民可以随时随地在电子媒体上签署，消除了填写纸张资料、签署及证人在场的限制，有效提高了抵押效率。英格兰和威尔士的数百万人现在可以在线签署抵押贷款。

（三）实践路径

1. "人"的培育——城乡居民生存、发展同权

在建设城乡衔接设施的同时，英国农村为农民的收入保障－自我成长－价值实现提供了土壤。通过与城市"生存权、发展权同权"的实践，既提高了农民素质和收入，又有效吸纳了农村剩余劳动力和城市创新型人才，共同参与乡村振兴发展。

（1）针对农业职业教育

英国建立了农业教育体系（图 4-5），旨在对农村地区进行教育、培训和科普，将农民培养成为适应现代农业发展的"新型知识农民"和"农业工人"。英国除了建立农业大学培养农业顾问、教学和研究人才外，还建立农业学院培养专业的"农业企业管理者"和"农业技术工人"，建立农业专科学院培养兼具农业基础知识和在田间实践的"农业工人"，以确保农村人才能够适应现代农业生产。

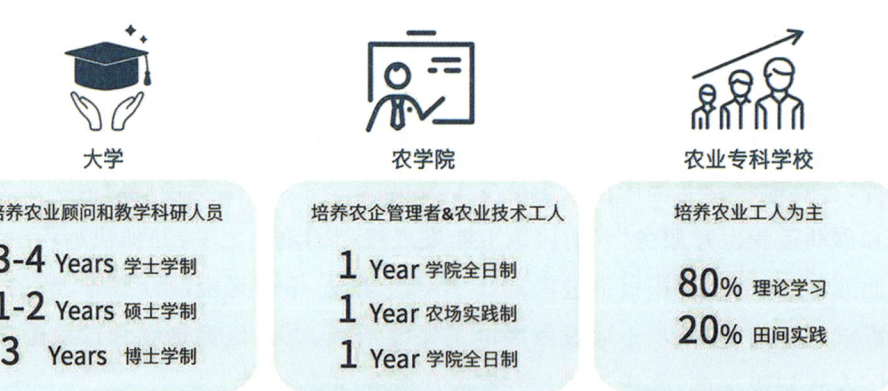

图 4-5　英国三级农业教育体系

图 4-6 英国网络覆盖分布示意

（2）价值实现

英国为农民提供了更广泛的职业舞台和社会认可。农业竞赛、节庆、论坛等活动激发了农民的创新活力，丰富了农民的生活。以英格兰南部汉普郡举行的秋季南瓜收获节为例，该节日不仅包括南瓜游行等旅游和休闲活动，还会选择最大的南瓜奖励来激发农民的成就感。

与此同时，英国还设立了"农民周刊奖"（图 4-7）、"英国农业奖"等年度奖项。奖项涵盖农业各个领域的基层到小企业主，通过细分奖项类型，如年度养牛户、年度农业农民、年度创新承包商、年度农业技术创新者等，帮助农民和农业从业者获得更广泛的社会认可和价值激励。

图 4-7 2022 年"农民周刊奖"及赞助商

以英国农村保护委员会(以下简称 CPRE)、英国皇家鸟类保护学会等为代表的组织,关注农村热点问题,通过公众参与、政策游说等方式,影响英国农村"舆论、政策立法、发展建设"等环节,推动农村更加科学、可持续发展。以 CPRE 为例。建立了全国办事处、地区组织、分支机构、地方组织等多层次结构,从上到下深度参与英国农村规划与发展,形成了面向公众、立法机构、政府等不同主体的工作模式和影响力。CPRE 利用纸媒、出版物、演讲、电影等手段,宣传农村保护意识。同时,开放数据和可视化地图(图 4-8),用于提高公众对环境问题的了解。此外,还将发布重点防护攻关指导文件。

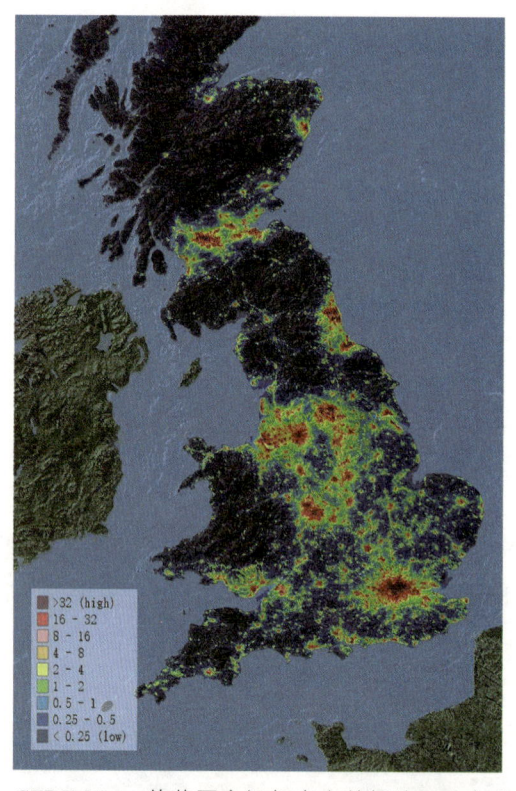

图 4-8　CPRE Maps 的英国夜间灯光大数据地图助力乡村发展

2. "产"的激活——科技赋能产业多元

农村产业的自我造血能力是保持农村持续繁荣的关键。

英国通过农业技术赋能、第三产业、创新经济等推动城乡一体化。农村产业的发展要充分与城市的技术、市场、人口相结合,重建城乡经济社会关系。对接科技前沿,提升农业科技水平。政府制定了《英国农业科技战略》(图 4-9),旨在在农业机械化和自动化的基础上,发展大数据、信息技术和生物技术相结合的现代农业技术,提高英国农业的经济效益和全球竞争力。

图 4-9　英国农业科技发展战略(来源:www.gov.uk)

3.技术创新方面

英国既实现了"农业技术创新",又实现了"农业技术转化与应用"。通过建立技术创新中心、农业科技孵化器,开展国内外产学研合作,打通农业科技创新闭环。

例如,英国政府投资超过 9000 万英镑,以农业信息技术和可持续发展指标中心为基础(图 4-10),建立了一系列农业创新中心。该中心由英国顶尖的信息和农业技术机构和企业组成。中心通过农业信息建模和统计,建立数据采集和统计平台,提供农业数据服务,推动农业大数据服务发展。

图 4-10　农业信息技术和可持续发展指标中心(位于哈珀亚当斯大学内)

4.对接城市经济热点,打造创新经济"小高地"

英国乡村迎合互联网经济时代的创新趋势,强化乡村在健康食品、生态环境、环保产品和服务等方面的优势,把握人才对"生活品质创新"的需求,积极发展文化创意、信息技术等新经济产业,全面推动乡村经济发展。

（四）小结

综上所述,英国通过统筹城乡规划中的"地",建设同等质量的"村",支持"人"创业,培育自发造血生产的"产",探索了农村生态保护、社区繁荣与产业振兴之间的平衡。同时,在经济体制改革和劳动力转移的大背景下,也构建了新的城乡人口产业融合。"城市"与"农村"从相对对立走向全面繁荣,带动"农业、农村、农民"从自我循环走向"新农业、新农村、新农民"的新循环,英国的经验值得我们辩证借鉴。

四、日本

（一）政策驱动

1947年,为了实现农民互助,日本以"自愿联合、自主经营、民主管理"为原则,成立了日本农业合作协会(Japan Agricultural Cooperative Association,JA)[30]。目前,日本农业合作社在为农村居民提供多样化社会服务、优化农业农村生产生活条件、提高农业生产效率等方面发挥了重要作用[31]。日本以振兴产业为手段开展的系列"造村运动",也为日本乡村治理效率及效益提升提供了良好的条件。

20世纪末,日本开始重视数字化建设,通过出台《21世纪农林水产领域信息化战略》,大力开展农村通信基础设施建设,着力扭转日本农村与大城市在社会数字化方面的巨大差异。此后,日本陆续围绕信息基础设施、信息技术、远程医疗等方面制定了e—Japan战略,u—Japan推进计划,i—Japan战略等一系列数字化建设战略(见表4-5)。这些数字化建设战略的实施加速了日本社会数字化进程,带动乡村治理数字化发展。

（二）数字化建设

日本采取政府主导的方式进行乡村治理的数字化建设,通过实施u-Japan促进计划,积极开展了以网络平台为代表的网络合作基础设施建设和覆盖电子标签、传感器网络、机器人网络、智能交通系统(ITS)、地理信息系统(GIS)等内容的国家物联网系统。

时间	政策	主要内容
1999年	21世纪农林水产领域信息化战略	加强农村通信基础设施建设
2001年	e—Japan战略	加速网络基础设施与电子政府建设,实现政府网络实时联通
2006年	u—Japan推进计划	加快全国性通信基础设施建设,消除地区之间的数字差距

续表

时间	政策	主要内容
2010 年	教育信息化指南	提出具体教育信息化建设规划及操作使用方法
2015 年	i—Japan 战略	加速电子政府、医疗信息化、教育信息化建设

表 4-5 日本乡村治理数字化关键战略

在乡村政务方面,日本从 e—Japan 战略出发,充分利用现代信息通信技术推进电子政务和行政改革[32]。其中,通过"国民电子个人信箱"项目为公众提供自行管理个人信息资料的在线平台,实现电子政务一站式服务。

在乡村医疗方面,日本在 i—Japan 战略的支持下,进一步加强医疗信息基础设施建设,利用现代信息技术,提升远程医疗水平,优化农村等偏远地区的基本医疗服务。同时,应进一步加强日本电子病历的推广应用,提高医疗信息的电子化和系统化,为农村医疗服务的数字化发展提供数据基础。

在乡村交通方面,继日本推出紧凑型公共汽车自动出行服务后,日本政府进一步积极开展自动驾驶汽车的研发,以满足农村和偏远地区的交通需求。目前,全国各地农村的地方政府都在积极开展试点。

在生产服务方面,日本地方农业政府部门广泛收集所在辖区内存在的农业生产问题,梳理解决问题的技术手段,并以官方网站的形式向农民提供相应技术供应商的资质、联系方式、设备功能等信息,为农民提供解决农业生产问题的渠道。

为了应对人口老龄化和农户兼业化问题,日本于 2013 年 6 月颁布了信息技术(IT)新战略《创造最先进 IT 国家宣言》,明确推进信息技术在农业领域的应用,以提高农业产业竞争力,提高农业产业化和农业市场化水平。2014 年实施的跨部级战略创新促进计划(SIP)和 2018 年实施的第二期战略创新促进计划(SIP)均将智慧农业列入农业科技基本规划,提出了实现农业经营精准自动化管理的智慧农业研发战略。2015 年日本发布"新机器人战略",启动"基于智能机械＋智能 IT 的下一代农林水工业创意技术"项目[33]。2016 年,日本经济团体联合会提出了"社会 5.0",明确了"社会 5.0"时代农业和食品工业的主要方向,即融合物联网(IOT)、AI、无人机等前沿技术,推动超省力、高产值的智能农业。2018 年,日本提出构建智能食品供应链体系,力争到 2025 年将数字农业技术推广到农民。2019 年,日本进行了第 11 次科学技术前瞻调查,确定了农业、林业和渔业、食品和生物技术领域"通过空间技术监测、评估和预测全球环境和资源"等 8 个跨学科和交叉性强的具体科学技术领域。明确了利用混合基因组进行大数据和人工智能育种的课题。同年 6 月,《农业新技术推广计划》提出,积极推广无人机、机器人、环境监测与控制、牲畜管理、生产经营管理等农业新技术。根据野村综合研究所(NRI)的数据,2018 年日本农业无人机市场规模达到 169

亿日元。未来,日本将大力发展以农业机器人为核心的无人农场。2020年2月,日本农林水产省明确了最新五年计划,将大力发展智慧农业,扩大农业无人机的应用范围,加强农业生产自动化系统的开发和应用。从日本近年来的重大战略和规划来看,日本智慧农业建设的重点是农业智能机器人、农业资源环境智能监测、无人化农业等新技术、新产业、新装备,以实现农业的可持续增长。

(三)智慧农业格局——支持建立新型农业服务公司

在日本滋贺县的一片田野上,几架无人机正在进行农药喷洒作业。通过无人机的使用,现在每公顷喷洒大约需要10分钟。这些无人机是从当地一家名为 Hidden Jobs 的新农业服务公司租来的。农民只需要提前与公司联系,提供农田位置、作物类型、喷洒需求等信息,公司将提供从农药购买、稀释到无人机操作的一站式服务。目前,该公司在日本有70个服务点。

除了喷洒,无人机还可以配备摄像头,可以测量作物的颜色和高度变化,收集生长数据并分析数据,从而准确确定何时是施用化肥和农药的最佳时间,这在很大程度上摆脱了依赖直觉和经验的传统农业模式。

智能农业技术和机械的成本曾经让许多农民望而却步。为了减轻农民的负担,提高农民向智慧农业转型的积极性,日本政府不断出台财政补贴等措施,培育新型农业服务企业。

近年来,许多新型农业服务企业在日本各地迅速发展起来。他们不仅向农民出租各种智能农业机械,提供基于大数据分析的农业信息,还承接农田耕作和田间管理业务。他们的服务全面多样,促进了农业生产效率的不断提高。

发展智慧农业符合日本的现实需求。随着日本人口老龄化,农业和林业工人严重短缺。统计数据显示,日本农业人口从2010年的205万下降到2020年的136万,其中60岁以下的人口只有67万。

人工智能、物联网等新技术的应用,不仅可以缓解劳动力短缺的问题,还可以改变传统农业耗时费力的特点,吸引更多年轻人投身农业。

由于智慧农业具有较大的市场发展空间,日本一些大型企业也积极参与其中。日本九州电力公司的生物资源研究中心从2019年开始在福冈县朝仓市建设"神治草莓园"项目。草莓园占地面积约6500平方米,通过物联网和人工智能技术,自动控制温度、湿度等指标,保持了最佳生长条件。该系统还通过调节光合作用的量来管理草莓在不同季节的产量和生长周期。这个农场除了商业用途之外,未来还能成为推广智慧农业的示范场所,让更多人体验智慧农业的魅力。

日本的智慧农业发展仍处于上升阶段。根据日本矢野经济研究所的一份报告,2020年日本智能农业的国内市场规模已超过262亿日元,比上年增长45.6%。该报

告预测,到 2027 年,日本的智能农业市场将扩大到 606 亿日元。

(四)代表案例——越后妻有村

其中,将乡村数字文化产业发挥到极致的项目是越后妻有村艺术项目。越后妻有村是日本文化记忆在乡村环境的衰落和断裂中的缩影,它面临着与我国一些村庄类似的情况:年轻人离开农村到城市发展,农村老龄化严重,原来的田间耕作停滞,当地文化的记忆逐渐丧失。独特的地方记忆是文化的基础,其中最核心的季节、农耕、仪式等文化活动是承载记忆的具体方式。大地艺术祭上的每一件艺术品都有一个共同的核心:唤醒人们对乡村的记忆。1994 年,新潟县知事平山征夫提出了"NEW 新潟里创计划",将十日町市、津南町、川西町、松代町、松之山町、中里村(1 市 4 町 1 村)规划为"十日町广域圈",并发起了独立的区域振兴计划。1996 年,"越后妻有乡村艺术圈"的构想被提出,其中包括举办艺术节的构想。

1997 年成立"越后妻有艺术执行委员会"。受平山征夫的委托,出生于新潟县高田市的艺术策展人北川福郎担任导演。因此,作为区域振兴的支柱活动,2000 年,"越后妻有大地艺术节三年展"正式启动。在十日町市,被称为"日本第一长"的信浓川贯穿整个城市。沿着海岸,有群山环绕的美丽梯田。城南有日本三大峡谷之一的清津峡谷,西侧有日本三大药汤之一的松野山温泉。梯田上还发现了绳纹时代的遗物,并出土了"火焰陶"等国宝级文物(图 4-11)。因此,人们需要做的是重新探索"里山"的价值,它是与外界沟通的桥梁,是"里山"发声的媒介。所以越后妻有村选择了艺术,以艺术为出发点实现各种文化资源的链接,除了世界各大艺术家和国内外艺术家,还有建筑师、高校教师、舞蹈和音乐团体、理论家、地质专家、各种研究工作站,他们共同构建丰富的艺术生态,梳理和解决农村问题,激活当地旅游服务配套建设的自动发展,实现荒田荒屋的艺术化、当地餐饮的特色化、当地文化的国际化、旅游产业的多元化,让乡村最终成为世界旅游目的地。

图 4-11　当地出土的绳纹时代的"火焰型陶器"
(来源:维基百科)

图 4-12　2022 年越后妻有大地艺术祭海报(来源:越后妻有大地艺术祭官网)

用现代艺术来表达城市局限、地球环境、本土文化在全球化中的消失等问题，是非常恰当的。当然，那是为艺术家准备的。对于普通人来说，北川认为艺术的魅力在于"好玩"，它能更好地展现地域文化，带给居民"骄傲"，这比什么都重要。只有这样，才能唤起居民对家乡的热爱和重建家园的活力。因此，在选择作品时，作品是否能与当地的自然风光相融合，人们是否能通过艺术作品感受到当地的风土人情，空间体验是否到位等成为关键。

例如，2000 年，俄罗斯艺术家伊利亚·卡巴科夫夫妇在考察越后妻有村时，看到村民在寒风中劳作，创作了一幅以劳作为主题的作品《稻田》。如图 4-13 所示，写有诗的装置伫立在废弃的梯田上，仿佛是从田野里长出来的，五颜六色的雕塑生动地描绘了当地人民的勤劳耕种。《稻田》在网络上被广泛传播，并成为越后妻有大地艺术节的标志。

图 4-13 俄罗斯艺术家伊利亚·卡巴科夫及其夫人创作的作品《稻田》
（来源：越后妻有大地艺术祭官网）

当地村民对艺术节的接受度也有了显著提高。根据 2018 年的数据，91.8% 的受访者对在村里安装艺术品感到"很好"。具体原因中，60.7% 的人认为游客的增加有助于振兴该地区。村民们更加积极地加入志愿者队伍，甚至那些放弃务农的农民也受到鼓舞，重新回到稻田里。

很多来越后妻有的人都觉得，能和当地人聊天真好。另一方面，当地居民还为游客提供美味的水、西红柿和西瓜，还进行各种各样的游客见面，拓宽他们的视野和经

验。这是经济活动的原点,比金钱更有价值。每年越后妻有大地艺术节结束后,十日町市政府都会在官方网站上发布一份"报告",详细介绍节日的成效。三个重要指标分别是"传播人口增长""区域信息传播"和"区域振兴"。

在交流人口方面,每届越后妻有大地艺术节参观人数基本保持 10%～20%的稳定增长。其中,2006 年第三届的游客人数为 34.8997 万名,比前一年增加了 70%。值得注意的是,2004 年第二届地球艺术节结束后不久,10 月新潟中越发生大地震,冬季降雪量创历史新高。那一年,艺术节的许多展品、房屋甚至村民的稻田都遭到了严重破坏。

在此背景下,日本全国上下对灾区重建给予了极大的关注和帮助,包括参与的艺术家、工作人员和艺术节"小蛇队(Kohebi)"志愿者团队也积极参与其中。2006 年,第三届大地艺术节以"复兴"为主题,提出了"空宅 Project(参看下图)计划",邀请艺术家在受灾的空屋上创作作品。该项目还得到了当地近 100 个村庄的响应,动员了 30万人。

图 4-14 第三届大地艺术节的"空宅 Project"企划(来源:越后妻有大地艺术祭官网)

2018 年,虽然由于夏季酷热,日本国内旅游市场受到了些许影响,但一年后越后妻有大地艺术节在亚洲市场进行了大规模的扩张,特别邀请了大量的中国艺术家加入,并推出了"中国之家"项目,因此为中国国内观众所熟知。游客人数达到 54.8 万人次,其中海外游客占 8.7%(上一届为 1.8%),整个艺术节带来了约 65 亿日元的经济效益。

图 4-15　马岩松"光之隧道"作品(来源:越后妻有大地艺术祭官网)

2018 年,在第七届越后妻有大地艺术节期间,由中国建筑师马岩松及其事务所在清津峡溪谷隧道内设计的"光之隧道"(图 4-15)成为当年的热点话题,吸引了超过 8 万名观众。该作品使用不锈钢将山谷的自然美景反射到隧道地面的水面上,创造出梦幻般的美丽倒影。

通过对比第一届至第六届艺术节的经济效益(表 4-6)可以看出,艺术展是最初的核心内容,其带来的经济效益在后期基本稳定。由于艺术节本身的影响力越来越大,建设投资带来的经济效应逐年下降,而消费支出带来的经济效应逐渐增强。地方政府承担的部分比例逐年下降,而捐赠和社会投资的比例在增加,这表明艺术节作为一个长期的艺术产业链,具有自身的稳定性和利益多样性。

类别	第 1 届 (2000 年)	第 2 届 (2003 年)	第 3 届 (2006 年)	第 4 届 (2009 年)	第 5 届 (2012 年)	第 6 届 (2015 年)
会期作品数/组	146	224	329	365	367	378
入场者人数/人	162 800	205 100	348 997	375 311	488 848	510 690
志愿者注册人数/人	800	771	930	350	1 246	2 270
志愿者活动人次/人	4 770	2 000	2 500	3 244	3 991	3 424
经济波及效果/百万日元	12 785	14 036	5 681	3 560	4 650	5 089
建设投资效果额/百万日元	10 054	12 810	1 327	190	380	571

续表

类别	第1届 (2000年)	第2届 (2003年)	第3届 (2006年)	第4届 (2009年)	第5届 (2012年)	第6届 (2015年)
事业收入/百万日元	546.9 (100%)	426.6 (100%)	670.4 (100%)	581.1 (100%)	489.0 (100%)	624.2 (100%)
票务收入/百万日元	41.9 (7.7%)	43.0 (10.1%)	143.1 (21.3%)	89.9 (15.5%)	161.3 (33.0%)	145.5 (23.3%)
捐款收入/百万日元	13.0 (2.4%)	2.4 (0.6%)	213.5 (31.8%)	241.3 (41.5%)	99.4 (20.8%)	129.6 (20.3%)
国省支撑/百万日元	280.3 (51.3%)	220.5 (51.7%)	106.4 (15.9%)	—	108.0 (22.1%)	228.0 (36.5%)
市町支撑/百万日元	186.9 (34.2%)	147.0 (34.5%)	169.3 (25.3%)	78.3 (13.5%)	100.0 (20.5%)	100.0 (16.0%)
其他收入/百万日元	24.1 (4.4%)	13.2 (3.1%)	38.2 (5.7%)	171.6 (29.5%)	20.1 (4.1%)	21.2 (3.4%)

表4-6　历届越后妻有大地艺术祭开展规模比较

(表格引用自任亚鹏等人《日本浅山区振兴策略调查研究》中的整理)

根据对第五届艺术节餐饮、住宿、销售等服务行业的问卷调查,86.4%的运营商表示大地艺术节期间销售额有所增长,95.7%的运营商希望继续举办大地艺术节,98%的数字媒体和云平台运营商表示从艺术节中获得了可观的利润。这三个数字都比前一时期增加了30%以上。这也再次表明,地方产业形态贯穿艺术链条,已经从传统的农业模式转向以农业生产为基础,以文化旅游产业等服务业为驱动的新型农村经济模式转变。

（四）对中国的启示

如今,大量农村人口进入城市接受教育和工作,带来了大量的空置房屋、留守儿童、严重的人口老龄化等问题。艺术展介入乡村带动了旅游及相关产业链的发展,促进了当地经济的发展、文化形象的提升和文化品牌的塑造,也是村民培养"文化自信"的好途径。

以往,艺术往往凌驾于当地村庄之上,艺术家往往对村庄抱着一种"艺术启蒙"的居高临下的态度。一些艺术家甚至以高傲的态度问村民:"你们能理解这个作品的意义吗?"这种在乡村之上的艺术很难与土地相结合,艺术节往往成为一个人的艺术表演。作为地球艺术节的策展人,北川先生曾经说过:"我所认为的艺术是诞生于人与自然的关系。无论是用从地上捡来的东西烹饪而成的'食物',还是用在灾难多发地区生存的智慧所做的'土木工程',这些都是广义上的艺术,游客可以直接体验和捕捉。"所以，如果艺术只是一个配角，那么一切基于本土的创作都可以成为艺术，成为主角。

同样，这种模式也不应该是一种噱头，也不是为了一蹴而就，而是一种积极主动解决某些社会问题的态度和做法。我国大地艺术的实践也在积极开展，坚持用艺术改造乡村，追求美好生活，实践生活美学。2021 年初夏，由日本大地艺术节之父北川富朗担任顾问，孙倩担任总策划，Hubart 策展的大地艺术展览——"艺术在浮梁2021"，落地浮梁寒溪村史子园 18 平方公里的土地上，打造了一座融入天地的博物馆。呈现了 25 位艺术家的作品，其中 21 位是来自中国的艺术家，其余 4 位来自海外，展期为期 32 天。位于茶山顶上的装置作品《灯》见下图，来自 MAD（图 4-16）。这是艺术节上的一处地标性景观，建筑师马岩松用半透的薄膜将山坡上的几棵大树围起来，给茶园安放了一盏大地之灯。作品位于茶园制高点，在村庄各个角度都可以看到，半透的薄膜轻盈飘逸，远看也像落在树上的一朵云。

（a）马岩松的《灯》远景　　　　　　　（b）马岩松的《灯》近景

图 4-16　马岩松的《灯》艺术装置

1. 打破艺术的空降感，树立土地与居民的主角地位

越后妻有大地艺术节，强调体现与当地居民、土地相结合的艺术作品。因此，不适应当地的艺术作品无法得到很好的评价。每逢节日过后，经典作品都会被永久保存下来，而这样的作品必须满足三个条件：一是必须是公认的好作品；二是能抵抗本地冬季降雪；三是与当地环境相协调。更重要的是，当地居民不仅仅是被动的旁观者，而是被推上了节日的"舞台中央"——他们也是艺术的创造者和生产者！参加大地艺术节的村庄在 2000 年的第一届是 28 个，到 2015 年的第六届已经增至是 110 个，而且这个数字还在不断增加。村民们参与节日的热情越发高涨。

图 4-17　TANGO《泉有米酒酒馆》

艺术在浮梁 2021 大地艺术节中，作品《泉有米酒酒馆》不仅满足了视觉，更有味觉。这座屋子的主人王泉有擅长酿造黄酒，如图 4-17 所示，艺术家 TANGO 决定将王全友的房子改造成小酒馆。从大面积的壁画到室内装修，它呈现出一种别致的家庭小酒馆氛围。

2. 艺术让乡土旧物再生

随着人口的流失，越后妻有地区的许多房屋闲置，出现了数百座废弃的空房子。处理掉它们要花费数百万日元；但如果任其发展，可能会在雪季被大雪压碎，成为废墟，这是一个沉重的负担。因此，从第一届开始，大地艺术节就一直专注于空置房屋的重建。在现有的 359 件作品中，有 1/5 的作品是以空房子为基础或由空房子制成的。大地艺术节的目的之一就是用艺术的方式让这些废弃的房子焕发活力。

图 4-18　《半野花园》山籁组合 mountainhood

废弃老屋前的荒地，用当地的花花草草、鹅卵石、苔藓，打造了一座精致的《半野花园》，如图4-18所示。花园里还有一个充满童趣的昆虫旅馆，大概是邀请昆虫去住，体现出一种与自然相处的生活哲学。

3.设计支持农产，大师带动升级

越后妻有所在的新潟县是日本第二大农业县，水稻产量仅次于北海道。越后妻有自身也是传统种植区，一直局限于销售原生态农产品。虽然有着"越光米"大米这样的热销产品并且在市场上认可度较高，但无论如何畅销，也无法打破传统农产品的天花板。

于是，越后妻有利用艺术节带来的艺术大师们的设计，开始创造属于这片土地的新特产。在大地艺术节的网上商城里，很多地方特产正在出售。不少产品融入了前来参展的著名艺术家作品的元素，成为贴有大师标签的创意产品。

越后妻有用艺术的形式，让一个濒临衰落的偏远乡村，变成了今天生机勃勃的魅力乡村。第五届大地艺术节结束后，对除行政志愿者外的大地艺术节执行成员的问卷调查显示，93.9%的成员认为大地艺术节对激发地方活力有积极作用；86.4%的相关业主表示大地艺术节期间销售有所增长；95.7%的业主希望继续举办大地艺术节；每个节日为新潟县带来约50亿日元的可观经济效益。

植根于乡村的艺术节，才是真正得到公众支持的振兴模式。大多数节日往往"来来去去"，与当地居民没有互动。越后妻有村的艺术节，因为扎根于农村，使村民从最初的怀疑和抗拒，转变为现在的充分支持，与艺术家建立了深厚的互助和依赖关系。就连北川自己也感到惊讶："当地的人们，尤其是老人，都如此积极地参与艺术节，自愿为艺术家创作作品。这是过去15年里发生在我身上最令我满意和惊讶的事情。"

五、德国

(一)发展背景

德国大约一半的领土用于农业，其中约70%种植谷物、玉米、大麦和油菜籽，约28%是草地，不到2%种植水果和葡萄等多年生作物[34]。大农场、小农场、全职和兼职农民，以及广大的农村地区，都是德国农业社会的重要组成部分。德国食品和农业部（BMEL）已将数字化作为优先事项，实施数字化以减少工作时间和工作量，减少化肥、植物保护产品和能源的使用，改善动物福利，并提高可持续生产力。需要注意的是，新技术的使用可能会导致传统工作岗位的减少，但反过来也会创造新的工作岗位；农场数据的安全和保护往往是使用新数字技术的障碍，而购买新数字技术的成本往往超出了小型农场的承受能力。面对农业数字化转型带来的机遇和挑战，如何更好地发挥农业部门的作用，如何平衡农业生产者、消费者和自然环境的影响，都是

BMEL 致力解决的问题。

为了在实践中扩大数字技术的使用,BMEL 认为需要满足一些要求:必须扩大数字基础设施,并适应未来的需求,如移动宽带技术的发展和应用;来自不同制造商的产品之间的数据流动必须得到改善;必须提供适当的培训和推广服务(农民不是信息技术专家,需要有效的信息来帮助他们决定是否以及如何投资);技术的可靠性必须提高;需要对农业数字化的好处进行更多的研究;必须建立关于数据保护、数据安全、数据主权和其他相关方面的规则,例如与无人机使用有关的空中交通管制。

(二)农业农村数字化推进举措

在农业数字化领域,BMEL 致力于在国家和国际层面上成为农业部门的密切合作伙伴,帮助设计数字参数并塑造数字农业的框架,以便农民、消费者和环境都能从数字化创造的新机会中平等受益,并减少潜在风险。

1.配套政策资金,加强数字化职能

2018 年德国新政府上台后,进一步加强了对数字化工作的重视。BMEL 未来数字农业政策计划为进一步数字化提供了有针对性的支持。到 2022 年,将为农业部门的数字化和现代化分配 6000 万欧元,并将适当的资金分配给与农业和农村地区数字化相关的其他项目。同时,调整了部门结构,加强了与农业数字化相关的职能,并任命了数字化专员,协调数字化领域的所有活动。其他部门指派一名数字化官员协调数字化工作。

2.持续完善数字基础设施,扩大农村地区网络覆盖

有效的基础设施是数字化的关键,也是数字技术在农业农村成功应用的前提。德国政府的目标是到 2025 年在全国范围内提供全千兆光纤网络覆盖(最低速度为 1gbit/s)。德国联邦交通和数字基础设施部(BMVI)是德国升级和扩大数字基础设施的牵头机构,正在通过政府扩大宽带基础设施的资金计划和将包含在 5G 许可证拍卖收益中的数字基金,推动创建覆盖更广泛地区的高效宽带网络。

BMEL 致力于确保德国农业部门和农村地区在数字基础设施建设方面的利益,特别关注 5G 移动宽带标准的开发,用于机器之间的无缝数据交换,并成功地倡导在技术开发和许可方面特别考虑农业部门的具体特征。自 2008 年以来,BMEL 一直在帮助改善农村地区宽带网络的连通性,得到农业结构改善和海岸保护联合任务(GAK)和农村发展特别框架计划的支持,该任务在 2020 年之前补贴高达 90%,资助计划持续到 2020 年底。在农村发展特别框架计划经费等支持下,通过协助改善农村地区与宽带网络的连接,能扩大农村地区的数字基础设施覆盖面,从而缩小城市与人口稀少的农村地区之间的数字鸿沟。

3.促进数字化研究,开展数字化实验

农业和数字化是两个高度复杂系统的融合,其参数的设计必须更好地利用数字

化来应对挑战和问题,并为从业者和社会提供更多机会,以提高农业部门促进可持续发展的能力。数字化已成为行业研究的重点领域,促进研究是促进农业数字化综合战略的重要组成部分,其目标是促进数字农业技术领域的创新,提高资源利用效率。通过减少化肥、植保产品和燃料能源的使用,减少工作量,可持续地提高生产率,加强供应安全,改善动物福利。值得注意的是,并非数字领域的每一项技术创新都能在一定时间内产生实际效益,必须对技术创新进行独立评价,以确保这些创新能够应用于农业部门。

为了更好地推进农业数字化,BMEL 预留了超过 5 000 万欧元经费,专门用于在2022 年前组织开展数字化实验项目 Trial Fields on Agricultural Holdings,并通过农机制造商、软件开发商、服务提供商、咨询机构和研究部门从业者和专家的密切合作,对不同实验项目的数字技术解决方案和产品进行测试和评估。2017 年,对于有意通过智能技术改善农村生活的公司、俱乐部、大学、研究机构、市政当局和地区,农村发展能力中心(KomLE)代表 BMEL 发布了一项题为“数字土地”的提案,即“数字:农村地区数字化的机遇”呼吁提出建议,并保证提供高达 20 万欧元的资金保障。

4.搭建能力网络,召开技术会议

德国农业部门建立了基于数字技术的能力网络,并于 2019 年举行了“农业领域数字技术”能力网络首届会议。该能力网络由 BMEL 数字化专家领导,该专家团队由研究人员、企业家和从业者以及实验性农业数字化项目专家组成。能力网络成员将提供全面的数字化和农业知识,分析农业数字化各个领域的现状、趋势和挑战,并提出解决方案。目前能力网络的主要任务是评估和总结农业数字化实验项目的进展和成果,并建议进一步推进实验项目的措施,提供科学支持,增强协同效应,以支持和指导实验项目的成功。BMEL 还定期为从业者、科学家、企业家和管理人员组织技术会议,汇集来自不同领域的利益相关者,收集当前事态的信息,并使不同利益群体之间的信息交流,以介绍数字未来的发展。并组织与会者讨论如何更好地推进数字化工作。

5.推动建立国际粮食和农业数字理事会

全球粮食和农业论坛(GFFA)由 BMEL 与柏林参议院等伙伴组织合作举办,是世界领先的关于全球农业食品产业未来关键问题的国际会议,农业部长会议是其重要议程,自 2009 年起,每年在柏林国际绿色周开始时举行。国际粮食及农业数字理事会在 2019 年 GFFA 活动上提出了该动议,主题为“农业走向数字化——农业未来的智能解决方案”,并建议数字理事会的“秘书处”设在联合国粮食及农业组织(粮农组织)。

在 GFFA 2020 年农业部长会议上,讨论了数字理事会的概念文件,并委托粮农组织实施该计划。数字理事会的宗旨是就与粮食和农业相关的数字化问题向各国提供建议,并促进在数字化创新方面的思想和经验交流。BMEL 部长表示,建立国际数字理事会的决定是一个里程碑;在全球范围内,数字化为平衡稳定生产与资源环境保护之间的关系以及改善农村地区的生活提供了机会。预计数字委员会将在帮助弥合数字鸿沟和改善世界各地小农获得数字技术方面发挥积极作用。

(三)数字农业建设

1.农业数字化进展

德国开展了大量的农业数字化实践,信息技术和电子技术在农民的日常生活中发挥着关键作用。在过去的 20 年里,信息技术的硬件和软件都在快速升级和迭代。德国不断推进农业和农村数字化,抓住信息技术应用的诸多机遇。数字化应用为施肥、植保、畜牧业等领域提供了有力支撑,智能化技术和自动化作业流程的农机已成为农田和农场工作的一部分,推动了精准农业的进一步发展。数字化有助于农业生产过程的各个环节更加精准,使拖拉机和辅助机具更好地协调工作;从种子、化肥、植保产品等农业投入品,到农产品生产、运输、加工,最后到达消费者手中,数字化在整个流通过程中发挥了提高效率、提高透明度、减少劳动工作量等巨大的作用,为实现有机物流一体化提供了强有力的支撑。农牧业资源可持续利用定制化开发的应用,对自然生态环境产生了积极影响。此外,数字化通过数据将包括农民、IT 服务提供商、农业机械生产商、顾问和公共管理部门在内的利益相关者联系起来。

数字化解决方案使种养殖管理更加高效。农业是全球定位系统(GPS)数据使用的先驱,在特定应用中结合 GPS 控制来实现燃料节约和优化拖拉机和自动收割机的路线。天气应用程序、无人机和其他数据管理系统优化土壤耕作和收获方法,专门的应用程序还可以实时监控和集中组织复杂的过程,如青贮玉米或甜菜收获。传感器技术在记录和评估动物行为方面发挥了重要作用,喂食机器人、分析牛奶成分的测量设备和气候管理系统为动物福利和环境保护做出了巨大贡献,并有助于减少人工工作量。近年来发射的欧洲新遥感卫星("哥白尼计划")使现有图像的分辨率和数据质量不断提高,BMEL 地理空间信息与遥感技术中心等正在开发基于互联网的、易于使用的地理空间信息数据和气象数据,为数字技术的有效应用做出了重要贡献。

2.数字化实验项目

BMEL 正在德国不同地区开展数字化农业实验,以测试和分析如何更好地利用数字技术保护环境、改善动物福利、促进生物多样性和减少工作量,以进一步激发数字化农业的潜力。自 2019 年以来,德国启动的试点项目集中在一系列主题上,例如在农业中应用新的 5G 移动宽带标准,基于数据交换优化工厂生产中土地和机械的联合使用,以减少化肥施用量和植保产品投入,以及数字技术在畜牧业(如奶牛养殖)和小规模农场的应用。

BMEL 已启动 8 个农业数字化实验项目,如表 4-7 所示:

序号	发起院校	项目名称
1	德累斯顿工业大学(Technische Universitat Dresden)	"全国通信和云网络支持农业 4.0(Nationwide communication and cloud networks for agriculture 4.0 and the rural areas)"和农村地区主题项目 Landnetz
2	莱比锡大学(Universitat Leipzig)	"基于数据驱动网络和农业数字化的试验(Trial field on data—driven networks and digitalisation in agriculture)"主题项目 Express
3	Agrotech Valley 论坛	"面向跨公司实践的园艺数字农业解决方案的进一步开发(Project on cross—company practice—oriented further development of digital farming solutions in horticulture)"主题项目 Agro—Nordwest
4	基尔应用科技大学(Fachhochschule Kiel)	"农场管理和物流管理—石勒苏益格—荷尔斯泰因州的互联农业(Farm management and material flow management—interlinked agriculture in Schleswig—Holstein)"主题项目 BeSt—SH
5	Weihenstephan — Triesdorf 应用科技大学	"应用、评估和交流数字化—家庭主导的耕地农场与以实践为导向的教育机构之间的合作(Apply,evaluate and communicate digitilisation—Co-operation between family—led arable farms and practice—oriented educational institutions)"主题项目 Diabek
6	巴伐利亚州立农业研究中心	"牛奶生产过程数字化—牛奶生产链新数字产品和服务的演示、测试和评估(Digitalization in milk production—Demonstration, testing and e-valuation of new digital products and services along the agricultural milk production chain)"主题项目 Digimilch
7	朱利叶斯库恩研究所	"葡萄生产增值网络中的数字化:从葡萄种植到交付(Digitilisation in the value adding network of viticulture:From planting to grape delivery)"主题项目 DigiVine
8	波恩大学(Universitat Bonn)	"智能养牛支持系统(Support systems for smart cattle husbandry)"主题项目 Cattle—Hub

表 4-7 数字化实验建设项目

(四)数字乡村建设

1.乡村数字基础设施升级

根据德国宽带地图集中宽带推广进展的相关信息,2018 年德国城市(500 人以上/km²)、半城市(100—500 人/km²)和农村(100 人以下/km²)之间的带宽服务仍存在较大差距。截至 2018 年年中,93.5% 的城市家庭接入 50mb/s 及以上,而农村家庭接入 50mb/s 及以上的比例仅为 50.5%。对至少 100 兆每秒(MB/s)带宽的调查显

示,城市和农村地区之间的差距更加明显:城市地区有 83.2% 的家庭被这一速度覆盖,而农村地区只有 19.4%。

随着现代信息社会需求的增加,公众对数据网络可用性和性能的需求也在增加,高效的数字基础设施正日益成为农村地区未来繁荣的决定因素。2019 年底,德国通过了政府的移动通信战略,即宽带推出计划,旨在使城市和农村地区使用相同的数据速率网络。根据"数字基础设施"特别投资基金,约 5000 个移动站点的建设将获得 11 亿欧元的补贴,在实施过程中为市政当局提供全面支持,并将千兆比特覆盖到可用连接速率低于 30mb/s 的地区。与此同时,还通过了 6000 万欧元的预算来改善农业部门的移动通信支持,旨在支持适合农民需求的本地网络,为当地农业带来更多的数字解决方案。

2.农村数字化转型

现代数字信息通信技术在德国的应用为农村地区开辟了新的机遇,使农村社区更加紧密地联系在一起,弥补了地理劣势和远距离的不便,为农村地区人们的生活和工作带来了更多便利。

BMEL 通过其土地数字化计划(Land.Digital)支持农村地区的数字化转型。数字计划在德国资助了 61 个示范项目,涵盖七个主题领域:"经济与劳动""志愿服务与参与""流动性""教育与培训""保健与护理""地方服务提供"和"信息与交流平台"。例如,CoWorkLand 是一个与联合工作相关的项目,以"经济与劳动"为主题,向可能拥有开放空间的农村居民介绍建立协作空间的选择,了解提供协作工作空间的可能性,并在实践中进行测试。CoWorkLand 项目可以在许多不同的农村地区用作移动弹出式联合办公空间。在"健康和护理"主题下资助的"药房 2.0"项目侧重于发展模拟和数字可能性,目的是确保药品供应充足,扩大药房提供的医生咨询和护理服务范围,以尽量减少患者住院时间或避免患者搬到养老院。

BMEL 正组织实施智能农村计划(Smarte Land Regionen),该计划是联邦农村发展计划(blue)的一部分,专门针对主要农村地区开发和实施数字解决方案,旨在通过实施该计划将传统农村地区转变为智慧农村地区。要保持农村生活和工作环境的吸引力,关键是选择使用新技术,如电动汽车、在线学习、在线教育、远程医疗和不依赖地点的灵活工作方式。农村社会和文化服务也必须能够从数字化转型中受益。智慧村庄计划支持多达七个农村地区实施数字项目。选定的地区将在 48 个月内获得最高 100 万欧元,用于制定数字战略,培养数字技能,获取和传播关于数字潜力的知识,引入网络平台和数字服务,以改善普遍服务等。选定的农村地区与弗劳恩霍夫实验软件工程研究所(IESE)共同开发和测试数字平台以及服务和应用程序。代表 BMEL 的农村发展能力中心(KomLe)被指定为项目计划和相关参与者的联络处和

资金支持机构,对整个项目进行科学监测和评估。旨在促进创新和可扩展性,项目实施评估意见将纳入各级行政政策设计。

BMEL的《2035年农业战略》对数字化场景进行了简要描述:2035年德国农业仍将是大小型农场的混合,较小的农场共同努力降低数字化成本,使用最先进的技术,同时利用数字化确保各种规模的农场具有竞争优势,并确保整个农业行业高度数字化和智能化;快速接入互联网、地面传感器、空中无人机、农场的无人驾驶拖拉机、利用信息分析土壤和作物,并在必要时进行干预的小型机器人;可将最新所需数据实时发送至智能手机,并结合往年的生产和收获数据,做出全面科学的生产决策,准确识别病虫害和病虫害天敌,通过无人机投放进行生态破坏,适当提供动植物生长所需的营养物质,在保证高产的同时,实现高水平的自然环境保护。农业生产者可以在农场商店、周市和在线电子商务上销售他们的高质量产品,其中许多人也可以在国际市场上取得成功。

德国在推进农业农村数字化方面的一些实践值得借鉴,如:突出数字化在促进农业农村可持续发展中的重要作用;统筹城乡数字基础设施建设,统筹安排项目,投入资金,提高农村数字基础能力;通过任命数字化专家,强化农业相关部门的数字化职能,加强农业农村数字化工作的协调;建设基于数字技术的能力网络,创建跨学科团队,将科学家、企业家、数字专家、从业者和管理人员等不同领域的利益攸关方聚集在一起,交流信息,讨论如何更好地促进农业和农村地区的数字化;它积极参与全球粮食和农业事务,合作组织GFFA等国际会议,在促进全球小农提高数字技术可及性方面发挥了重要作用。

3. 空间生产的转向

二战后,德国大规模的重建使城市成为经济和生活的中心。加上农业机械化,大量劳动力从农业中解放出来,农村人口大大减少,缺乏活力。1954年和1955年,前联邦德国先后颁布了《土地整理法》和《农业法》,促进小农退出后的土地集中流转,发展农业规模化经营,改善农村基础设施,提高农村生活水平。加强城镇化进程中农村自然资源和文化建筑的保护。从1945年到20世纪70年代末,是农村空间的生产主义时代。生产主义认为,农业是以粮食生产为目标的产业,农民作为"国家支柱",享受政府提供的各种优惠待遇。总体而言,这一时期的生产主义对乡村空间的地方性、社会性表征和日常生活的塑造起到了积极的作用,并在乡村空间内部形成了"整体性"的结构关联。1965年,前联邦德国颁布了《联邦德国空间规划》。前联邦德国遵循"城乡对等"的理念,制定了《城乡空间发展规划》,按照城乡居民生活、工作、交通、公共服务等条件相同的目标规范建设活动。

整个德国的乡村失业率很低,在德国的一些地区,特别是原东德地区,乡村工人

缺乏非农业就业机会仍然是一个问题。萨克森州只有15.2%的乡村劳动力从事非农工作,而邻近的下萨克森州这一比例为81.3%。因此,欧盟促进农村一体化发展最重要的项目是"农村地区发展联合行动"(LEADER,源自法国的"Liaison entre actions de development rural")。20世纪80年代中期,随着WTO全球资本影响的加深,全球粮食贸易体系加强了国际市场的作用。各国之间签署的一系列粮食自由贸易协定,引发了欧共体、美国与以碑石组织为代表的大型粮食进出口集团之间的贸易竞争。经济转型和社会重建对乡村空间的乡土性产生了深刻的影响。20世纪80年代末,曾经以绝对和垄断的方式塑造农村形态和功能的生产主义逐渐消亡[35]。

西方国家向"后生产性农业"转型,具体表现为减少国内粮食产量和政府对农业的补贴,对食品行业制定更严格的工业环境标准,向更自由的全球经济市场开放。从生产主义到后生产主义,农业的核心特征发生了重要变化——前者的特征是密度、集中度和单一性,后者的特征是广泛性、分散性和多样性,即农业生产土地利用强度和规模的降低,土地主体的分业经营和并行农业的出现。这种多元化转型也从农业部门向"后生产性农村"扩散,农村空间进一步呈现出异质性。"后生产性农村"的发展模式更强调消费导向,农村应提供更多样化的产品,而不是单一的产品。

欧盟进一步将其贯彻到政策实践中,为乡村文化空间的发展提出了数字战略与农村生态系统计划,既保证了产业布局的合理性,又保证了利益相关者的合作文化。以德国的"数字村庄"项目为例,通过使用"生活实验室方法"实现了数字平台建设、数字文化治理以及与文化创意、教育培训有关的数字基础设施。乡村空间生产理论强调从整体性实现对乡村空间的认知,是西方乡村空间研究较为系统的理论架构。通过对德国乡村从生产主义到后生产主义转型的剖析发现,空间作为资本主义或现代主义的产物,其内部充斥着矛盾和对立的社会关系,文化空间是关于与物质空间与非物质空间的联结点,在数字乡村建设的影响下,文化空间在物质性与虚拟性的维度中被创建,同时与自然资源、经济产业、人文风俗等要素相互影响。乡村空间受到来自系统内外部的交互作用,始终处于不断适应、磨合和改造的过程。因此,后生产主义乡村文化空间大多走向多元发展的路径。

(五)对中国的启示

中德处于不同的发展阶段。农村土地所有权、乡村治理结构、城乡关系等主要的制度安排是非常不同的;但两国都有深厚的农耕文化传统,都非常重视城市化进程中的农村发展。德国推进乡村振兴的实践可以给我们一些启示。

1.均衡的城市化和生产力布局,更有利于乡村地区发展

德国已经走上了以小城镇为主导的城市化道路。通过空间规划和区域政策,引导产业向小城镇布局,带动农村发展。在中国城市化进程中,各类资源明显向大城市

集中。这种以东南沿海地区和大中城市为主，农民大规模转移就业的人口迁移模式，对农村腹地的带动作用较差。要深刻反思中国的城镇化道路，在基础设施投资、医疗教育资源配置、土地配额分配等方面为中西部地区县域和小城镇发展创造条件。

只有增强小城镇活力，增强小城镇辐射带动能力，才能为城乡融合发展提供有效支点。

2. 土地整治，是促进乡村振兴的重要基础平台

在城市化进程中，德国一直重视农村土地整理，并在不同的发展阶段赋予其不同的功能[36]。前期主要推进农用地整理，解决破碎化问题，以方便机械化和规模化经营。后来，把基础设施建设和公用事业建设作为农村土地整理的重点。20世纪70年代以来，农村土地整理的重点是景观和环境保护。长期以来，中国农村土地整理的主要目的是提高耕地质量，增加耕地面积，腾空农村建设用地目标，并没有与农村发展深度融合。因此，中国农村土地整理应被赋予更完整的功能，并作为实施乡村振兴战略的重要基础平台，土地整理应与农业规模经营、乡村旅游、基础设施建设、景观环境保护相结合。

3. 不同发展阶段乡村衰落的内在逻辑不同，促进乡村振兴的策略也必须相应调整

德国作为工业化的开创者，经历了完整的城市化进程。它在不同的发展阶段面临不同的农村发展问题，应对策略也有很大的不同。特别是在城市化率70%左右，这一点更为明显。

以前，农业支持和保护是用来对冲农业比较效益下降的，基础设施和公共服务建设是用来对冲城乡生活条件差距扩大的。此后，利用空间规划和区域政策对冲城乡产业效率差异，利用生态环境和地方文化对冲城乡生活繁荣度差异的扩大，越来越受到重视。中国仍处于城市化快速发展阶段，坚定不移推进以人为本的新型城镇化，继续减少农村人口总量和比重。但从现在开始，要注意改善农村人口结构，使农村能够留住和吸引一批年轻人，从而增强农村的活力。为此，我们要牢牢抓住产业振兴这一主线，为青年创造富有吸引力的职业发展空间。同时，要改善农村居住条件和公共服务，让年轻人愿意长期生活在农村。

4. 促进乡村振兴，需要营造社会氛围

德国不仅颁布了《土地整理法》《农业法》《联邦空间规划法》等法律实施村庄更新计划和举办欧盟"领跑者项目"等投资建设活动，促进乡村振兴，注重营造乡村振兴氛围。例如，联邦德国农业部在自愿乡村社区美化比赛的基础上，于1961年将其改造为全国乡村竞赛体系，每三年举办一次"更美丽的乡村"比赛。2007年更名为"明天美好乡村"比赛，从外在美转向内涵美。近年来，我国各地陆续开展美丽乡村、星级农家乐评选活动，2018年起举办"中国农民丰收节"。

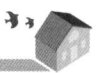

我国应借鉴德国经验,统筹谋划,围绕现阶段乡村振兴的核心内容,设计竞赛内容和规则,提高活动的实效性和持久影响力。

六、荷兰

(一)发展背景

荷兰国土面积较小,且受低洼潮湿、光照不足的自然条件限制,先天环境不利于农业发展,却成为了世界公认的农业现代化典范,其农产品出口额常年位居世界前列,2021年更是突破1000亿欧元。与此同时,荷兰将农业和农村发展结合起来,注重乡村基础设施建设与生态环境改善,促进了农村地区的可持续发展。科技创新、农业合作社建设、多元主体的积极参与以及高素质农业人才培养均在荷兰农业和农村发展中发挥了重要作用。

荷兰是现代农业大国和主要农产品出口国。2021年,荷兰农产品出口额达到1047亿欧元,居世界第二。近年来,荷兰大力发展智慧农业,推动数字技术在种植、仓储等环节的广泛应用,显著提高了农业生产效率和竞争力。荷兰农业是资源密集型、知识密集型和技术密集型产业,技术领先世界。完善的教育体系和严格的资格管理制度,使农民具备更高的素质,为农业成为具有国际竞争力的产业提供人力保障[37]。

(二)实施策略

1.科技创新提供有力支撑

为了应对资源匮乏带来的挑战,荷兰重视农业科技研发及产学研深度融合,将科技作为核心要素融入农业生产和农产品销售全过程,把发展农业科技放在较为突出的位置,注重提升农业科技创新水平,科技进步对荷兰农业发展的贡献率超过80%。

在研发环节,荷兰政府给予农业科研充足的经费支持,依托高校、科研院所、农业试验站等不断开发新技术、新产品,为农业发展提供支持。其中,瓦格宁根大学具有深厚的科研实力,是荷兰农业科技研发的中坚力量。与此同时,农业企业也是相关科技研发的重要参与者,荷兰政府通过给予政策优惠或资金支持鼓励企业参与农业科研项目。数据显示,一些企业的农业研发投入达到其收入的15%~30%。

在生产环节,荷兰注重通过引入先进技术和装备,提高农业生产效率和农产品质量。其中具有代表性的是荷兰的温室农业。荷兰的玻璃温室面积达16.5万亩,占全世界的1/4。在先进科技的支撑下,建成了温室农业高效生产体系,使有限的土地产生了巨大的经济效益。通过在温室中使用高新技术,如采用先进的光学材料提高玻璃的透光率,用计算机实时监控营养要素和生长指标,用光谱传感器监测作物成熟度等,提高了优质农作物的产量。而温室中农产品的病虫害防治以农业防治、物理防

治、生物防治为主,尽可能减少农药用量。此外,荷兰许多农场的生产已经实现了自动化控制,农作物生长所需的光照、温度、灌溉、施肥等都可以由中心机组自动控制,使劳动生产率得以大幅提高,降低了对于人工的需求。

在农产品的加工、包装、运输等各个环节,技术创新的优势也得到了体现。例如,采后保鲜技术是荷兰农业的核心优势之一,荷兰政府每年拿出 1000 万欧元资助研究运输技术与物流供应链管理技术。得益于采后保鲜技术和运输体系的成熟,荷兰农产品在存储和运输过程中的损耗基本能控制在 5% 以下。

在荷兰韦斯特兰的"番茄世界"的温室里,不同品种的番茄挂在树上。技术专家阿布·范·马尔维克(ABU van Marwijk)正在驾驶一辆升降机检查作物的生长情况。在温室的屋顶和种植番茄的无土基质上安装了如此多的摄像头和传感器,这个农场乍一看就像一个生产车间。

"番茄世界"是探索和实践温室智慧农业技术的地方示范基地。它于 2008 年由荷兰设施农业产业协会的一些合作伙伴共同创立,旨在展示先进农业技术,提供专业咨询和培训,促进农业健康、高效、可持续发展。

"番茄世界"拥有 80 多个品种,其中 35 个是应季种植,全部采用无土基质培养和全链数字技术。"温室可以通过数字技术监测温度和湿度。整个过程高度智能化,每天只需要根据电子终端提示进行少量人工干预。"Marvijk 拿起番茄基质旁边的数字终端。终端上可以看到各种参数,系统可以根据作物的需要自行操作,如开启通风、加热、滴灌等。终端数据也可以同步显示在手机上。如果需要人工干预,手机会发送通知提醒。

一个使用"植物电生理学"的小装置负责收集来自作物的信号。它们可以感知来自植物根部的电信号,并使用人工智能分析这些信号,以更好地了解作物的状态,并准确地对"需求"做出反应。

精准的管理节省了大量的人力和资源。研究表明,与普通大棚相比,智能大棚可节约 14% 的水、31% 的肥料和养分,并进一步缩短作物的生长周期,提高 10%—20% 的产量。

在韦斯特兰,有超过 4000 公顷的智能温室,每年产出 75 亿欧元的新鲜农产品。"现代农业正朝着精细化、标准化的方向发展,而数字技术将加速这一进程,因此在数字基础设施方面的投资是完全值得的。"Marvijk 先生说。

智慧农业的发展除了让种植过程更加精准,还优化了产品的储存。荷兰是花卉生产和出口大国。由于花卉的保质期短,贮藏要求高,利用数字技术准确预测花期和产量,可以更好地调节市场供需平衡。

今年春天,荷兰各大农业和旅游信息网站都将水仙花、郁金香等主要花卉的提前

开放时间精确到天,以便游客据此规划行程。使用人工智能和数字技术来准确预测作物产量还可以帮助农民确定使用多少人工量,这在劳动力成本较高的荷兰和欧洲非常重要。

每年6月至10月,是荷兰西蓝花收获的季节。总部位于海牙的范博芬(Van Boeven)公司使用无人机收集蔬菜田的田间数据,并将这些数据与天气预报和产量模型结合起来,以获得未来两周西蓝花成熟的精确数据。该公司联合创始人卡兹·维米尔(Kaz Vermeer)表示:"在荷兰,调整蔬菜供需所需的平均时间为两周。""准确预测蔬菜产量和管理销售预期可以帮助找到合适的农产品买家,防止食物浪费。"

荷兰农业技术公司豪根道(Haugendau)开发了一个数据分析平台,可以准确预测作物产量83%—93%。豪根道CEO彼得·亨德里克斯(Peter Hendricks)认为,无论是从供给侧还是从需求侧,农业产量预测都具有重要的现实意义。过去对产量的预测更多依靠经验,现在已经进入智能化阶段,其中最关键的是数据。"只有在充分的数据采集和分析的基础上,才能准确掌握农作物的状态。"

2.农业合作社发挥专业引领作用

农业合作社等各类合作组织将个体农业生产经营者联合起来,以较高的组织化程度进入市场[38],能够提高其生产销售专业化水平和市场竞争力,在荷兰农业现代化过程中发挥了引领作用。荷兰的农业合作社历史悠久,运作模式成熟。荷兰拥有许多大型农业合作社,其80%以上的农产品是通过合作社销售的,例如,荷兰全国80%的牛奶供销市场为3个奶类合作社分享,而淀粉用马铃薯市场则全部被1家合作社占领[39]。

与单个农户相比,合作组织在获取信息、市场竞争、签订契约等方面具有更大的优势。通过各类合作组织,一方面,分散的农户被组织起来,这对于降低农民参与市场交易的费用,增强农户的市场谈判能力与竞争能力,解决"小生产"与"大市场"之间的矛盾具有重要意义。另一方面,合作组织的形成使生产、经营专业化成为可能。近年来,荷兰农业合作社的公司化发展趋势明显,专业经营管理团队的引入使合作组织能够更好地适应激烈的市场竞争,现代农业经营体系建设为提高荷兰农业的国际竞争力提供了帮助。

3.重视土地利用效率和人才培养

为了促进农业发展,20世纪初,荷兰进行了大规模的"土地整理"[40]。1924年,荷兰颁布了《土地整理法》(第一版),提出通过土地置换将分散的土地集中,促进机械化耕种和农业规模化生产,减少农地碎片化导致的问题。同时,采取措施改善土质,完善农村基础设施,使农业生产效率得到了提升。但是,在农业得到快速发展的同时,荷兰乡村的生态环境遭到了破坏。于是,20世纪40年代起,原本以促进农业发展为

主要目的的土地整理,逐渐转变为农业发展与农村建设和生态保护相结合的、更具综合性的土地治理,推动农业和农村建设同步发展。1954年颁布的《土地整理法》(第三版),除了继续推动农业发展外,在园艺、林业和养殖业的发展上投入了更多的关注,旨在使农村地区的产业业态更加多元化。此后陆续出台的《乡村发展的布局安排》《自然和景观保护法》《户外娱乐法》《土地开发法》等,在产业发展、生态和景观保护、设施建设等方面综合施策,构成了荷兰农业和农村发展的主要法律体系。通过土地整理,荷兰不仅促进了农村地区的经济发展,还改善了生态环境,带动了旅游业的发展。例如,位于荷兰东北部地区的羊角村的土地整理开发综合了农业生产、自然景观保护、旅游休闲等多个方面,由于规划理念与方法合理,成为荷兰乡村地区规划的经典案例,并促使其成功转型为知名旅游景点,当地至今仍保持着良好的生态条件和美丽的自然风光,整个村庄便是一个公园化的田园社区,吸引了大量游客前往游玩。

荷兰重视包括农民在内的多元主体在为农业和农村发展提供内在驱动力方面的作用。在土地利用方面,《土地整理法》(第三版)明确了当地农民的主体地位。法律规定,土地整理项目必须获得大多数当地居民的支持。在实践中,由农民代表、水资源管理委员会代表、市政府代表以及其他利益相关方代表组成的"土地整理委员会"负责起草乡村规划,形成方案后还需要组织听证会听取当地农民意见,通过投票表决获得大多数农民与居住者的同意后才能付诸实施。

现代农业的发展离不开高素质农业人才。为了培养人才,荷兰建立了包含初等、中等、高等和大学四个层次的农业教育体系。荷兰农民普遍具有本科学历,有的还具有硕士和博士学历。荷兰还建立了农业培训体系,积极开展各类农业技术培训,推广农业生产技术,提升农业生产和经营的专业化、组织化、规模化水平。具有较高科学文化素养和农业技术素养的新型职业农民,不仅能够及时接受与掌握农业新理念和新技术,而且可以在农业生产中不断进行技术创新,还可以帮助相关合作组织良好运行,为荷兰发展现代农业提供了保障。

(三)代表案例:小桥流水人家——荷兰羊角村

1.背景

羊角村位于荷兰东北部的偏远地区,隶属艾瑟尔省(Overijssel)斯滕韦克尔兰德市(Steewijkerland)(图4-19)。它距离最近的大城市阿姆斯特丹近120公里。截至2018年,这个只有2620名居民的小村庄经营着32家宾馆和30家餐馆[41]。

在疫情前,它每年接待超过80万名国际游客[42]。虽然对于一个成功的国内旅游地来说,这些数字似乎不像是一个成功的故事,但在欧洲,它却代表着惊人的旅游吸引力:80万国际游客占到荷兰游客总数的5%,而来荷兰旅游的30万中国游客中,几乎所有人都选择去羊角村[43]。当然,作为荷兰最重要的乡村旅游磁石,羊角村不仅

吸引了大量的游客,也带来了巨大的经济效益。早在 2015 年,据羊角村当地旅游企业家估算,平均每位中国游客为当地带来约 750 欧元的收入,仅羊角村吸引的中国游客就为艾瑟尔全省贡献了高达 2900 万欧元(约 2.2 亿元人民币)的经济效益[44]。

Touristic Car Route
To give you a good idea of the surroundings of Giethoorn and the historic towns and villages, exploration by car is an excellent way. One of the excellent options is a 69 km long route that starts and ends in Giethoorn. You will pass picturesque villages with monumental buildings, but you will also have the opportunity to discover the area around the villages, since the route also crosses the Weerribben-Wieden National Park. Make sure to take a stroll in the numerous small towns and don't forget to explore the National Park. Have a good trip!

Dwarsgracht page xxx
Wanneperveen page xxx
Zwartsluis page xxx
Sint Jansklooster page xxx
Vollenhoven page xxx
Gemaal Stroink page xxx
Blokzijl page xxx
Nederland page xxx
Kalenberg page xxx
Mill De Wiecher page xxx

图 4-19　羊角村交通环线图(来源:《北方的威尼斯羊角村》)

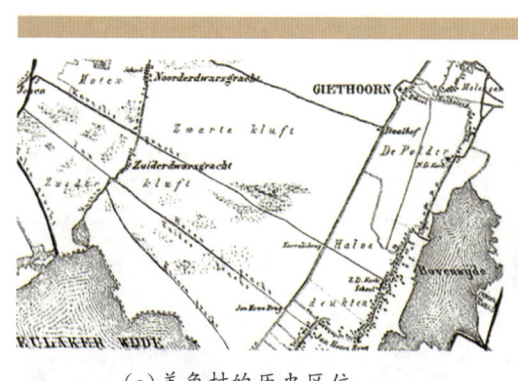

（a）羊角村的历史区位　　　　　　　（b）羊角村水道

图 4-20　10 世纪的羊角村历史原貌(来源:《北方的威尼斯羊角村》)

　　位于荷兰东北部的上艾瑟尔省的村庄羊角村(Giethoorn)被称为"北方威尼斯"。"羊角村"的名字最早出现于 1225 年[45]。如图 4-20 所示,1170 年,斯威德海(Suede Sea)的洪水淹没了这个地区,建造定居点的人发现了很多羊角,他们把这个地区命名为 Geytenhorn,在方言中演变成 Giethoorn。在荷兰语中,角也意味着"从水中伸出的土地一角",在 1230 年记载的"Gethorne"中也得以说明[46]。为了运输泥炭,矿工们挖掘沟渠，形成了羊角村原有的沟壑结构。由于过度的人工开采，18世纪和19世纪的两次特大洪水彻底改变了羊角村脆弱的地质结构，形成了今天的湖泊。经过数百年的挖掘，羊角村的泥炭资源已经枯竭，只剩下数千流亡者的后代和大量废弃的沟渠水道。

羊角村作为一个偏离了发展方向的小村庄，在数百年的发展中只继承了历史的苦难，却没有机会搭乘黄金时代的发展马车。远离大城市，大量的湖泊和湿地也切断了连接城市的陆路交通，羊角村仿佛成了一座开发孤岛。

羊角村的逆袭公式，可以说是政策引领、数字流量，配以精雕细琢的打磨，再加上长期精细化维护。

2.建设思路

第一，生态导向的规划引领。

羊角村根据自身特点，完整地保留了水乡的河道肌理和航运文化。在土地整理过程中，采取"尽量保留乡村河流，尽量减少道路建设"的原则，将旅游用地与农用地、生态保护用地分开，实现旅游集约开发，形成了统一的大型河流景观，成就了今天羊角村旅游发展的最大特色（图4-21、图4-22）。随处可见纵横交错的河流、芦苇屋顶、院子里开满鲜花的木别墅沿江而建，宁静舒适，满足了我们对童话世界的一切幻想。随着荷兰"农地整理"的不断完善，荷兰乡村景观规划的理念也从服务于农业生产的现代化、合理化，转变为农业休闲、自然保护、历史保护等多种利益的综合平衡。2005年，荷兰政府建立了20个国家景观区，面积近9000平方公里，有效地保持了荷兰每个农村地区独特的景观。在羊角村内外，有符合村落氛围的原创业态，包括艺人店、咖啡厅、餐厅、酒吧、民宿等。

图4-21　羊角村静谧的运河湖泊

图 4-22　游客在羊角村拍照打卡

第二,营造艺术化的村庄风貌。

美丽、自然而发达的水系是羊角村最大的特色。在这个村子里,河川纵横,密密麻麻的河道连接着家家户户的出行。这个村庄赢得了"荷兰威尼斯"的称号。

图 4-23　羊角村一年四季的别致景观

羊角村建筑最具特色的是它的圆锥形屋顶，屋顶全部由芦苇编织而成。这些原生态建筑被装饰成富有创意的艺术品。房子被漆成五彩缤纷的颜色，房前屋后还精心培育了各种鲜艳的花朵（图 4-23）。

五颜六色的房子，鲜艳的花朵，绿草如茵，小桥流水，形成了一个美丽的童话世界，吸引着来自世界各地的游客。

第三，重视资源的原真性保护。

羊角村非常重视人力资源和自然生态资源的保护。村子里 95% 的人都是原住民，只有少数新来的中产阶级。当地政府已经成立了物业管理机构，以防止过度的商业开发，以保持村庄和平舒适的氛围。每年组织专业人员在景观区收获芦苇，通过生态景观设计实现羊角村的生态景观的可持续发展。

图 4-24　羊角村历史展馆还原当时的矿区场景

第四，构建特色化的旅游产品。

羊角村最受欢迎的旅游活动是水上观光、博物馆参观和民宿体验。水上观光是去羊角村的游客必不可少的一项旅游活动。这些船都使用"耳语船"，这种船靠电池驱动，不会污染河流。船尾的一个静音电动机使船保持安静（图 4-25）。

羊角村是一种慢生活的欧式乡村田园生活，这里没有喧嚣的地标景点，最大的吸引力就是悠然的乡村生活。

Giethoorn - the Venice of the North

A complete travel and photo guide
to the most romantic village in Europe

Daan Kloeg & Hans Wolkers

图 4-25　水上观光体验搭乘的"耳语船"

第五，聚焦重点客群精准营销。

2015 年，羊角村针对不断增长的中国旅游市场发布了纪录片《你好，荷兰》。纪录片通过一个中国女孩追寻梦想"世外桃源"的经历，从中国人的角度审视了早已蜚声世界的羊角村水乡风貌，从而迅速打开了中国市场。这部纪录片让这个村庄成为了"世外桃源"的代名词，也让这个村庄成为了中国人眼中的网红。

20 世纪，欧洲国家快速推进城市化进程，但环境污染、城市拥堵、嘈杂噪音等问题在大城市肆虐，宁静乡村之美成为都市人的最大愿望。

此时的羊角村，依然保持着最原始的乡村田园情怀，纵横交错的水路，成为挡车最有利的挡板——羊角村就像深闺院墙中的貌美女子亟待大家发掘。

然而，旅游成功的本质并不在于旅游地本身的美丽。旅游磁极建设的原则始终是"我知故我游"。1958 年，羊角村有了在欧美成名的机会——荷兰导演伯特·汉斯特拉（Bert Haanstra）选择了羊角村作为《吹奏》（Fanfare）的电影拍摄地。随着这部音乐喜剧电影在国际上的影响力不断扩大，名不见经传的羊角村似乎在一夜之间成为了欧美人梦寐以求的旅游目的地。抓住电影大 IP 的机会，羊角村随即打出"荷兰威尼斯"的口号，抱住威尼斯这一世界著名旅游目的地的"大腿"，迅速崛起，打开了欧美市场。1958 年的这次电影机会，成为羊角村转型发展的重要转折点。随着羊角村旅游休闲产业价值的快速提升，羊角村的支柱产业也由传统的农业向旅游产业转变。

在这个数字信息时代，视频早已取代纸媒等传统宣传手段，成为最强大、最具影

响力的媒体手段。如果说羊角村的"一夜成名"在 60 年前还像是天方夜谭,那么 2015 年的《你好,荷兰》则是一个精心定制的重磅广告。事实上,国内旅游行业的先锋者早已打出了各式各样的旅游宣传片,从乌镇主打情感品牌的宣传片《心的乌镇》,到安康卖萌派的卡通宣传片《米西的安康》,再到上海以"调侃"引起共鸣的鬼兽型宣传片《魔都魔都》,宣传片已经成为城市旅游宣传的标配。虽然一部精致的旅游宣传片太过奢侈,但在新媒体时代,抖音、快手等"乡村包围城市"的自媒体平台,为乡村形象的传播提供了极好的机会。这样的软件拥有大量的用户和大量的活跃粉丝。

数据显示,截至 2018 年 12 月,快手日活跃用户超过 1.6 亿,月活跃用户超过 3 亿,每天上传短视频超过 1500 万,短视频库存数量超过 80 亿;据抖音发布的《2019 抖音数据报告》显示,截至 2020 年 1 月 5 日,抖音日活跃用户已突破 4 亿。这样的短视频平台已经成为流量时代最重要的传播力量。如果能正确引导"乡村广播员"传播乡村形象的正能量,这种短视频平台将成为乡村成名的最佳捷径。

也许,如果不是 1958 年的荷兰电影《吹奏》(Fanfare)让它出名,羊角村仍然是一个僻静的地方,不受游客打扰。

(四)设计实践分析

今天的羊角村是在 18～19 世纪古老村落的基础上保留的,作为水网乡村风貌保护与再生的典型成功案例,在水网乡村的设计实践中具有鲜明的特色与实施路径,具体表现如下:

1.要素组成

(1)生态基底:水绿相生的圩田水道

荷兰对积存深厚、历史悠久的圩田进行开垦,形成了美丽、富饶、持久的乡村景观,主要分为泥炭圩田、沿海圩田和湖床圩田三种类型。

泥炭圩田的开垦始于 11 世纪,通过使用天然河道作为泥炭沼泽的排水渠道,并通过订立合约限制开垦土地的长度和宽度,系统地将广阔的泥炭湿地转变为圩田。农业用地通常呈不规则的羽状或扇形,土地的短边通常被道路分割,住宅沿着道路以线性方式排列。羊角村是典型的泥炭圩田。

泥炭圩田的主要特征:土壤贫瘠,泥炭沼泽广泛,除芦苇和地衣外,其他植物无法生长,唯一可用的资源是地下的泥炭。早期居民的主要生计来源是从地下挖掘泥炭,随着时间的推移,这些泥炭积累形成了圩田水道(图 4-26)。

生态空间与生产空间:在羊角村核心区正中,有一条南北向的主干水渠,其他主干水渠呈鱼骨状东西向流动。水道西侧为大面积农田,水道东侧流入博文怀德湖(bovenwijde)中,被大小不一、齿状交错的长块围合,构成了羊角村的生态空间和生产空间。

这条水道已成为羊角村"三大生活空间"的骨架。这种"以水道为骨,以农田为肌,以水为生,田居耦合,居游合一"的空间格局,将田居结合在一起,形成了绿水圩田水道的生态基础。

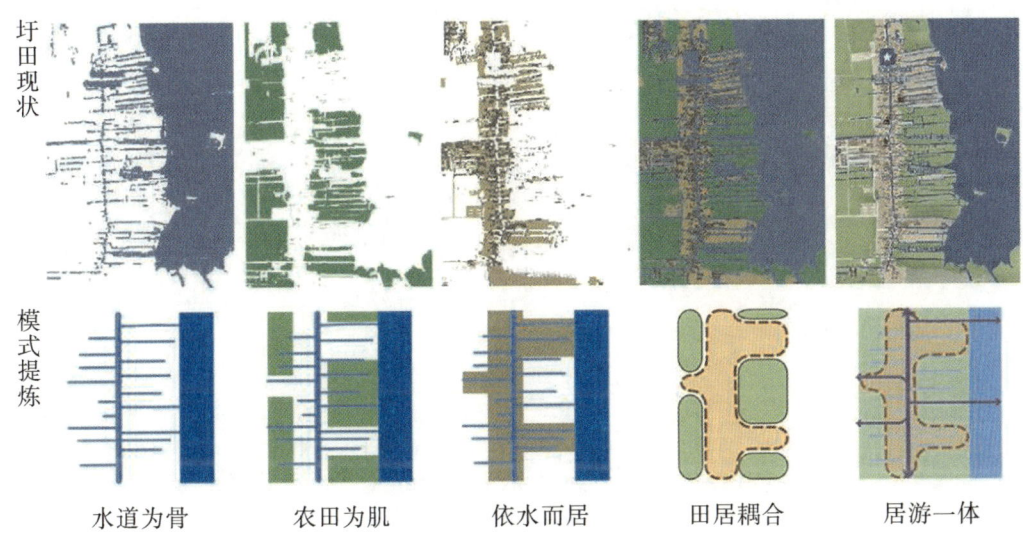

圩田现状

模式提炼

水道为骨　　　农田为肌　　　依水而居　　　田居耦合　　　居游一体

图 4-26　羊角村水绿相生的圩田水道

（2）空间节点:尺度宜人的桥与滨水空间

在水绿相生的圩田水道形成的生态基础上,点缀着桥梁、河岸、梯田或台阶等尺度宜人的空间节点,是支撑高效生态服务和审美体验的物质空间载体。这些滨水节点空间与江南中的桥梁、河堤类似,将水路、道路和私人空间连接在一起,是最具活力的公共空间和视觉焦点。羊角村有着尺度宜人的桥和滨水空间,在重视私密性、最大程度保证私人空间不受干扰的羊角村,桥不仅是交通功能,也是公共空间与私人空间的分界线、观景点与景观、休息与停留的场所。

在羊角村物质空间的诸多属性中,色彩能给人最直观的视觉审美活动感受[47]。鲜艳的色彩能给人带来强烈的视觉冲击,进而丰富人们的审美体验。

羊角村植物的配色符合歇茹尔(Cherjouer)的色彩和谐理论(图 4-27),即运用对比色和谐、相邻补色和谐、相近色调和谐的原则,景观色彩的选择和搭配基本满足人们的审美心理需求。

在滨水空间中,种植了五彩缤纷的八仙花,与周围的绿色草坪和灌木形成强烈的对比,营造出活跃的景观空间。

冬季植被枯黄时,黄绿作为色调和色彩相近的主色调,也能营造出一种远看逐渐融合、近看层次丰富的景观体验。此外,羊角村的建筑虽然每个都有独特的外观,但整体看起来有统一的色彩,这种共同具有个性的色彩选择。

从建筑与植物共同构成的景观空间来看,两者的色彩也属于和谐范畴。芦苇草屋顶与墨绿色木质外墙与绿色植被和谐共生，红黄色的植物与砖墙的背景完美融合。整个画面和谐统一，将植被色彩纳入风格控制范围，是景观与建筑空间整体性的体现。

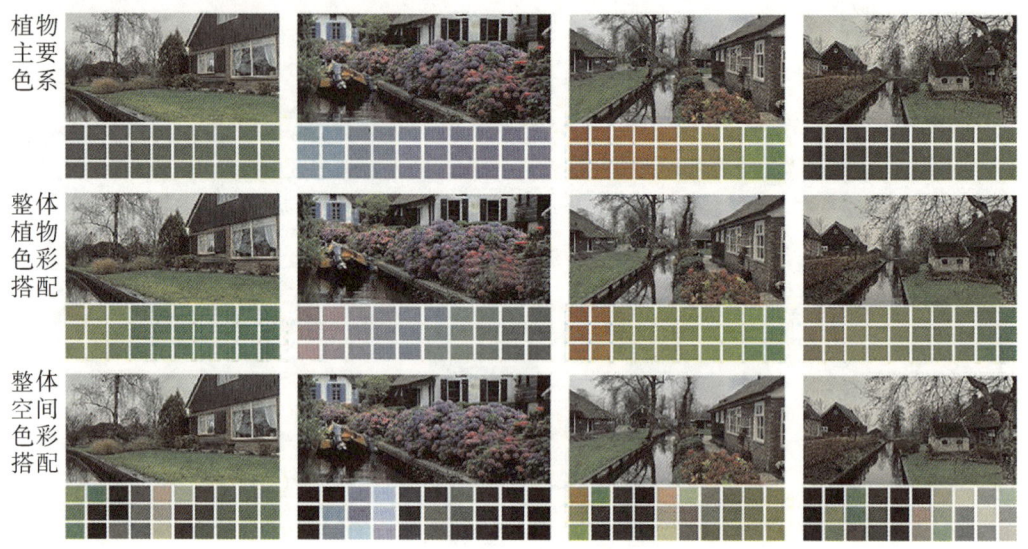

图 4-27　羊角村的色彩搭配与调和比例

2.空间结构

（1）滨水植被：空间营造的多样性

羊角村滨水空间运用巧妙的植被营造，展现空间组合的丰富多样性，以自然景观和自然现象为审美对象，在植被本身的生态属性之外，又增加了审美情趣，具有三大特点：

首先，滨水空间种植了小灌木，而大的树木则单独种植。

在滨水空间中单独种植大树，与小灌木形成高度、体积的差异，突出其强调效果，使大树成为视觉焦点，延伸视距，增加画面深度。

其次，大灌木常被用作背景，以突出主要风景，而桥、灌木、草在观景廊上因高度不同而呈现出丰富的层次变化。作为自然背景，大型灌木可以突出放置在其前面的特殊场景，如色彩鲜艳的花灌木或景观结构。羊角村的植物组合常采用背景森林—中等景观大灌木—前景花灌木的配置，并以高度定义植物空间的进阶感。

再次，大型乔木形成了一个长廊空间，将眼睛引向景观中的观赏对象。在羊角村非滨水区域，种植大树，形成具有高度导向性的廊道空间，可将人们的视线和行动导向景观中的观赏性物体，如博物馆等需要仪式感的特殊建筑（图 4-28）。

（2）旷奥序列：空间组织的节奏变化

羊角村的空间旷奥相间，有船和水道的幽静空间，有草木茂盛的旷达空间，更有旷景与奥景在同一处，变化丰富，层次有序。它不仅在物质属性上符合当地的生态特征，在精神上也迎合了人们的审美趣味。

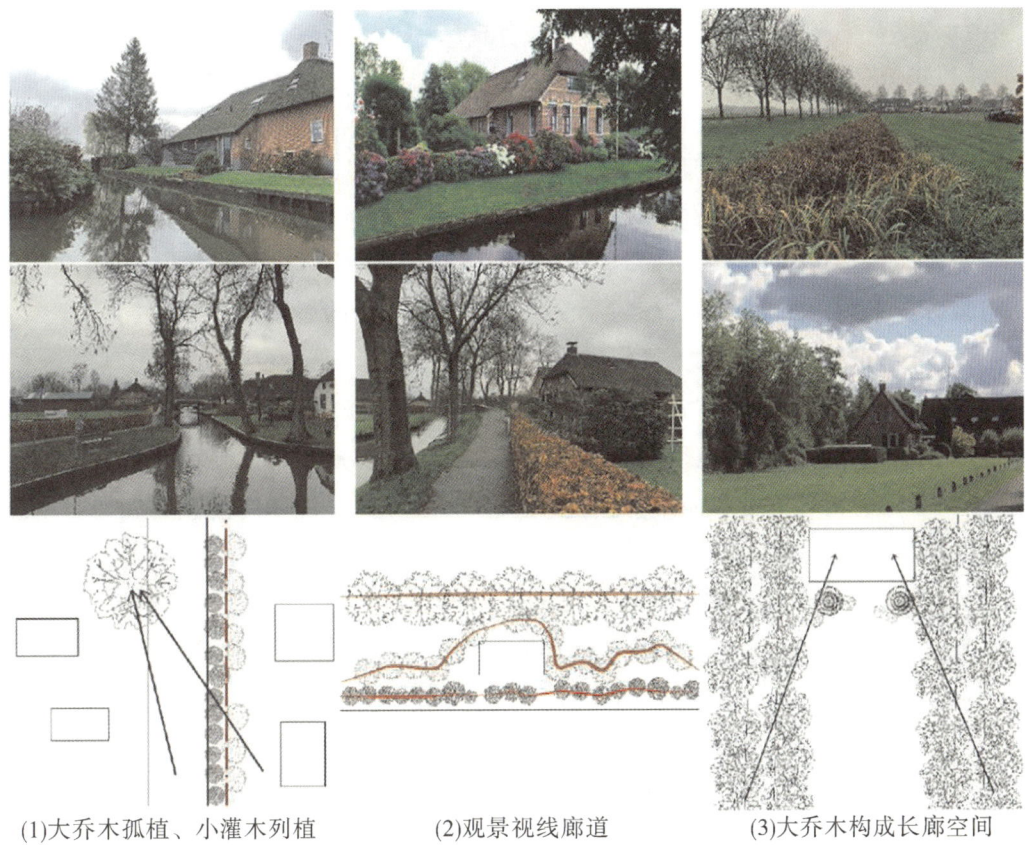

(1)大乔木孤植、小灌木列植　　(2)观景视线廊道　　(3)大乔木构成长廊空间

图 4-28　羊角村的滨水植被营造与空间组合

　　游客们可以沿着一条非常狭窄的水道乘船，拐个弯就到了水湾包围的广阔农田，随后又隐没入一片灌木丛；再往前走，你可以沿着狭窄的水道看到马儿在牧场上嬉闹。空间序列轻松，充满节奏感，颇有《桃花源记》中"初极狭，才通人"，又"豁然开朗"之感（图 4-29）。

图 4-29　羊角村的旷奥空间序列

3.人地关系

(1)生活方式:与水共生

在羊角村的历史背景下,圩田水道不仅具有地域空间特征,而且具有独特的文化符号,是当地社会经济发展的物质载体和尺度。

自古以来,羊角村的水就是居民获取生产生活资料的生命线,也是居民生活出行的交通道路。水与羊角村的生活、经济、人文社会息息相关,是人们与家园之间的紧密纽带。与水共生的生活方式已经深深烙印在当地居民的血液中。

(2)亲水以游:世界级水上慢行体验

羊角村被称为"没有道路的村庄"。虽然这是一种夸张的表达,但足以说明这里水上旅行的重要性和受欢迎程度。"荷兰威尼斯"为游客提供了世界级的水上慢行体验,带来非凡的视觉享受和冲击,在亲水性和安全性方面为游客的慢节奏观光之旅提供了支持和保障。羊角村的水路又窄又长,狭窄的地方只能容纳两艘船。水岸之间适当的距离,方便船上的人与滨水空间互动,让游客坐在船上也能触摸到水,给游客带来更丰富的审美体验,增加了游览体验的深度。

4.乡土感知

(1)人文基因:文化遗产保护与再现

羊角村得名于挖掘出来的羊角,这个故事在当地居民中代代相传。羊角村的乡土文化已经编译成了它的人文基因,与自然风光融为一体,成为羊角村不可分割的一部分。

1958年,伯特·汉斯特拉(Bert Haanstra)在这里拍摄了电影《吹奏》,让羊角村一夜成名。电影导演阿尔伯特·莫尔(Albert Mol)的雕塑开始矗立在羊角村的中心,对面是浸信会教堂。

今天,羊角村是几个乡村博物馆的所在地,比如农场博物馆,它普及了荷兰农业和畜牧业发展的科学知识,以及古老的地球博物馆,展示了各种宝石和矿物。

无论是电影的拍摄,还是博物馆的建立,都为游客提供了一个了解羊角村历史文化的平台。它不仅是保护和再现具有独特地方特色的文化遗产的一种方式,也是增强羊角村当地文化感知、提升当地审美体验的重要手段。

(2)特色产业:高附加值的产业支撑

羊角村的居民主要分为原本居住在这里的当地居民和被水乡田园风光所吸引的外国移民。为了保护村庄的自然环境,当地政府规定,只有以村庄为第一居所的人才能在村里购买房产。因此,只有2620名村民可以在村里长期居住。

羊角村当地居民不再以挖泥炭为生,旅游业及其衍生品已成为他们的主要收入来源。但羊角村还有一个更重要的特色产业支撑——芦苇草屋顶制造,由村里的工

匠代代相传(图 4-30)。

图 4-30　收获并燃烧的芦苇

荷兰作为一个小而发达、和谐美丽的国家,土地和空间利用秩序让人惊叹,拥有高密度和高效的城乡宜居环境。从人口多地少的基本国情、地方政府积极推进相关政策、政府直接参与土地开发并获得利益、政府优先征收农地、有效监管和上级—下级的有效调控与博弈等基本国情来看,荷兰与中国有很多相似之处,但其农村自然环境和农业产业化前景比中国好,并在农村规划方面有着悠久的传统和卓越的表现。

(五)对我国的启示

荷兰城市规划与乡村规划的关系经历了由隔离、对立到穿插、融合的历史转变,中国的城市和乡村也正在经历这种转变。荷兰的实践案例可以给中国带来一些启示:

1.功能主义与历史文脉的结合

乡村景观兼有实用性和美观性,是居民生产、生活和区域生态的统一,相关的规划设计需要考虑功能性和文化性的结合。

如果说荷兰早期风景园林师的工作是以场地观察、种植知识、历史地图和直觉为基础。随着时间的推移,则加强了历史、地理和生态的分析,而后设计师在草拟规划之前,特别着重研究土壤特征、聚落历史和土地形态、水管理模式,要求规划表达潜在的景观结构,并努力降低新开发对原有景观的冲击。

2.景观过程和弹性策略的结合

乡村景观是一个复杂的以时间为基础的景观过程,景观演变具有很大的不可预见性,"一蹴而就"式的乡村规划已被证明并不合适,而是需要具有灵活的弹性策略对乡村景观的发展加以调控。可能荷兰大部分的国土从开始就是人造的,乡村整治规划也比较容易顺理成章,并已经成为荷兰空间规划极富特色的一部分。

目前,我国乡村景观也面临农业现代化而带来的类似问题,例如,我国珠三角、长三角等圩田地区并圩、联圩等土地整理带来的地域特色消失、生态系统破坏等,那荷兰乡村整治百年历程中经历的包含土地整理在内的多目标综合性的规划方式、注重保护具有历史和生态意义的乡村景观、土地使用与相关立法探索等方面的经验也就值得我们借鉴。

七、印度

数字印度于 2015 年 7 月 1 日由总理纳伦德拉·莫迪(Narendra Modi)发起[48]。Digi Village 旨在让印度社会的根基——"村庄"数字化连接,让每个农村公民都具备数字素养。位于 Sabarkantha 区的古吉拉特邦 Akodara 村是印度的第一个数字村。ICIC 银行在其数字村庄项目下于 2015 年选择了 Akodara 村庄,并通过采用数字技术实现了无现金化。该村有自己的官方网站,拥有 100% 的金融利率和印地语、英语和古吉拉特语的手机银行设施。Khonoma 是印度第一个绿色村庄。

与中国相似,虽然近年来印度经济高速增长,城市化进程不断加速,但目前印度农村人口比重仍然占全国总人口的 70% 以上,城乡在生产、生活等诸多方面差距较大[49]。为提升农村居民生活水平,优化农村居民生产环境,印度政府不断加强对农村地区的支持。如,通过"农村综合发展计划"为农业技术服务、农村水利设施、农民职业培训、农村医疗、教育等乡村公共服务提供补助和贷款[50]。同时,印度不断增加乡村基层政府自治权力,推动乡村治理进程,缩小城乡鸿沟[51]。

近年来,在《知识信息计划》《信息技术法案》等政策法规的带动下(表 4-8),印度数字化产业迅速发展。目前,印度已成为全球最大的业务流程管理基地,其软件产业价值占全球软件产业总价值的三分之一以上[52]。印度政府依托其高速发展的数字化产业,通过各项数字化计划,开展共享网络、移动平台建设,实施电子政务管理,提升国民数字素养,推动社会数字化转型。目前,印度已在信息技术、信息资源、数字化建设等方面出台了系列战略法规,对于推动农村地区数字化治理起到了积极的作用。

时间	政策	主要内容
1998 年	信息技术行动计划	加强信息基础设施建设,保证信息能够有效、低耗地传输
1999 年	知识信息计划	计算机化管理 Dhar 地区的人口信息;在村镇中心路旁设立独立运营的信息中心
2005 年	信息技术法案	建立信息技术产业的法律框架
2009 年	生物识别项目	在国家层面建立身份证数据库,居民获得独一无二的生物识别编号,通过这个编号,偏远地区的村民们也能够享有更多的政府服务
2011 年	印德工程	建设利用手机随时随地看病治病,让乡村远程医疗变得更加方便和及时的远程医疗服务
2015 年	数字印度计划	提升公众数字素养,实现电子政府管理;打造可靠、实时共享的互联网络
2016 年	国家数字化建设计划——"2017 智慧印度黑客马拉松"	将信息技术创新方式方法应用于全国各地区的技术研究机构

表 4-8 印度乡村治理数字化关键战略

印度重点依托数字印度计划开展乡村治理数字化建设。2015 年,印度政府在 1050 个试点村庄将其乡村公共服务中心改造成移动互联网接入中心,通过布设免费 Wi-Fi 为村民提供网络接入,提高农村居民的生活数字化程度。便民服务方面,印度政府依托知识信息计划(Gyandoot),使收入、阶层、籍贯、土地所有权、债权等重要人口基本信息得到计算机系统化管理。这个管理系统不仅覆盖各地区的行政中心,也贯穿于全国建立的 21 个独立运营的信息中心。其中,信息中心多设在村镇中心,不仅是信息收集的终端,同时也为每个村民提供如原产地证书和房屋所有权证书办理、农产品价格信息提供等服务,显著提高了印度乡村治理办公效率与服务能力。

社会治理方面,2009 年基于 Aadhaar 项目,印度建立了全球最大的生物识别数据库,目前已有超过 10 亿城乡居民获得生物识别编号,为乡村社会治理提供基础数据。普查人员以村长为信息输送者,通过手机给村长发布消息,召集村民进行身份信息收集。分析乡村居民各项信息数据,能够有效评估乡村居民的具体需求,实施具有针对性的政策措施,保证社会救济发放给真正有需要的人,使偏远地区的村民们能够享有更多的政府服务。

乡村教育方面,移动热点的铺设开启了印度数字化支付的进程,印度政府与最大银行之一 ICICI 银行合作,推进印度村民数字教育培训。在印度第一个"数字村"Akodara 村庄,ICICI 银行向学校提供投影仪、电脑、视觉辅助工具等设施设备,实现教学数字化,并依托村庄建立的联网银行,为村庄提供数字跟踪和付款解决方案,向村民进行数字货币普及、数字化支付等培训。

　　乡村医疗方面，印度航天研究组织（Indian Space Research Organization）响应农村发展需要的号召，利用高级通信卫星，发展远程医疗，破解了农村求医缺乏专家的难题，还为乡村医生升级专业知识、提高自身技能和解决疑难杂症等提供了一个有效的解决途径。2011 年，印德工程（Indo－German Project）和英特尔调研项目（Intel Research）资助的移动远程医疗服务，即利用手机随时随地看病治病，使得远程医疗变得更加方便和及时。

第三节　国际经验总结

我国的乡村振兴的发展历程也经历了空间生产的转向：计划经济时期的乡村规划更多的是一种计划的空间化，是空间生产主义表征的结果；而市场经济的建立和发展促使乡村规划成为分配城乡产业资源、公共设施、服务和利益的载体，并以公共政策的转向呈现变化。当前规划布局既重视数字技术的顶层设计，又强化文化赋能的底层逻辑。乡村人口锐减、生态环境恶化、乡风文明萎缩、乡村空心化和老弱病孺留守，国际上面临的困境相似，城乡发展失衡都是各自无法回避的社会现实。在党的十九大报告中，乡村振兴战略适时地被提出，已然激发出中国新时代农村发展的巨大动能。日本越后妻有、瀬户内艺术祭给予了我们在空间设计上的启示，在政策驱动和产业布局发展上更是提出了宏观架构的参考模式，在经验总结中从空间设计和顶层设计两个维度展开思考，得到以下发展启示：

一、从艺术助力乡村发展上

（一）要牢记村民是乡村的主人，是艺术乡建最重要的主体

尽管他们对于自己身处的乡村非常熟悉，但却常常置身于乡村建设实践之外，成为乡村建设"现场的缺席者"。中国乡村具有浓重的"熟人社会"的传统底色，当村民们面对艺术家等一系列外来力量时，经常持有的态度便是冷淡、观望甚至怀疑。艺术介入乡村建设是一个渐进式的长期过程，任何激进的、短期的思路和做法都是不切实际的。

（二）要贯彻艺术创作的"在地性"

只有深挖当地文化内核，以此为基础进行艺术创作，艺术作品才具备真实的感染力和长久的生命力。这种"在地性"对于连接村民、经营者、艺术家、政府，甚至离开故土的村民具有强大的黏合力，并最终以艺术活动串联起情感的回归与文化的认同。

（三）要避免不经"加工"地套用"模式"

艺术乡建有经验可用，有模式可循，但是如果不能立足本土，用心开发，也可能会演变成"遍地古村、村村相同"的场景。艺术是抵抗同质化最温柔的手段，也是保留乡村核心文化最有效的手段之一。

二、从顶层设计驱动乡村发展上

(一)完善国家顶层设计,保障乡村治理数字化稳定运行

乡村治理数字化建设应完善制度保障,在国家层面出台专门的乡村治理数字化发展战略、标准规范等,以指导和保障乡村治理数字化稳定运行。例如韩国的"信息化村"计划,印度的数字印度计划,日本的 e-Japan 战略、u-Japan 推进计划与 i-Japan 战略,美国的《美国医疗信息化战略规划(2015—2020)》,英国的《2014—2020 年英国乡村发展项目》等均从国家层面对乡村治理如何数字化改造进行统筹规划,实现从国家全局角度对乡村治理数字化建设进行顶层设计,自上而下全面指导乡村治理数字化的纵深推进。

(二)建立数据资源共享体系,夯实乡村治理数字化基础

乡村治理数字化的本质在于数据共享与价值再造,应充分利用已有信息服务与信息共享数据平台,进行数据资源的整合和共享。数据资源共享体系已成为各国乡村治理数字化建设的重中之重。如,印度倡导公众实时共享网络及移动平台服务;美国政府提出共享平台原则,倡导降低成本数据共享;英国政府提出开放共享数据,以更好地利用数据。各国数据资源的整合共享能够为乡村治理数字化提供坚实的数据保障,为其进一步实现乡村治理大数据智能化奠定扎实的数字基础。

(三)依托已有成熟的政务系统,加快城乡一体数字化治理

乡村治理数字化作为国家治理数字化的一部分尚处于初步建设阶段。将已有成熟的政府系统进一步延伸至农业农村领域应用,能够有效降低乡村治理数字化建设成本,加快城乡一体数字化治理发展。如,韩国采用覆盖全国的行政网络开展乡村管理;印度基于全国身份证数据库来提供具有针对性的乡村服务;日本推出城乡统一的人工智能养老模式;美国采用城乡统一的社会治安管理模式;英国采用政府支付系统来完成乡村环境治理中的生态服务补贴发放以及赔偿支付等。各国依托已有政务系统的城乡一体化数字治理实践,显著降低了乡村治理数字化建设成本,提高了乡村治理数字化效率,并有力推动了城乡一体化发展。

(四)提升主体数字化素养,推动乡村治理数字化公众参与

乡村治理数字化的可持续化发展需要具有数字化素养的人才队伍长期运营,需要具有数字化素养的居民配合应用,应通过开展数字化技能知识培训、宣传,提升乡村治理数字化参与主体的数字化素养及乡村治理参与意愿。例如韩国充分调动院校教育资源,开展农村数字化人才教育培训;印度政府与 ICICI 银行合作,提升村民数字素养;美国与英国致力于提升政府人员数字化治理与服务能力。各国通过多种方式着力各参与主体的数字化素养提升,有利于提高乡村治理能力与效率,促进更广泛

的乡村居民参与数字化治理。

三、结论

乡村治理是国家治理的基础,各国依托现代信息技术促进乡村治理数字化,推动社会治理现代化进程。整体来看,国外普遍采取城乡一体化治理模式,依托全国电子政务系统开展乡村政务数字化建设、依托已有公共服务系统结合乡村居民实际需求开展具有不同侧重的乡村公共服务数字化建设。我国应借鉴国外乡村数字化发展经验,从顶层设计、数据资源共享基础、城乡数字一体化以及主体数字化素养四大方面出发,提升乡村治理数字化水平。

第五章
我国数字乡村实践案例

Chapter 5

一、成都三鱼萌狮文化村

三鱼萌狮文化村地处成都东部新区机场北片区,前身为三渔村。由于深居丘陵,过去交通不畅、产业陈旧成为制约当地经济发展的瓶颈。按照建设规划,三渔村正好处于机场噪音影响区,需要进行搬迁。村民搬迁后,如何有效利用好空置的村落,如何寻找新的产业发展方向,是规划者需要考虑的问题。

三渔村生态本底优良,山水林田错落有致,加上位于空港核心区域,很适合发展空港农旅融合产业经济。2021年,三渔村在成都东部新区的支持下,开始盘活闲置资源,转化生态资源,集中精力打造集农商文旅于一体的"三鱼萌狮文化村"项目。据三鱼萌狮文化村项目规划设计团队——成都市市政工程设计研究院有限公司介绍,为了最大限度地保护当地的生态环境,整个项目设计施工遵循了原有的山水格局,修复了被破坏的林带,对农田作物进行统一规划,清理毛家河河道,逐步打造形成"一池三山"意境,并对当地民居进行了风貌提升。重要的是,借助数字化手段,以文化为支点撬动乡村经济发展。

(一)通过数字技术提升基础设施服务能力

乡村文化空间的建设主要体现公共文化服务的能力,将数字基础设施拓展文化景观的体验维度,让乡村具有"造血"功能。设计团队在景观的基础设施设计中充分利用了数字化技术,重视游客的体验与环境的可持续发展。三鱼水聚场和萌狮采青场则是将体验、文化、运动三者结合起来的数字基础设施的有效尝试,利用智能科技和互动创意,精心打造沉浸式、体验式、交互式智慧化场景。

三鱼水聚场提供了真实有趣的亲子活力场景,如图5-1所示,其中有很多无动力水设施,浅渠贯穿其中,夏季将水引入浅渠,孩子们可以在场地中自由地玩水,水通过无动力设施的牵引,最终流入架在农田上的灌溉网,灌溉网中有细密的小孔,水通过惯性的牵引流入灌溉网,为下部的农田实施无动力灌溉。智慧化的灌溉管网,既促进了农作物的增效,又带动了乡村旅游,形成乡村生态保护与经济发展互促的局面。

　　萌狮采青场则是将智慧运动带进了乡村,是一处以三鱼文化、萌狮文化为主题打造的智慧活力场景,改善了乡村居民靠务农作为基础的锻炼现状,将运动、文化学习与智慧科技串联起来,让村民们感受到科技运动带来的无限活力。通过在三鱼驿内侧观景台植入具有网红属性的泡泡森林——大鱼梦泡泡,吸引游客参与其中,踩踏地面控制板喷出泡泡的梦幻场景,形成一处具有网红属性的打卡地。人们来到这里,可以通过扫码感受足球、单车带来的运动体验,还能通过鱼游诗海,感受诗词和运动的乐趣。场地中的“三鱼跃龙门”是以三鱼为主题的互动单车,骑行即可激活场地的喷泉特效,骑行速度越快,喷泉越高,还可开启竞技模式,夜间骑行还能激活车身和喷泉点位的炫彩灯效。“萌狮任意球”是一处融合了声效、光效、感应设备、智能化程序的智能竞技足球场,人们在玩耍时,可根据不同的音效、光效指引,完成足球射门(图5-2)。最后,“鱼游诗海”是一处创新的文化活力场景,参与者根据出题机显示的题目,判断周围答案显示桩上,哪一个显示正确答案,跑动拍击后,返回中央答题机处拍击确认。内置抢答、飞花令等多种模式,人们可以在运动中提升数字素养的交互能力。

图5-1　三鱼水聚场空间概览(赛肯思官网)

（a）三鱼跃龙门　　　　　　　　　　　　（b）萌狮任意球

图5-2　“三鱼跃龙门”与“萌狮任意球”景观装置(赛肯思官网)

智慧活力场景建成后,解决了当地村民缺乏运动场地的问题。三鱼萌狮文化村的园区旅游配套设施也在不断完善。除了陶家大院、毛家大院、状元小岛等景点,五彩油菜田园也已在2023年春建设完毕。

(二)通过数字服务重构文化空间的场所记忆

乡村文化空间作为具体记录、承载和展示乡村文化记忆的物理场域和符号系统,同时也是塑造乡村地方身份认同、展示乡村文化价值和再现地方性知识的工具[1],借助传媒工具和文化符号,从乡村日常生活层面上推动了乡村的社会关系。为了更好地梳理和呈现这些人文元素,设计团队不仅保留了当地汪家山石刻、保全寺、三鱼萌狮等珍贵文物遗存,还以"三鱼同首"为蓝本,设计打造了承载游客服务中心功能的三鱼驿,修建了可以概览三鱼萌狮文化村核心区全貌的观景台,并按古代制式设计建造了一座百狮桥,巧妙地将百态萌狮融入栏杆柱头石雕、抱鼓石刻以及特色地砖之中(图5-3、图5-4)。

图5-3 萌狮石刻(来源:三鱼萌狮文化村)

图5-4 三鱼同首石刻(来源:三鱼萌狮文化村)

　　此外,陶家大院作为一个拥有 90 多年历史的川西土夯结构老宅,团队通过对当地特色民宅的保护修复及景观改造,使用非物质文化的手法将建筑保留、加固(图 5-5)。在外部景观设计中梳理场地条件,在建筑前场保留大型蓄水池塘,并进行水体净化,以陶家大院和蓄水池塘为中心,新建环形景观廊架。约 200 米的景观廊架外延围合池塘,使景观建筑一体化,既保留了陶家大院老宅的历史,又通过景观"立新",新与旧的结合,让文化在场地内得以延续,使其成为三鱼萌狮文化村对外文化输出的窗口,吸引游客前来游玩。改造之后的陶家大院,将成为三鱼萌狮文化村主要的消费场所,可以接待来访的游客,展示本土文化。景观长廊内设置了非物质文化遗产展示空间,游客一方面可以在线上通过电脑客户端、智能手机、iPad 随时浏览文化馆的 3D 动态巡游视频(虚拟空间),并且可以通过全景虚拟现实技术构建的游戏化场景中实现对本区域的乡村文化资源的传播。线下可以举办竹编灯展、"非遗"文创集市油纸伞、舌画、手工扎染等活动。人们可以在廊下喝着盖碗茶乘凉,享受独具特色的成都慢生活。作为乡村文化记忆场所保护和开发的新渠道,乡村文化空间构建了以人为核心的数字乡村场景。

图 5-5　陶家大院改造前后内景对比(来源:麦肯思官网)

(三)通过技能提升文化主体的数字素养

　　数字素养从根本上是要消除乡村数字鸿沟,那么文化展馆将成为连结不同群体与知识形成的开放式对话空间。从乡村游学到创意孵化基地,从乡村图书馆、博物馆的涉入到文旅产业的迭代,都离不开乡村数字化建设的开发与推广。三鱼萌狮文化村目前的乡村建设主要依赖相关的微平台和公众号应用,结合地方媒体形成有效宣传,如表 5-1 所示。

编号	应用类型	应用名称	应用情况
1	微信公众号	三鱼萌狮文化村	三鱼萌狮文化村信息发布平台
2	官网	成都东部新区管理委员会	政务公开官方平台
3	公众号	四川日报	新闻发布

4	公众号	YOU成都官方账号	旅游信息发布
5	公众号	封面新闻	新闻视频发布
6	公众号	腾讯新闻	新闻发布
7	APP	学习强国	党建
8	APP	钉钉	办公
9	APP	中国农技推广	发布农业资讯、农技问答、技术交流、在线学习、成果速递、视频课堂等。
10	APP	小红书	分享项目资讯

表 5-1　三鱼萌狮文化村的线上平台建设

图 5-6　陶家大院"非遗"演出:舞狮(来源:三鱼萌狮文化村微信平台)

设计团队发现现有的数字建设处于初级阶段,当前的数字内容设计主要模仿城市的数字化建设平台,基本停留在媒体传播阶段,因此在该项目中采用了联动共享机制,形成"数字搜集—数字处理—数字交流—数字自治"的开放式形态,提升数字素养的相关能力。借助网络平台如微信、文化网站等,通过线上进行文化交流与互动,在虚拟空间上重塑乡村"地缘""血缘""情缘"的社会关联,促进文化空间村民主体意识的形成。

在陶家大院"非遗"演出现场,游客与当地村民、表演艺人以数字记录(影像)的方式联结在一起,在三鱼萌狮文化村微信平台中可以看到游客与建设者之间的积极互动。建设者通过发布投票、旅游指南以及"印象、摄影、书画大赛"等活动,将相关受众以线上的数字信息无形地联系在一起。每一个普通的社交媒体账号就是一个虚拟的流动空间,联系着每个人的日常生活情境,让城市与乡村的生活情境通过主体实现对接;让知识媒介形成日常化的联结,使主体与主体之间的交往更加便捷,乡村主体之三鱼抖音间的对话与合作得以可能。在微信指数小程序中可以看到对于三鱼萌狮文化村地搜索访问量主要依赖公众号的宣传(图5-6)。目前国内数字乡村主要的技术支持以本地移动、联通等高科技企业的5G技术应用为主,我们期待后期联合多方数字人才力量加快建设智慧化管理系统、教育培训系统,大力培养数字农民,形成可持续发展的文化产业圈。

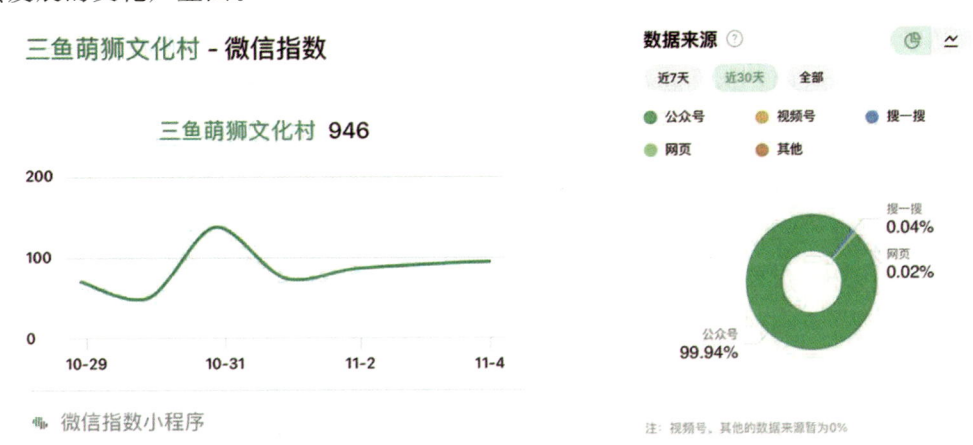

图 5-7　微信平台的日访问量以及数据来源对比

(四)通过创建农村创新生态系统实现产业振兴

乡村振兴的核心是产业振兴。杨吉华指出,数字文化能够极大拓展乡村文化的内涵和外延,突破乡村文化资源的局限,促进乡村文化与经济的全面融合[2]。唐琳认为,数字化将成为引领民族文化高质量发展的新引擎,成为推动民族文化传统业态升级换代的加速器[3]陶家大院、三鱼水聚场、三鱼萌狮采青场、大鱼梦泡泡四大场景相互串联形成合力,在三鱼萌狮文化村整体融合发展背景下,形成独特的产业优势,带动乡村旅游的发展。

改造提升后的三鱼萌狮文化村,拥有了多重消费场景,同时,数字化的智慧科技走进乡村,为村民们带来了智慧化的活力健身场地和智慧化的农业灌溉管网,更为村民们带来了额外的收入。三鱼萌狮文化村本土优秀的建筑、历史、文化资源,也因此走向大众,让外界看到这个美丽乡村中的文化底蕴和创新发展。赛肯思与成都市简州新城投资集团有限公司共同携手,积极推进三鱼萌狮文化村建设。在大家的共同努力下,原本发展滞后的三鱼萌狮文化村,已华丽转身为乡村振兴的先行示范区,并在"最成都·生活美学新场景"中,成功入选"心选·好游"名单。凭借其独特的历史

文化资源和多元消费场景,已成为名副其实的网红村。乡村公共文化空间在信息技术的推动下,实现了农业＋多业态的发展模式,促进了文化空间向教育农园、创客农园、智造农园等新载体、新消费空间的转变,实现了农业与二三产业的跨界融合。

二、浙江省溪口村

(一)研究背景

2019年初,浙江省率先提出目标政策后开始建设"未来社区",定位未来社区作为一个"城市细胞"区别于特色城镇,一个"城市单位"支持美丽的村庄的建设,和一个"城市社区"对应于一个智能城市[4]。

由于区域功能需求,中国与世界的智能农村实践存在着差异,只能根据农村现有的智能设施和条件、村民的智能认知水平、农村环境、经济和文化进行施工布局。如果原有农村的智能条件落后,就必须加大基础设施建设,提高村民的智能需求水平[5];生态脆弱村承诺智能保护生态环境;农村经济以旅游为主导,提高农村旅游智能建设范围;在农村文化传承需求大、教育资源匮乏的情况下,智能农村文化建设空间区域范围扩大,建设智能农村教育资源共享平台;受疫情影响,对卫生相关领域的需求继续加强,卫生领域智慧村建设的内容将更加多样化。

因此,在延续原有农村文化的基础上,智慧农村建设需要从用户需求出发,密切关注农村经济发展的脉搏,了解农村信息化的基础和村民智能化的接受程度,选择合适的技术手段,开发满足当地需求的智慧农村技术路径,首先在小区域尝试智能场景试点,参考用户使用后的体验反馈,形成适合村庄发展需要的智能内容,然后进行智慧农村的综合建设。

(二)研究对象

本研究针对我国农村经济发展良好、智能设备基础完善的村,这些村的规模和数量不断增加,未来将形成一个大规模的数量群体。项目所在地溪口村是浙江省衢州市未来社区的试点村。场地周围现有的村民是项目实践场地功能需求的主要用户。同时,还应考虑到原有农村旅游业中游客的使用需求。

(三)实践研究的运行流程

项目实施团队的成员花了三个月的时间绘制现场数据,访问和调查周边村民,整理有价值的农村文化元素,了解在农村现有的数字建设的基础,村民的智能设备的使用,未来的建设规划和现有的旅游需求。根据项目场地环境和智能农村技术水平,通过问卷调查和面对面访谈的方式,了解农村智能村现场设计的需求范围,通过SWOT分析项目实践现场的特点,确定设计对象的需求,完成当地智能现场空间设计的布局过程。项目完成后对用户(村民、游客)进行使用后问卷调查,进行定量分析,得出结论,总结经验,以促进项目的后续工作和深入拓展,如表 5-2 所示,形成了整个设计流程的分析步骤。

第一步	1. 进行现场测量和调查,了解现场功能的需求和需要解决的问题
景观设计步骤	
说明	规划范围:溪口镇未来社区位于溪口镇中心。建成区主要包括黄泥山区和溪口老城区,占地面积 1.6 公顷。
第二步	2. 场地地图,以了解建筑物的损坏和可用性
景观设计步骤	
说明	该工厂的原址是一个有着 60 多年历史的铁矿员工生活区。原有的旧建筑被保留和翻新,建筑面积为 3294 平方米。
第三步	3. 设计理念和功能布局
景观设计步骤	General layout 1. Atrium Garden 2. Commune canteen 3. Unmanned supermarket 4. Conference Hall 5. Gathering room 6. LED light 7. Cultural and creative painting 8. Commune post station 9. plastic track 10. Intelligent interactive bicycle 11. Interactive LCD 12. Smart basketball court 13. Stand bench 14. Interesting cultural innovaton lamp 15. Cultural and creative bench 16. Cultural and creative lamp post 17. Transformation of fiower bed and wooden stool 18. Pool transformation seat 19. Spring dry spray 20. permeable concrete waliway 21. Flower lawn 22. Shared library 23. Commune worshop 24. Landscape pavilion 25. Government office building 26. History axis
说明	平面布局保留了原有的公社和建筑,增加了新的智慧农村场景设计。

179

续表

第四步	4.智能场景功能分区
景观设计步骤	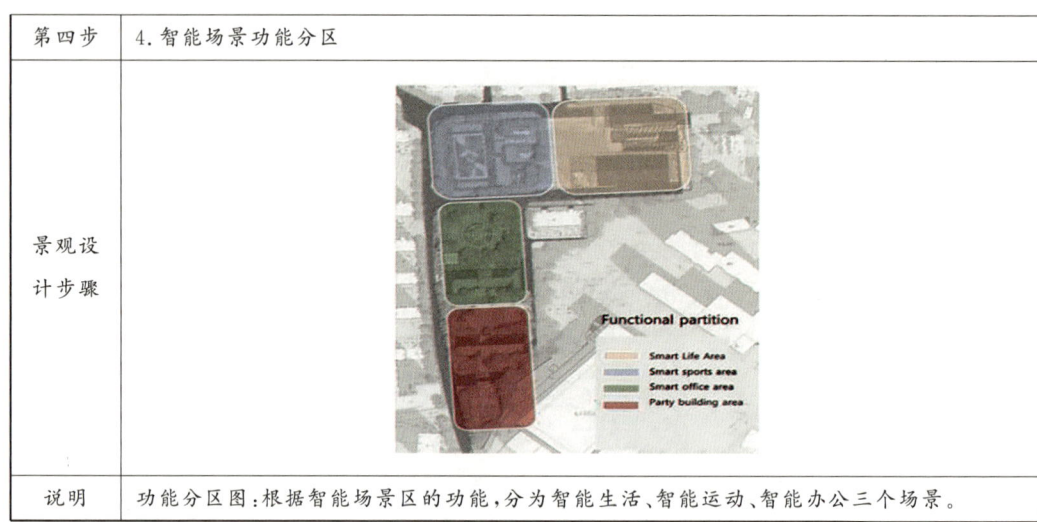
说明	功能分区图：根据智能场景区的功能，分为智能生活、智能运动、智能办公三个场景。

表 5-2　设计过程分析

（四）项目调研

1.区位分析

场地位于溪口镇中心，主要包括黄泥山区和溪口老城区，占地面积 1.6 公顷。原址是有着 60 多年历史的铁矿工人的生活区。场地周围有 1000 多名村民和 302 户人家。

2.智能条件

乡村经济主要以传统农业种植为主，结合农村旅游业，农村旅游基础设施完善，互联网覆盖充分，村民手机普及率为 91%，个人电脑终端普及率为 83%。村民日常生活的支付平台主要是支付宝、微信、互联网银行，智能状况良好。

3.设计要求和问题状态

（1）设计要求

通过电话调查和面对面访谈的方式，结合当地人口结构和农村旅游现状，收集和整理当地文化习俗和智能技术服务的需求，确定项目实践的现场功能、当地记忆的象征元素、智能场景的内容和可持续发展战略。表 5-3 用户的智能需求显示，村民的需求是满足日常生活、文化交流和健康，同时也要考虑到原有的旅游发展；游客需要体验乡村文化生活、旅游和休闲。

智能需求	村民	游客
办公	村委会处理、"三农"宣传	预订和订票，旅游权保护，信息检索
生活	日常购物、文化与娱乐、学习与交流、健身活动	文化娱乐、健身、体育赛事参与、观光

表 5-3　用户智能要求

（2）问题状态

规划现状：现有农村功能区不能满足智慧农村建设和发展的要求，目前村民多为中老年，老龄化趋势明显。智能化需求简单易用，避免烦琐；传统农村规划不能满足智慧旅游的功能需求；智慧农村建设没有具体的实践指导，属于探索阶段。

建筑状态：了解建筑物的损坏和可用性，绘制和改进建筑设计。该工厂的原址是有着 60 多年历史的铁矿工人的生活区。大部分原有建筑已受损，建筑面积为 3294 平方米。原址建筑具有 20 世纪 60 年代和 1970 年代"公社文化"的典型记忆象征。

（五）设计理念

根据项目场地原有的地方特色，保留现场建筑的历史风格和背景，了解农村经济建设的发展方向、用户需求、农村数字建设的基础和未来规划，打造以"公社文化"为设计元素的现代智慧农村社区环境，秉承"未来社区"智慧农村建设的目标，重建农村"新社区"。

1. 智能场景空间的功能分区

由于村民生产生活需求广泛，涉及旅游、医疗、教育、养老、生态环境等方面，项目仅根据村民最需要的地区进行细化，如图 5-8 所示：智能办公、智能生活、智能运动。在此基础上，再细分为共享食堂、公社礼堂、无人超市、共享图书馆、智能办公、智能游乐场等，以满足村民生活、健身、文化体育活动、乡村办公、乡村旅游等的基本功能需求。

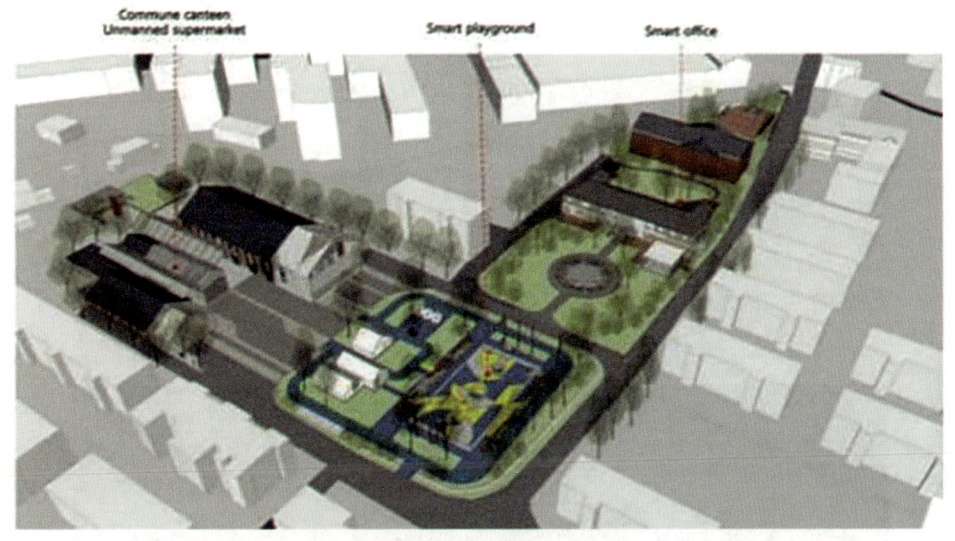

图 5-8　智能分区的鸟瞰图

2. 智能场景设计的主要领域

智慧生活的场景分为：图 5-9 所示的代表乡村文化记忆的公社礼堂（乡村乡贤的聚集室和共享食堂），图 5-10 所示的供学习和交流的共享图书馆，以及无人购物超

市。原有的员工食堂将被改造为一个共享的食堂，为 80 岁以上的老年人提供餐饮服务，同时满足公众的会议和接待餐点。毗邻共享食堂的乡村礼堂是从原来的电影院改造而来，并向社会开放。它已成为在社区、地方乃至整个乡镇和县域开展各种大型农村文艺表演和论坛活动的场所。同时，它还提供在线会议预订服务，充分发挥礼堂的全职功能。场景区的建筑外观保留了溪口镇"公社"的建筑元素符号，增加了新的智能使用功能。智能生活的共享食堂和无人超市利用成熟的电子支付系统完成相关功能。共享库分为在线和离线两种方式，用户可以选择自己借阅实体书籍，或直接连接到普通图书馆相关电子图片和文本选择阅读形式，具有共享教育资源的功能。

图 5-9　公社礼堂

图 5-10　共享区域的内部和外部空间

图 5-11 所示的智能体育场景主要为农村体育场馆设计。传统操场在满足村民日常健身锻炼的基础上,采用智能技术手段,通过人脸识别自动采集操场人员的相关信息,记录日常健身锻炼,形成数据信息,反馈给手机和个人电脑,形成个人健康数据和日常健身信息。结合原有的农村旅游业和目前流行的短视频广播,也可以在图 5-12 中所示的智能游乐场进行健身锻炼的基础上进行相关活动。参与者可以收集、编辑和播放视频,提高农村的关注度,吸引游客,推动旅游业的可持续发展。

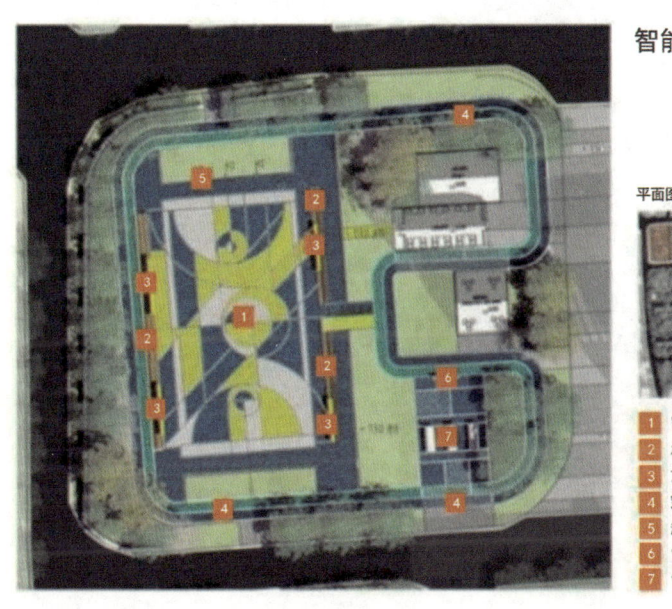

智能游乐场

平面图

1 智能篮球区
2 沙质海滩
3 文化创意平台
4 塑料跑道
5 趣味灯光
6 智能荧屏
7 智能互动自行车

图 5-11 智能游乐场的功能分区

图 5-12 智能游乐场

图 5-13 所示的智能办公场景主要满足村民和游客对智能办公的需求。村民的需要是村事务处理、日常信息发布和查询。游客可以进行商务咨询、自动登记、预订、回访、旅游服务等活动。智能办公场景的设计可以根据用户的实际需要提供人性化的服务。用户可以使用全智能或半智能、半手动结合工作，避免给老年人或不愿操作人群的智能设备带来不便。

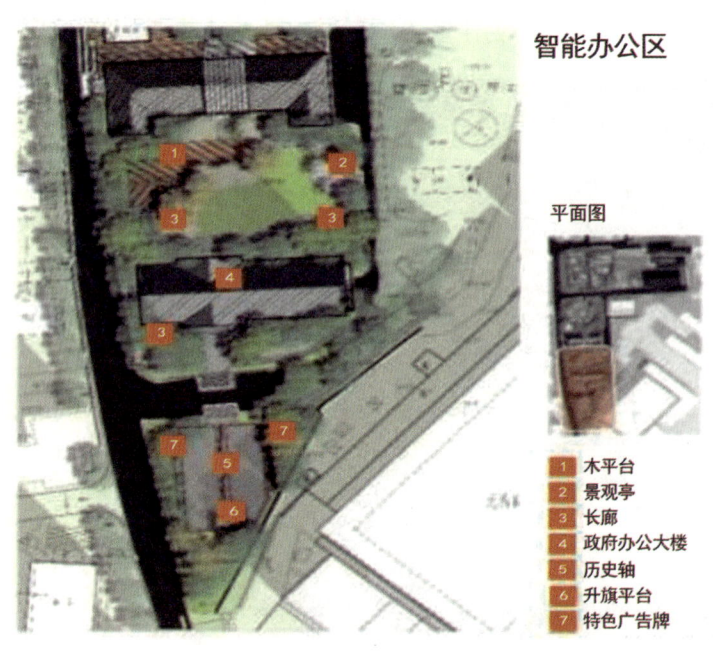

图 5-13　智能办公区

3.智能场景设计中的主要技术路径分析

(1)网络需求

根据前期用户智能研究的需要,用户希望智能场景空间的使用简单易用,实现技术路径的内容,遵循用户使用习惯和熟悉智能软件进行场景设计,提高用户满意度。智能技术手段,结合原有智能基础设备,基于原有村民信息采集和面部识别系统,增加了全村人员信息比较和在线出行跟踪的自动采集,特别适合于特殊期间人员的管理和调查;随着近年来短视频的普及,图 5-14 所示的智能交互式图像采集系统能够满足村民和游客日常生活信息采集、短视频制作和广播的需求,为智能游乐场举办各种活动提供技术路径。另外,智能社区网络电力方案布局,安装简单,即插即用,为解决方案技术提供了路径。

(2)智能技术,自动采集和分发短视频

采用表 5-4 所示的智能技术,自动采集和分发短视频。首先,有效地管理拍摄设备,针对不同环境下的拍摄硬件配置方案,添加智能前端采集设置和管理,在无人状态下自动开关,并按需要上传拍摄;其次,计算机视觉高成本性能智能边缘智能前端系统集成了人脸特征检测、形状跟踪（re ID）技术、定制对象识别、智能视频采集系统、云智能编辑特效系统的综合改进和优化等；独立算法引擎对人工智能进行优化。检测系统跟踪拍摄主要拍摄目标，优化拍摄效果；分布式算法结构用于拍摄过程中智能识别和采集、处理过程中主要目标的识别判断以及主要目标的放大和跟踪编辑效果；云智能剪辑设置主要剪辑内容和剪辑站源为自动操作，滤光、光修复调整，实现视觉辅助处理，更清晰的画面和人像效果遵循智能编辑；图像管理平台，拍摄和智能处理过程自动监控和报警，管理拍摄硬件的状态，远程软件升级，设置、管理和调整工作系统所有内容和编辑效果，并配备社交分布。

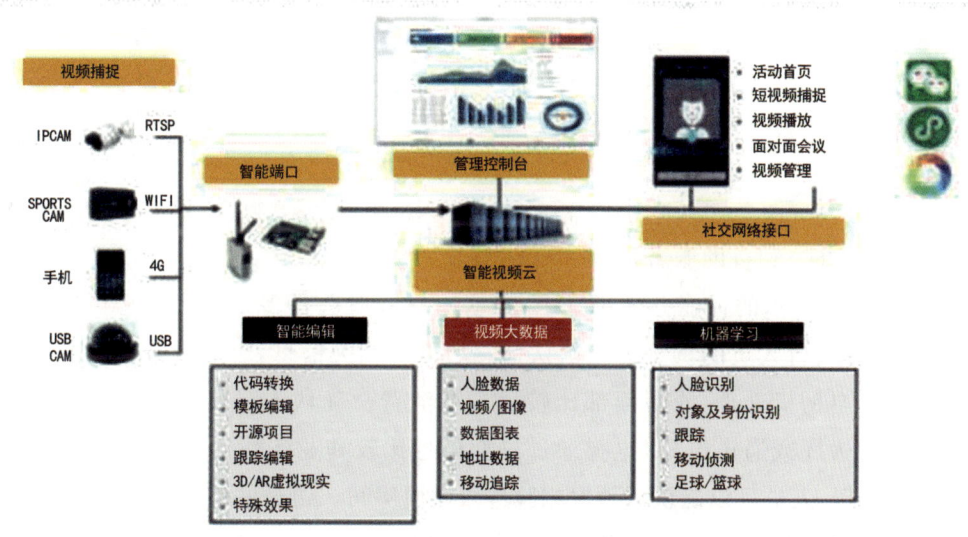

图 5-14 智能交互式图像采集系统

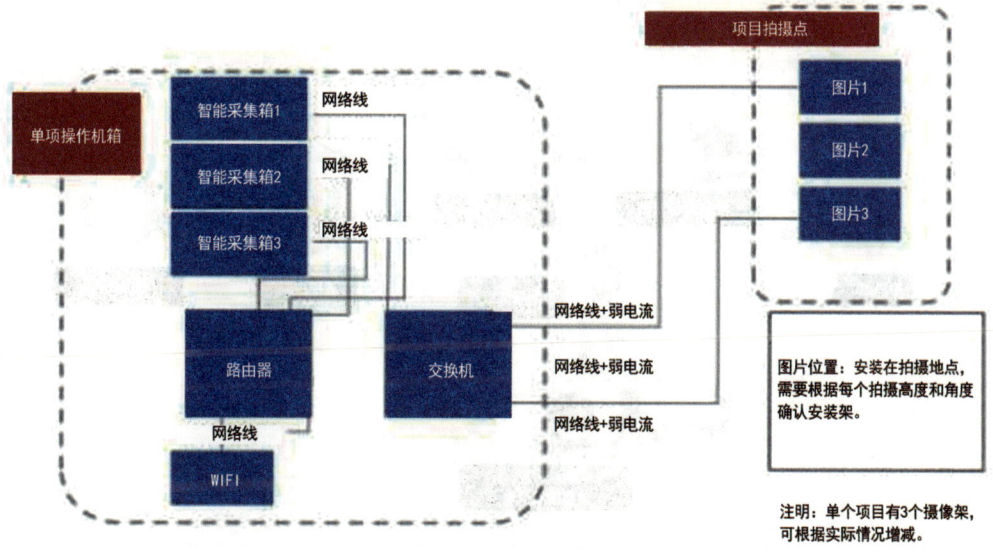

图 5-15 社区网络系统建立

	步骤	说明
1	拍摄设备管理	根据不同环境下的拍摄硬件配置方案,增加了智能前端采集设置和管理。没有管理时,自动开关,按要求进行拍摄上传工作。
2	计算机视觉	成本效益高的智能边缘智能前端系统集成了人脸特征检测、形状跟踪(re ID)技术、定制对象识别、智能视频采集系统、云智能编辑特效系统等的综合改进和优化。
3	自动算法引擎	对人工智能检测系统进行优化,对主要拍摄目标进行跟踪和拍摄,优化拍摄效果。分布式算法结构用于拍摄过程中的智能识别和采集、处理过程中主要目标的识别和判断以及主要目标的放大和跟踪编辑效果。
4	云智能剪辑	将主剪辑内容和剪辑支架源设置为自动工作。滤光和光修复调整,实现视觉辅助处理,更清晰的图像和肖像效果识别,遵循智能编辑。
5	图像管理平台	拍摄和智能处理过程自动监控和报警,管理拍摄硬件的状态,远程升级软件,设置、管理、调整工作系统的所有内容和编辑效果,并配备社交分布。

表5-4　利用智能技术自动采集和分发短视频

(3)智能办公和自助服务流程

在图5-16所示的智能办公场景中,根据用户习惯选择多条路径。您可以自动刷脸,或者选择前台人员的认证比较确认信息后处理相关信息,也可以选择个人身份证比较后选择自助机处理,或者面部比较后进行消费。确认人员信息和相关业务后进入自动监控大厅或通道电梯,电梯通过早期信息比较和业务筛选后,自动到达搬运人员要求的楼层,人员可以确认后再次刷脸进入楼层房间。通过刷脸信息和身份证比较,当村民或游客处理公共事务时,其个人旅行信息也会直接传递到区和县人员流动监督信息系统。结合疫情期间移动旅游数据的收集和监督,可以同时显示其相关旅游信息。

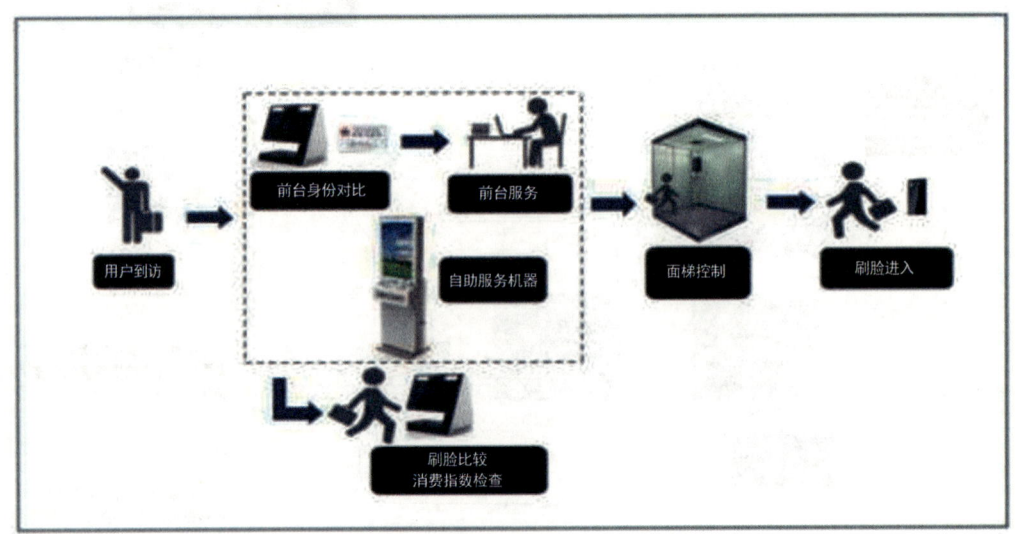

图5-16　智能办公,一人面对业务流程

图 5-17 为整个办公室注册的操作环节,技术路径处理根据需要处理的人员的业务要求进行。处理人员可选择前台服务人员和自助服务机进行处理。处理人员证件比较后,办公人员和自助机通过信息管理系统(PMS)把信息上传到当地公安管理平台。处理人员可以选择人工处理或自助处理的形式来选择业务范围,如旅行行程确认、房间选择预订、付款确认等。

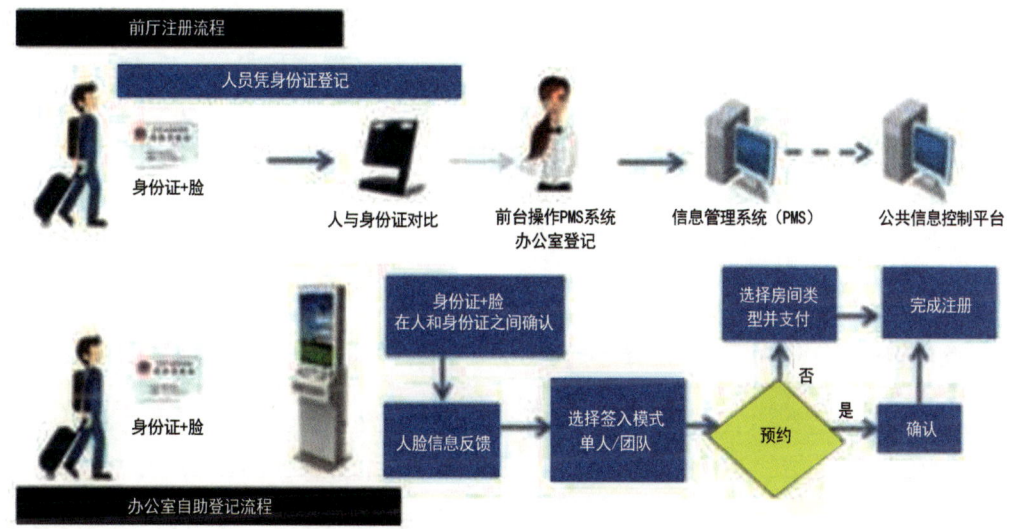

图 5-17　办公室登记操作

在智能自助办公流程中,为满足公社食堂餐饮订单结算、农村停车收费、农村旅游预订登记等相关要求,如图 5-18 所示,村民、外地人和农村游客都可以通过电子居民办公平台开展相关业务的自助办理。在线平台与离线自助服务终端有机结合,相互配合,减少了处理人员处理业务的等待时间,可以自动跟踪处理人的位置,在整个

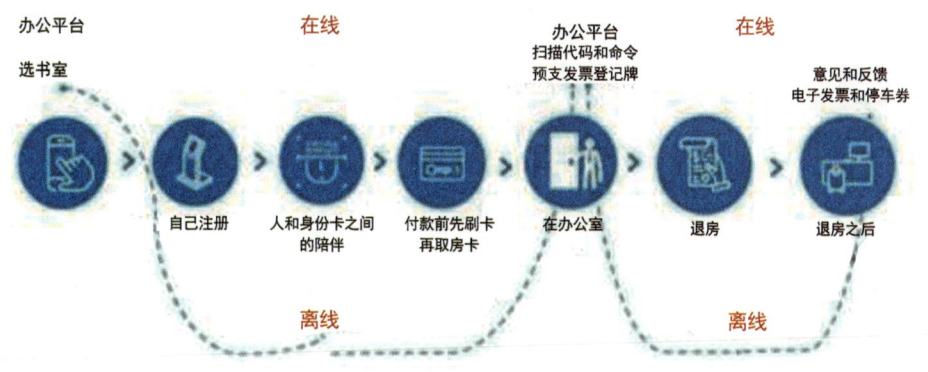

图 5-18　自助办公程序

过程中提供有效、智能的服务。

4.对服务对象使用智能场景空间的反馈

(1)问卷对象

村民和游客在体验了项目现场的智能场景空间后,进行信息反馈。项目团队成员以纸质问卷和移动网络问卷的形式进行了问卷调查,共收集有效问卷 169 份,其中村民问卷 76 份,18—50 岁;旅游问卷 93 份,18—55 岁。

(2)问卷内容

主要包括用户对空间和智能使用满意度问卷的内容。

(3)调查结果

该项目采用 SPSS 方法对收集到的数据进行分析。结果如表 5-5 显示,69.2% 的受访者更喜欢半人工和半智能模式。

	数量	百分比
全智能	52	30.8
半人工的和半智能的	117	69.2

表 5-5　智能模式的选择

此外,从表 5-6 中可以看出,53.3% 的受访者更喜欢增加智能办公的手工服务。

	数量	百分比
有智生命	56	33.1
智力运动	23	13.6
职能办公	90	53.3

表 5-6　在项目中增加劳动的选择

三、结论

通过本项目的实际研究,得出以下结论:根据用户需求划分智能场景空间,满足用户需求;与全智能办公室相比,村民和游客偏好选择半人工和半智能办公体验,并打算增加智能办公的人工服务部分,减少全智能运营的不安全感。智慧村建设应逐步推进,不要盲目追求全智慧;在智慧生活场景体验满意度调查中,调查对象对代表农村时代记忆象征和农村文化交流阶段的公社礼堂满意度较高,对农村文化建设空间需求也很高;在智慧农村的三个地区中,对智能运动的满意度最高。可以看出,受疫情影响,人们对日常健身和健康的需求是最大的。同时,智能体育区的短视频分发链接也增加了年轻人对本区的体验满意度。在未来的智慧农村建设中,健康内容建设的空间更大,形式可以更加丰富和多样化。

本研究解决了各省、市智慧农村建设与发展过程中实践与探索的无序问题。根据客户的需要创造简单实用的智能空间,尊重用户的使用习惯和智能认知水平,以用户反馈作为经验总结,探索适合村智慧场景空间的实践验证,开展大面积的智慧农村建设,减少无用区域设计的浪费,为未来智慧农村建设提供有价值的经验总结。

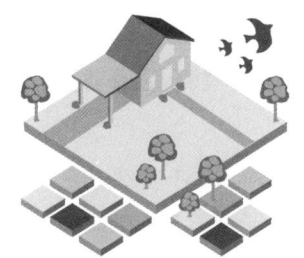

第六章
乡村的数字未来

Chapter 6

一、面临的挑战

虽然推进数字农村建设是大势所趋和政策方向,但从经济、社会、技术、政策等角度看,当前和未来一段时期数字农村建设仍面临资金缺口大、地方人才支持力度弱、科技创新供给难度大、政策体系不健全等严峻挑战。

数字农村建设涉及面广、任务重、周期长。此外,中国农村人口多而稀,长期处于落后状态,短板问题突出。因此,数字农村建设需要长期持续的投入,需要大量的资金需求。数字农村建设离不开人才的支持。从当前农村社会来看,农村人口结构和村民信息化素质仍难以满足数字农村建设的需要。核心关键技术研发滞后,推广应用成本高,数据资源基础薄弱,收集渠道狭窄,政府、行业、社会和企业缺乏数据共享利用机制,在一定程度上制约了数字农村的建设。智慧农业现代化、农村社会数字化、农业相关部门治理体系和治理能力建设步伐相对缓慢。

诚然,数字农村建设是一项长期而复杂的系统工程。然而数字技术正在推动中国乡村发生深刻变化,为乡村发展、乡村建设、乡村治理提供全方位助力。2023 年,中央一号文件要求深入实施数字乡村发展行动,推动数字应用场景的开发和推广,这将进一步加快中国数字乡村建设的步伐。把握数字时代机遇,对于推进中国农业农村现代化具有重要意义,将形成乡村文明新形态,成为建设"中国式现代化"和数字中国的重要组成部分。

二、可能性

元宇宙和相关的游戏平台开发借助其充满想象的美好图景传递着数字乡村可能建构的模样。2022 年 9 月,与联合国可持续发展目标行动(由联合国开发计划署主办的联合国秘书长倡议)合作,社会多元宇宙创造者数字村推出了全新的全球周元宇宙空间,玩家可以访问一个新的和令人兴奋的虚拟世界,做出贡献后到达"愿望树"——

可以在树上虚拟地添加希望、行动和和平的信息。这个新的虚拟元宇宙和"愿望树"的目的是我们如何拥抱善举并创造壮观的团结展示。它是联合国可持续发展目标行动运动领导的全球社会运动的一部分，旨在关于实现健康、公正和绿色世界的主流说法，这是可持续发展目标的核心。这一虚拟运动是联合国可持续发展目标行动全球周活动的一部分，于 2022 年 9 月 16 日至 25 日在纽约举行的联合国大会高级别辩论期间举行，是世界各地为庆祝 9 月 25 日可持续发展目标周年而举行的许多活动的一部分。"愿望树"和数字村全球周空间的目的是向超过 32 亿的活跃游戏玩家和 47 亿社交媒体用户传播全球周和可持续发展目标的信息。作为联合国可持续发展目标行动运动的支持者，Digital Village IO Inc. 一直致力于促进可持续发展和推进可持续发展目标。作为其工作的一部分，该组织一直在构建一个多元宇宙，托管数十万个独立的、完全可相互操作的元宇宙，所有这些都有助于建立一个更符合道德和可持续发展的互联网。通过 www. digitalvillage 访问"愿望树"和元宇宙 metaverse-ios 下载应用程序。该体验向所有人开放，可以免费访问和参与，并且可以在 MacOS 或 Windows 上访问。

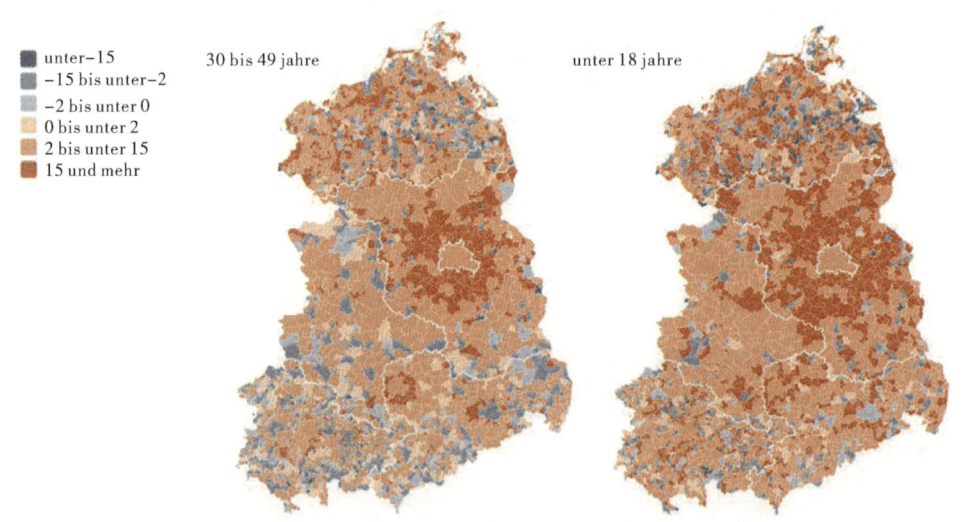

图 6-1　2012—2017 年德国各年龄段平均移民总人数

智慧村庄从已经付诸诸实践的智慧城市概念中汲取了某些灵感。最初，智慧城市概念仅与信息技术的使用相关[1][2]。这是当时出现的挑战的结果，这些挑战与技术进步、知识经济、创新设备和环境压力有关[3]。国际机构（联合国、经合组织、欧盟）的支持也很重要[4]。目前，智慧城市的概念被考虑得更为广泛，被纳入城市研究的三个

维度:数字城市、知识城市和绿色城市[5][6][7]。这表明智慧城市概念已扩展到城市的不同区域。近年来进行的研究产生了其他术语,例如弹性城市和可持续城市。

我们看到乡村生活从根本上被重新评价。几年前,它被许多人认为是老式的、保守的,但今天它对一些人来说是新酷的地方。特别是那些寻找创造性的人,可以在农村找到自由和空间,例如在协同工作空间或公共居住项目中。在德国,目前从城市搬到农村的人比从农村搬到城市的人要多——至少 30—50 岁的人群是如此。

对于"未来乡村",目前并没有权威定义,它是一项创新性、前瞻性的工作,无先例可循。通过数字乡村建设指南,我们看到数字化应用的场景在不同数字乡村试点所呈现的实践成效,塑造出由美丽田园、美丽乡村、美丽环境、美丽经济之上叠加的新形态。数字化赋能使得乡村正在颠覆传统形象,以更人文、更高效也更具科技感的面貌向我们走来。湖州的"组团式未来乡村"概念,浙江的"美丽乡村"建设的升级版概念,邛崃的未来乡村"三化"概念,这些试点都在摩拳擦掌,形成属于自身地域特色的未来乡村图景,为勾画未来乡村的美好蓝图添彩。

后 记

习近平总书记指出："要推动乡村文化振兴,加强农村思想道德建设和公共文化建设。"乡村振兴是一个长期复杂的系统工程。我们必须意识到,当前我国数字乡村战略还处在第一个阶段,区域间不平衡问题显著,且大部分省市处于发展成长期或者起步期[13]。"数字化贫困"在短期内仍然是阻碍乡村数字文化经济发展的一个主要障碍。因此,无论是在数字乡村还是文化空间的发展上,我们都要有前瞻性的视野和超前布局的意识,在政策上制定科学规划,出台相关优惠政策。在数字乡村政策的推动下实现乡村文化空间的数字化变迁,实现时间与空间跨越、虚拟与现实融合,实现乡村数字建设的"最后一公里"。让更多人能够体验富有活力和创意的乡村文化,实现一个多方参与、开放共生的社会形态。

在乡村振兴战略如火如荼之际,总台央视综合频道推出的《山水间的家》以多模态融合的节目方式,带领观众走进美丽乡村人家,探寻山水田园间的诗情画意,也在一个个"中国乡村经济的微缩景观"里探寻中国乡村发展的内在经验。节目多角度探访中国具有 24 个代表性的新农村,完成了一次乡村振兴建设的田野调查,探寻和记录了中国乡村经济发展的不同模式。

从乡村民宿到旅游演艺,新技术应用带来了乡村文化旅游新体验。平原的田园景色、山区的自然风光,传统村落流传的故事传说、留下的建筑形态,通过数字技术还原,转化为群众喜闻乐见的文化旅游新场景。以沉浸式民宿体验、嵌入式旅游演艺为表现形态的乡村文化新样态,让乡村文化更加富有感染力和感召力。未来还需要继续推动以乡村数字化、网络化、智能化为特征的智慧旅游高质量发展,不断扩大新技术场景在乡村文化旅游中的应用,让传统乡村文化资源焕发出勃勃生机。

参考文献

前 言

[1].中共中央办公厅国务院办公厅印发《数字乡村发展战略纲要》[J].农村工作通讯,2019(11):6—9.

第一章

[1]. Naldi,L.；Nilsson,P.；Westlund,H.；Wixe,S. What is smart rural development? J. Rural Stud. 2015,40:90—101.

[2]. Fennell,S.；Kaur,P.；Jhunjhunwala,A.；Narayanan,D.；Loyola,C.；Bedi,J.；Singh,Y. Examining linkages between smart villages and smart cities：Learning from rural youth accessing the internet in India. Telecommun. Policy 2018,42:810—823.

[3]. Zavratnik,V.；Kos,A.；Duh,E. S. Smart villages：Comprehensive review of initiatives and practices. Sustainability 2018,10,2559.

[4]. Juan,A. M.；McEldowney,J. Smart Villages Concept,Issues and Prospects for EU Rural Areas. Briefing. European Parliamentary Research Service. 2021. Available online：https://www. europarl. europa. eu/RegData/etudes/BRIE/2021/689349/EPRS_BRI(2021)689349_EN. pdf (accessed on 4 July 2022).

[5].新华社.《数字村庄发展战略纲要》.2019. 在线获取 http ://www. gov. cn/zhengce/2019—05/16/content_5392269. htm (2022 年 7 月 2 日访问)

[6].MYe rs B. Challenges of HCI design and implementation[J]. Interactions,1994,1(1):73—83.

[7].FollettJ. Designing for Emerging Technologies:Ux for Genomics,Robotics,and the Internet of Things[M]. O'Reilly Media,lnc,2014:2.

[8].郭全中,肖璇.数字藏品(NFT)发展现状、新价值、风险与未来[J].新闻爱好者,2022(10):32—36.

第二章

[1].[美]维克多、帕帕奈克.为真实的世界设计[M].周博,译.北京:中信出版社,2013.

［2］. Tilley A R，Henry DreyfUSS Associates. The Measure of Man and Woman：Human Factors in Design［M］. New York：Wiley，2002.

［3］. Norman D A. The design of everyday things［M］. New York，NY：Basic Books，2013.

［4］.李芳,程如烟.主要国家数字空间治理实践及中国应对建议［J］.全球科技经济瞭望,2020,35(06)：32—40.

［5］.叶超,柴彦威,张小林."空间的生产"理论、研究进展及其对中国城市研究的启示［J］.经济地理,2011,31(3)：409—413.

［6］.陈波,宋诗雨.虚拟文化空间生产及其维度设计研究——基于列斐伏尔"空间生产"理论［J］.山东大学学报(哲学社会科学版),2021(01)：35—43.

第三章

［1］.马华,马池春.乡村振兴战略的逻辑体系及其时代意义［J］.国家治理(周刊),2018(3)：7—12.

［2］.马彦涛,赵聪聪.大数据时代乡村治理的转型及创新路径探析［J］.党政论坛,2018(5)：44—47.

［3］.张勇.坚持农业农村优先发展全力实施乡村振兴战略［J］.宏观经济管理,2018(3)：4—11.

［4］.郎友兴.走向总体性治理:村政的现状与乡村治理的走向［J］.华中师范大学学报(人文社会科学版),2015(3)：11—19.

［5］.廖彩荣,陈美球.乡村振兴战略的理论逻辑、科学内涵与实现路径［J］.农林经济管理学报,2017,16(6)：795—802.

［6］.袁方成.大数据技术在乡村治理中有很大的应用价值［J］.中国民政,2018(10)：14.

［7］.杨岳.现代日本乡村治理及其借鉴［J］.法制与社会,2018(2)：139—140.

［8］.国家统计局.2018 年全国文化及相关产业增加值占 GDP 比重为 4.48％［EB/OL］.http://www.stats.gov.cn/tjsj/zxfb/202001/t20200121_1724242.html,2020—01—21.

［9］.范周.数字经济变革中的文化产业创新与发展［J］.深圳大学学报(人文社会科学版),2020,(1)：1—7.

［10］.陈叙.新中国 70 年来乡村文化建设的历程与走向研究［J］.中华文化论坛,2019,(6)：142—144.

［11］.吴承忠.5G 智能时代的文化产业创新［J］.深圳大学学报(人文社会科学版),2019,36(4)：51—60.

[12]．温信祥．农村支付建设助力乡村振兴[J].中国金融,2019(19):141—143.

[13]．李翔,宗祖盼.数字文化产业:一种乡村经济振兴的产业模式与路径[J].深圳大学学报(人文社会科学版),2020,37(02):74—81.

[14]．周锦．数字文化产业赋能乡村振兴战略的机理和路径[J].农村经济,2021(11):10—16.

[15]．韩锋.亚洲文化景观在世界遗产中的崛起及中国对策[J].中国园林,2013(11):5—8.

[16]．刘汉,翟鹏.南张楼村的"巴伐利亚试验"[J].中国经济周刊,2005(37):12—17.

[17]．赵晓峰,刘海颖.数字乡村治理:理论溯源、发展机遇及其意外后果[J].学术界,2022(07):125—133.

[18]．王丽静,王丽芳,李校红.数字经济背景下高职院校经管类专业建设的思考——以工商企业管理专业为例[J].山西青年,2022(21):51—53.

[19]．刘容超.数字素养时代的国际合作:媒介与信息素养联盟(MIL Alliance)的起源、使命与行动[J].农业图书情报学报,2021,33(12):37—47.

[20]．苏岚岚,张航宇,彭艳玲．农民数字素养驱动数字乡村发展的机理研究[J].电子政务,2021(10)：42—56.

[21]．王琼.乡村振兴战略背景下古村落文化的当代转化——以潇贺古道古村落建筑文化为例[J].桂林航天工业学院学报．2018,23(04)：524—527

第四章

[1]．Zavratnik,V.；Kos,A.；Duh,E.S. Smart villages：Comprehensive review of initiatives and practices. Sustainability 2018,10:2559.

[2]．Lee,S.H.；Choi,J.Y.；Yoo,S.H.；Oh,Y.G. Evaluating spatial centrality for integrated tourism management in rural areas using GIS and network analysis. Tour. Manag. 2013,34:14—24.

[3]．Komorowski,L.；Stanny,M. Smart Villages：Where Can They Happen? Land 2020,9:151.

[4]．Streimikis,J.；Miao,Z.；Balezentis,T. Creation of climate—smart and energy—efficient agriculture in the European Union：Pathways based on the frontier analysis. Bus. Strateg. Environ. 2021,30:576—589.

[5]．Pagliacci,F.；Defrancesco,E.；Mozzato,D.；Bortolini,L.；Pezzuolo,A.；Pirotti,F.；Pisani,E.；Gatto,P. Drivers of farmers' adoption and continuation of climate—smart agricultural practices. A study from northeastern Italy. Sci. Total

Environ. 2020,710,136345.

[6]. Stojanova,S.；Lentini,G.；Niederer,P.；Egger,T.；Cvar,N.；Kos,A.；Duh,E. S. Smart villages policies：Past,present and future. Sustainability 2021,13:1663.

[7]. 叶齐茂. 美国乡村建设见闻录[J]. 国际城市规划. 2007,(03)：95—100.

[8]. 张学杰；Zhang,ZG 智慧村庄如何成为实现农村可持续发展的一种方式？中国智慧村庄规划与实践. 可持续性 2020,12：105—110。

[9]. Kerstin Rosenow. EIP—AGRI 农业和农村地区数字化多层次战略研讨会：最终报告. 2018 年 12 月 13 日. https://ec. europa. eu/eip/agriculture/en/publications/eip—agri—seminar—multi—level—strategies—digitising—0.

[10]. EU Rural Review 26 "Smart Villages：Revitalising Rural Services". 2018 年 5 月. 36—52. https://enrd. ec. europa. eu/publications/eu—rural—review—26—smart—villages—revitalising—rural—services_en.

[11]. SMART VILLAGES REVITALISING RURAL SERVICES. EU RURAL REVIEW No 26. 1—52. https://enrd. ec. europa. eu.

[12]. 刘丽伟,高中理. 美国发展"智慧农业"促进农业产业链变革的做法及启示[J]. 经济纵横 ,2016(12)：120—124.

[13]. ROBERT P C,STAFFORD J V. Precision agriculture：research needs and status in the USA[C]// STAFFORD J V. Precision agriculture'99 proceedings of the 2nd European conference on precision agriculture. Sheffield：Sheffield Academic Press,1999：19—34.

[14]. 李文龙. 加强农业信息化建设更好发挥对粮食生产促进作用[J]. 中国农业综合开发 ,2021(1)：25—27.

[15]. ERICKSON B,LOWENBERG—DEBOER J,BRADFORD J. 2017 Precision agricultural services dealership survey[EB/OL]. (2018— 07—03)[2021—08—10]. http://agribusiness. purdue. edu/files/file/croplife—purdue—2017—precision—dealer—survey—report. pdf.

[16]. 苏新杰. 乡村振兴战略背景下乡村治理现代化研究[D]. 新乡：河南科技大学,2019.

[17]. USDA Rural DevelopmentInnovation Center. e—Connectivity @ USDA Broadband Resources for Rural America[EB/OL]. [2021—05—15].

[18]. 伍旭川,刘学. 国家数字化战略的国际比较及启示[J]. 当代金融研究,2019(2)：80—86.

[19].刘洋.美国农村K－12数字化学习最新进展——《美国农村数字化学习策略（2018年度）》解读[J].中国电化教育,2019(9):91－97.

[20].龙晓柏,龚建文.英美乡村演变特征、政策及对我国乡村振兴的启示[J].江西社会科学,2018,38(4):216－224.

[21].沈费伟.赋权理论视角下乡村振兴的机理与治理逻辑——基于英国乡村振兴的实践考察[J].世界农业,2018(11):77－82.

[22].杨东霞,郝维华.国外乡村振兴的法治与政策之路[J].农村工作通讯,2019(3):55－57.

[23].卫桂玲.战后英国振兴乡村价值观理念及启示[J].合作经济与科技,2019(14):14－17.

[24].郭永田.英国农业、农村的信息化建设[J].世界农业,2013(2):105－109.

[25].卫桂玲.战后英国振兴乡村价值观理念及启示[J].合作经济与科技,2019(14):14－17.

[26].王磊.英国斥资2亿英镑建设农村全光纤宽带促进乡村教育发展[J].世界教育信息,2019,32(13):78.

[27].刘岸.英国的骄傲:拥有全球领先的远程医疗中心[J].中国战略新兴产业,2014(5):46－47.

[28].魏来,张亮.英国、美国、澳大利亚农村医疗服务整合特点与启示[J].中国卫生经济,2012,31(11):93－96.

[29].马蕊,严国泰.英国乡村景观价值认知转变下的保护历程分析及启示[J].风景园林,2019,26(3):105－109.

[30].刘文泽,郭若男,向小倩,等.日本农协对我国的经验借鉴[J].农村经济与科技,2018,29(24):20－21.

[31].代贵金,王彦荣,宫殿凯.日本农业现代化及其对中国的启示[J].中国农学通报,2019,35(3):158－164.

[32].本田正美.「「電子政府」の変と到達点としてのオープンガバメント・オープンデータ」.『肯報処理学会情報システムと社会環境研究報告』2014－18－127(3).

[33].鲁飞.智慧农业开启农业新时代[J].农经,2021(增刊1):30－34.

[34].尹国伟.德国农业农村数字化做法及进展[J].农业展望,2020,16(11):78－83.

[35].袁源,张小林,李红波,等.西方国家乡村空间转型研究及其启示[J].地理科学,2019,39(8):1219－1227.

[36]叶兴庆,程郁,于晓华.产业融合发展 推动村庄更新——德国乡村振兴经验启事[J].资源导刊,2018(12):50—51.

[37]多策并举规范互联网金融发展[J].南阳市人民政府公报,2016(06):29—31.

[38]徐世明.农民专业合作组织是新农村建设的新型生产力[J].农村财政与财务,2009(04):20—21.

[39]阎述乾.农业产业化经营的国际经验与启示[J].甘肃农业,2003(12):4.DOI:10.15979/j.cnki.cn62—1104/f.2003.12.002.

[40]高淑梅,郝润梅.国外土地整理的理论与实践对我国土地整治的启示[J].西部资源,2013(06):169—175.

[41] 缤客(Booking)及猫途鹰(Trip advisor)数据,2018 年。

[42] 荷兰华侨新天地网站,《中国游客蜂拥荷兰羊角村 当地居民抱怨生活受影响》,2018 年 5 月 8 日。

[43] 中国日报网,《Dutch villages, small cities look to attract more Chinese visitors》,2015 年 9 月 10 日。

[44] 中国日报网,《Dutch villages, small cities look to attract more Chinese visitors》,2015 年 9 月 10 日。

[45] Ronald Stenvert, Chris Kolman, Ben Olde Meierink, Jan ten Hove, Marieke Knuijt en Ben Kooij, Monumenten in Nederland. Overijssel. Rijksdienst voor de Monumentenzorg, Zeist / Waanders Uitgevers, Zwolle 1998.

[46] Gerald van Berkel, Klaas Samplonius. Nederlandse plaatsnamen. Het Spectrum. 1995. ISBN 90—274—4059—X.

[47] 汪洁琼,江卉卿,毛永青.生态审美语境下水网乡村风貌保护与再生——以荷兰羊角村为例[J].住宅科技,2020,40(08):50—56.DOI:10.13626/j.cnki.hs.2020.08:01—01.

[48] 侯隽.莫迪经济学能否 谱写"龙象共舞"新篇章?[J].中国经济周刊,2015(20):81—83.

[49] 王洁琼,李瑾,冯献.国外乡村治理数字化战略、实践及启示[J].图书馆,2021(11):50—57.

[50] Alcoba N. Coping withIndias rural doctor shortage[EB/OL].[2021—05—15].

[51] 温俊萍.印度乡村公共品供给机制研究:公共治理的视角[J].南亚研究季刊,2008(1):26—31.

［52］ 杜振华.印度软件与信息服务业的数字化转型及创新［J］.全球化,2018
(6):74－90,134－135.

第五章

［1］侯雪言.文化场景视域下乡村公共文化空间优化研究［D］.武汉:武汉大学博
士论文,2019.

［2］杨吉华.数字乡村:如何开启乡村文化振兴新篇章［J］.安徽农业大学学报(社
会科学版),2019,28(6):14－19.

［3］唐琳.乡村振兴中少数民族文化数字化保护和传承研究——5G 时代广西文
化产业转型研究系列论文之一［J］.南宁师范大学学报(哲学社会科学版),2019,40
(5):85－91.

［4］ Y. Tian. (2020). Several theoretical problems in the construction of "
future community". Social science research,2020(2):8－15.

［5］ C. Zhang. (2021). Digital countryside enables the modernization of agricul-
ture and rural areas One belt,one road,Ninth public policy think tank forum and the
Rural Revitalization and the "one belt and one road" International Symposium,2021:
23－25.

第六章

［1］ Nam,T.;Pardo,T. A. Conceptualizing smart city with dimensions of tech-
nology,people,and institutions. In Proceedings of the 12th Annual International Dig-
ital Government Research Conference:Digital Government Innovation in Challenging
Times,College Park,MD,USA,12 - 15 June 2011;pp. 282－291.

［2］ Nam,T.;Pardo,T. A. Smart city as urban innovation:Focusing on man-
agement,policy,and context. In Proceedings of the 5th International Conference on
Theory and Practice of Electronic Governance,Tallinn,Estonia,26 - 29 September
2011;pp. 185－194.

［3］ Cocchia,A. Smart and digital city:A systematic literature review. In Smart
City:How to Create Public and Economic Value with High Technology in Urban
Space;Dameri,R. P.,Rosenthal－Sabroux,C.,Eds.;Springer International Pub-
lishing:Cham,Switzerland,2014;pp. 13－43.

［4］ Zawieska,J.;Pieriegud,J. Smart city as a tool for sustainable mobility and
transport decarbonisation. Transp. Policy 2018,63:39－50.

［5］ Benevolo,C.;Dameri,R. P.;D'auria,B. Smart mobility in smart city. In
Empowering Organizations;Springer:Cham,Switzerland,2016;pp. 13－28.

［6］Gülseçen，S.；Gezer，M.；Çelik，S.；Koçolu，F. Ö. Future needs from the Smart Mega City (SMC) plans—smart green city—the case of Istanbul. In Sustainable Mega City Communities；Butterworth－Heinemann：Oxford，UK，2021；pp. 109－118.

［7］De Jong，M.；Joss，S.；Schraven，D.；Zhan，C.；Weijnen，M. Sustainable‐smart‐resilient‐low carbon‐eco‐knowledge cities；making sense of a multitude of concepts promoting sustainable urbanization. J. Clean. Prod. 2015，109：25－38.